고민하고 생각하고 질문하자

일러두기

'다윗의 열쇠'는 저자가 다음 세대를 세우는 비전을 가지고 세운 단체를 말한다.
'고생질'은 '고민하고 생각하고 질문하자'의 줄임말로, 말씀 앞에 서는 태도를 강조한 저자의 주요 사역이다.

말씀 앞에서 믿음으로 살겠다는 간절한 몸부림

고민하고 생각하고 질문하자

김선교 지음

규장

인류 역사상 가장 위대하고 숭고한 용기가 있다면, 하나님과 그분의 말씀에 목숨 걸고 믿음의 순종을 결단하는 것이리라. 우리가 꿈꿀 수도 없고 결코 바랄 수도 없는 일이, 피조물이 위대한 창조주를 만나고, 형벌받을 죄인이 거룩하신 심판주 앞에 두려움 없이 나아가 죄 사함의 은총을 입고 구원을 기뻐하며 하나님의 아들의 영광을 누리는, 복음 중 복음이 아니겠는가? 이 엄청나고 경이로운 복음에로의 초청에 그 무슨 담력으로 뛰어들겠는가? 성령의 역사가 아니고서야 어찌 알 수 있으며 믿을 수 있으랴!

복음에는 하나님의 의가 나타나서 믿음으로 믿음에 이르게 하나니 기록된 바 오직 의인은 믿음으로 말미암아 살리라 함과 같으니라 롬 1:17

소망 없고 답도 없는 죄인 인생에게 들려진 십자가의 복음을 만나 길과 진리와 생명 되신 예수 그리스도를 따르는 유일한 길, 오직 믿음으로의 여정에 단순, 명확, 솔직함으로 뛰어든 소년 다윗의 물맷돌 용기를 본다. 하나님을 향한 순전한 마음을 지키고자 고단한 도망자의 길을 선택하는 지혜를 본다. 하나님의 열쇠(다윗의 열쇠)를 맡은 자의 충성을 본다. 작은 능력을 가지고도 말씀을 지켜내는 빌라델비아교회에 다윗의 열쇠를 가지신 이 예수 그리스도께서 직접 여시는 열린 문의 축복(믿음의 비밀)을 주심을 찬양한다. '다윗의 열쇠'의 믿음의 용기, 《고민하고 생각하고 질문하자》가 이 시대 믿음의 길에 초대받은 모든 이들에게 축복의 선물이 될 것을 믿으며 기쁘게 추천한다.

김용의 선교사 (순회선교사, 로그미션 대표)

믿음은 뜬구름 잡는 것이 아니다. 열심히 믿어서 진리로 만드는 것이 아니다. 우리는 진리를 믿어 자유케 된다. 기독교에서 가장 중요한 것은 믿음이다. 믿음이 없으면 하나님을 기쁘시게 할 수가 없다. 그러나 믿음은 세상을 향한 나의 마음을 정리하지 않고서는 제대로 작동하지 않는다. 쉽지 않지만 그 마음이 정리될 때 이 세상에서 제대로 된 믿음을 가지고 살 수 있다.

김선교 선교사의 '고생질'은 세상에서 믿음대로 사는 방법과 고민을 나누는 사역이다. 그는 이미 현장에서 공동체 지체들과 함께 이 길을 뚜벅뚜벅 걷고 있다. 무엇보다 이 책이 그 현장의 소리를 담아냈기에 더욱 값지다. 입으로만 떠드는 말이 아니라 젊은 사역자의 고민과 삶을 통해 실제적으로 써내려간 글이다. 믿음은 삶이다. 그렇기 때문에 그의 삶의 나눔이 기쁘고 도전이 된다. 이 책을 통해 세상에서 믿음으로 승부를 거는 독자들이 많아지기를 기대한다.

홍민기 목사 (라이트하우스무브먼트 대표, 브리지임팩트사역원 이사장)

오직 믿음으로 살 수 있는지, 나는 치열하게 살아보고 싶다

무언가 하려고 할 때 그 시도를 막는 두 가지가 있는데, 그것은 두려움과 게으름이다. 이 두려움과 게으름은 가능한 일도 불가능하게 만드는 능력이 있다. 두려움은 그 시도를 통해 원하는 결과를 얻지 못하고 실패할까봐, 게으름이라면 지금 상태에 만족하는데 굳이 더 나은 것을 찾아 불편한 자리에 뛰어들어야 하는 필요성의 문제로 볼 수 있겠다. 나 또한 내가 섬기는 '다윗의 열쇠'에서 '고생질 프로젝트'("말씀 앞에서 고민하고 생각하고 질문하자"는 운동을 줄여서 부르는 말)를 시작하면서 나에게도 이런 두려움과 게으름의 문제가 있음을 발견하게 되었다.

혁신을 일으키는 전 세계 수많은 기업들은 이익을 창출하기 위해 실패에 대한 두려움과 안주할 수 있는 지금의 평안을 떠나서 과감한 시도를 한다. 그로 인해 과학 기술은 날이 갈수록 발전하고 우리는 그 혜택을 누리며 살고 있다. 그러다 문득 내 신앙에 대한 의문이 들었다.

'왜 내 믿음은 해를 거듭할수록 제자리걸음하고 오히려 퇴보하는가?'

혹시 내게도 지금의 자리를 떠나고 싶지 않은 게으름과 사람들의 만류에도 불구하고 시도했다가 실패하면 받게 될 비난이 두려운 것은 아닌지 돌아보게 되었다.

정말 아직 괜찮은가?

《이노베이션 코리아 어떻게 이룰 것인가?》(휘즈북스)라는 책에는 코닥필름과 후지필름이라는 두 기업에 대한 이야기가 나온다. 두 기업의 방향성과 결과를 비교하면서 과거에 필름 시장을 장악했던 코닥필름이 어떻게 무너졌는지를 자세하게 서술한다. 이 책의 저자인 신재원 박사는 코닥필름이 실패한 근본적인 원인이 현존하는 기술과 시장에 대한 과도한 믿음과 현 시장을 위협하는 것이면 다 막아야 한다는 두려움이었다고 지적한다. 이것은 혁신을 방해하는 근본적인 요소이기도 하다.

이 책을 읽다가 잠시 생각에 잠겼다. 지금의 교회와 크리스천들의 근본적인 문제를 짚어주는 것 같았기 때문이다. "가만히 있으면 중간은 간다"라는 현 상황에 대한 과도한 믿음 말이다. 지금 한국 교회를 모두가 위기라고 말하고 있다. 수많은 데이터와 상황이 이를 증명한다. 많은 청년들이 교회를 떠나고 있고, 남아 있는 청년들도 대부분 실패감에 사로잡혀 있다. 그런데 한국 교회를 보면 위기를 벗어나기 위해서 과감한 시도를 하기보다는 현상 유지에 집중하고 "그래도 아직은…"이라는 과도한 믿음이 있어 보인다. 이대로 가다가는 정말 큰일이 날 것 같다.

또한 지금의 현상 유지를 방해하는 요소가 있다면 어떤 것도 막아야 한다는 두려움이 오히려 교회를 더욱 폐쇄적으로 만들었다. 어느새 성경의 가장 좋은 의미들을 이단에게 빼앗겨버렸다. 요즘 활개 치는 신천지가 얼마나 좋은 이름인가? 그리스도인이라면 새 하늘과 새 땅을 소망해야 하는데 이제는 그 단어를 들으면 거부감부터 든다. 신천지의 횡포에 대해서는 익히 듣고 경험하기도 했지만, 그러한 경험 때문에 조금만 열정과 열심을 보이면 교회에서 이단으로 오해받기 십상이다.

아직은 괜찮다는 과도한 믿음이 지금의 현상 유지를 위협하는 것들을 극도로 경계하게 만들었는지도 모른다. 그 두려움이 하나님을 알아가고 더욱 깊이 경험하는 자리에 뛰어들지 못하도록 막았는지 모른다. 지금의 안정감을 위협한다면 그 어떤 것도 막겠다는 태도가 우리에게 있지 않은가? 나는 내게서도 이 태도를 발견하고 그 위험성을 알게 되었다.

시대가 바뀌고 사람들이 우선하는 가치와 생각도 많이 달라졌다. 그러나 아무리 빠르게 변하는 문화 속에서도 절대 변하지 않는 진리가 있다. 그 진리는 문화와 세속적 가치의 지배를 받지 않는다. 그것이 복음이다. 이 시대를 다스리고 통치할 수 있는 능력이 복음에 있다.

만약 그 진리가 우리에게 실제가 된다면 이 시대에 끌려가는 것이 아니라 하나님이 주시는 능력으로 이 세대를 복음으로 통치하고 다스릴 수 있지 않겠는가? 이 세대 가운데 진정한 복음으로 사는 삶이 가능하지 않겠는가?

근거 있는 믿음

나 역시 두려움과 편안함 때문에 이 자리에 안주하고 싶은 마음이 있었지만 그 자리를 떠나서 시도해보기로 결정했다. 시도하지 않으면 아무 일도 일어나지 않는다. 그런데 이 시도가 가능하려면 반드시 믿는 구석이 있어야 한다. 실패로 끝나지 않는다는 믿는 구석, 우리의 시도가 단지 젊은 날의 객기로 끝나지 않는 이유는 우리에게 믿는 구석이 있기 때문이다.

역사상 처음으로 동력 비행기를 조종한 라이트 형제도 하늘을 날 수 있다는 믿음이 사람들의 비난과 반대에 부딪히고, 수많은 실패에 봉착하기도 했으며 괴짜 같고 우스꽝스러워 보였지만 하늘을 날 때까지 포기하지 않고 계속 시도한 끝에 마침내 인간의 힘이 아닌 동력으로 조종이 가능한 비행에 성공했다. 우리에게는 믿을 근거가 있다. 근거 있는 믿음이 있어야만 우리의 시도가 무의미하지 않다. 그 믿음이 확실하다면 그 믿음이 우리를 이끌어간다. 위험해 보이는 자리든 무모해 보이는 자리든 상관없이 그 자리에 설 용기를 주는 것이다. 그렇게 시도하는 자들에게는 실패하더라도 그것이 실패가 되지 않는다. 오히려 방향을 수정하고 다시 시도할 힘과 교훈으로 우리에게 양분이 되는 것이다.

그렇게 시작하게 된 고생질 프로젝트는 "오직 의인은 믿음으로 말미암아 살리라"(롬 1:17)라는 말씀을 근거로 시도한다. 그것을 결론으로 삼고 사람들이 보기에는 무의미하고 무모해 보일지라도 그 말씀을 붙들고 실패라는 두려움과 안주할 수 있는 게으름을 버리고 그 자리에 뛰어들기로 결정했다. 이 책에 등장하는 나를 비롯한 지체들의 무모해 보이는 시도들은 그것이 가능하다고 하신 말씀을 근거로 시도하는 것이다. 때로는 무리하게 해석했을 수도 있고, 다소 지나쳐 보일 수도 있을 것이다. 그러나 하나님께서는 신앙 선배들의 권면과 하나님의 말씀을 통해서 교훈을 주심으로써 우리를 계속해서 수정해나가신다.

라이트 형제의 작은 시도가 가능성이 되어 전 세계 수많은 사람들이 비행기에 몸을 싣고 세계를 여행할 수 있게 되었듯이 우리의 작은 시도가 혁신이 되어 두려움에 주저앉은 청년들의 마음에 불을 붙이고 주님 앞에 다시 한번 전심으로 서고자 하는 마음을 불러일으키기를 소망한다. 비록 우리는 빛을 보지 못하더라도 신앙을 가진 모든 사람들이 "믿음으로 살 수 있다"라는 것이 구호에 불과한 것이 아니라 현실이 되어, 믿는 자라면 당연히 "믿음으로 살 수 있다!"라고 외칠 수 있는 그런 세상이 되기를 소망해본다.

너희는 말씀을 행하는 자가 되고 듣기만 하여 자신을 속이는 자가 되지 말라 누구든지 말씀을 듣고 행하지 아니하면 그는 거울로 자기의 생긴 얼굴을 보는 사람과 같아서 제 자신을 보고 가서 그 모습이 어떠했는지를 곧 잊어버리거니와 자유롭게 하는 온전한 율법을 들여다보고 있는 자는 듣고 잊어버리는 자가 아니요 실천하는 자니 이 사람은 그 행하는 일에 복을 받으리라 약 1:22-25

청년들의 믿음 분투기

내가 섬기는 다윗의 열쇠의 핵심적 가치는 교회이다. 나는 한국 교회를 사랑하는 마음으로 항상 교계를 생각하며 기도한다. 결코 교회가 잘못이라고 비난을 쏟아내고 싶은 마음은 없다. 다만 교회가 말씀을 근거로 믿음의 자리에 마음껏 뛰어드는 현장이 되기를 소망한다. 세상 이치를 따르지 않고 말씀을 따라 걷는 믿음의 결정을 격려하고 함께 동역하는 공동체가 되기를 바라는 것이다. 그리고 그 마음으로 지역 교회를 섬기고자 한다.

이 책은 내가 2015년에 처음 집필한 《믿음은 분투다》의 연장선상으로 볼 수 있다. 그 책에 믿음의 삶을 살기 위해 나 홀로 분투한 내용이 담겼다면, 이 책에는 한 개인의 이야기가 아니라 하나님을 사랑하는 모든 이들에게 동일하게 적용해볼 수 있는 이야기를 담았다. 고생질 공동체에 모인 청년들과 함께 믿음의 삶을 살고자 몸부림치는 내용이 담겨 있다. 전작을 읽고 이 책을 읽으면 좀 더 이해하기가 쉬우리라 생각한다.

사실 누가 말해주지 않더라도 나는 이런 책을 낼 만한 사람이 못 된다는 것을 안다. 입만 살았다는 비난을 들어도 할 말이 없다. 그래서 "은혜 입은 죄인에게 못할 말은 있어도 못 들을 말은 없다"라고 늘 되뇌고 있다. 나의 연약함을 포장하고 싶은 마음은 없다. 나의 연약함에 대한 비난은 달게 받아야 한다. 치열한 과정 가운데 부끄러운 모습이 분명히 있었고, 믿음 없는 결정과 태도가 있었다는 것을 안다. 그러나 그러한 비난조차 감사하다. 좋은 사람인 척하려는 마음은 없다. 은혜 입은 죄인이 자랑할 것은 오직 나 같은 자를 품어주신 하나님의 은혜밖에 없다. 여전히 부족하고 연약하지만 포기하고 싶지 않다. 치열하게 싸워보고 싶다. 격려나 응원을 기대하는 것이 아니다. 다만 이 부족한 자를 통해서 주님이 높임을 받으시고 하나님의 은혜만 남았으면 좋겠다. 오직 은혜만 남기를, 오직 주님만 높임 받으시기를 간절히 소망한다.

이 지면을 빌어서 부족한 나와 함께 한 치 앞도 보이지 않는 상황 가운데 이 무모한 걸음을 같이 걸어준 사랑하는 다윗의 열쇠 지체들과 고생길 프로젝트에 참여하는 지체들에게 감사 인사를 전한다. 연약하고 부족한 나를 끝까지 믿어주시고 모두가 외면할 때에도 내 편이 되어주시는, 지치고 낙심될 때마다 기도와 격려로 이 길을 걷게 해주신 신앙의 멘토이자 든든한 조력자이신 사랑하는 부모님, 정말 감사합니다. 힘들고 좁은 길을 가는 사랑하는 자녀들 때문에 밤잠을 설치며 애틋한 마음으로 기도해주시는 다윗의 열쇠와 고생길 지체들의 부모님들께도 너무 감사하다. 이 걸음을 함께 따라와준 사랑하는 아내와 아들, 동역자 우리 가족 그리고 믿음의 선배들에게 감사하고, 아무도 알아주지 않을 때 이 가치를 격려해주고 함께 동역해주시는 규장 가족들과 갓피플 식구들에게도 너무 감사하다. 모든 영광을 하나님께 올려드린다.

김선교

추천사
프롤로그

PART **3**

말씀이 내 삶에 실제가 될 때

PART **4**

말씀에 목숨을 걸라

PART **1**

말씀 앞에
길을 묻다

고민하고 생각하고 질문하자

chapter 1

믿음은
상식이 될 수 있다

흐릿하게 기억할 만큼 아주 어렸을 때 일이다. 눈이 펑펑 쏟아지던 어느 겨울날 아버지는 나와 누나들에게 눈썰매를 타러 가자고 하셨다. 그러면 보통 눈썰매장에 데려가겠지만 우리 아버지는 달랐다. 더 큰 재미를 선사하고픈 마음이셨을까? 우리는 아버지가 준비해온 포대를 들고 눈썰매를 탈 만한 장소를 찾아다녔다. 마침내 눈썰매를 탈 만한 곳에 이르자 아버지는 모든 일에 앞장서는 분답게 먼저 시범을 보이셨다. 몸이 반도 들어가지 않는 포대에 두 다리를 욱여넣으시고는 신나게 비탈길을 내려가셨다. 그런데 잘 가다가 그만 구덩이에 빠지셨고, 처음에 그렇게 길을 내신 덕분에 우리 모두 포대를 타고 내려가는 족족 그 구덩이에 빠지고 말았다. 그리고 그날 다 같이 엉망이 된 모습으로 집에 돌아갔다가 어머니에게 혼쭐이 난 기억이 있다.

이 일이 아버지와 함께한 어린 시절의 추억이기도 하지만, 나에게 그 이상의 깨달음을 주었다. 한번 구덩이에 빠지도록 길이 나버리면 그 길을 가다가 구덩이에 빠지는 것이 당연한데도 그 길에서 빠져나오기가 좀처럼 쉽지 않다는 것이다. 의지를 새롭게 다지고 굳은 결심을 한다고 해결될 문제가 아니었다. 이처럼 이미 형성된 길을 걷는 사람이 그 길에서 벗어나기란 여간 어려운 일이 아니다. 그 길에서 벗어나는 것 자체가 두렵기 때문에 그 길 끝에 자신이 원하는 결말이 없다는 것을 알면서도 마냥 가고 있는지도 모른다.

믿음으로 사는 삶이 가능한가?

청년들을 만나서 종종 상담을 하다보면 공통적으로 느껴지는 정서가 있다. 특히 믿음이 있다고 하는 청년들에게서 느껴지는 패배감이다. 기독교를 향한 사회의 적대적 분위기는 말하지 않아도 알 것이다. 그 부정적인 분위기가 교회 안에 있는 청년들도 낙담하게 만들고 있다. 사회적으로도 쉽지 않은 상황이고 믿음의 영역에서도 계속해서 실패를 경험하다보니까 무언가 해보려는 의지를 갖기보다는 해도 안 된다는 부정적인 감정이 자라난 것이다.

전반적인 사회 분위기, 문화와 교육, 그 가치에 길들여진 우리의 가치관, 그 가치관이 그대로 반영된 우리의 삶은 생각의 영역을 마비시킨다. 이미 정해진 길을 걸으면서 그 길이 옳은지 그른지 본질적인 질문조차 던지지 못한 채 의심 없이 걷도록 강요당하고 있는 것이다. 사회적으로나 신앙적으로 실패를 반복하면서 믿음의 삶을 더욱 소망하는 것이 아니라 "오직 의인은 믿음으로 말미암아 살리라"라는 말씀과는 정반대로 "믿음으로 살 수 없다", "믿음으로 사는 삶은 불가능하다"라고 하는 것 같다. 하나님의 말씀을 믿는다고 하면서 말씀이 가능하다고 하는 것을 우리는 불가능하다고 말하는 모순된 신앙생활로, 하나님의 말씀을 단지 이론에 불과한, 먼 이상(理想) 같은 추상적인 개념으로 만들어버렸다. 이렇게 굳어진 삶은 우리로 하여금 말씀 앞에 순종하는 용기와 담력을 빼앗고 깊이 생각하며 고민할 시간을 앗아버렸다. 많은 크리스천들이 눈과 귀를 비롯한 모든 감각을 세속적인 가치와 문화에 빼앗긴 채 간신히 신앙생활을 이어나가고 있다.

그렇다면 하나님의 말씀은 정말 이론에 불과한가? 단지 먼 이상과 추상적인 개념에 불과한가? 말씀이 단지 이론이고 추상적인 개념이라고 확신하는 것조차 어려울 것이다. 왜냐하면 확신은 그 일을 제대로 시도해보았을 때 얻을 수 있는 결과이기 때문이다. 우리가 제대로 부딪쳐보고 말씀이 실제가 아니라는 결론을 내렸다면 두려워할 것도, 불안해할 필요도 없다. 그저 교회와 신앙을 떠나서 자신이 원하는 대로 살면 된다.

그런데 그렇게도 못하겠다면 어쩌면 단 한 번도 제대로 확증하고 부딪혀본 적이 없어서 아닌 것에 대한 확신도 없고, 맞다는 확신도 없는 상태인지도 모른다. "안 된다"라는 말도 제대로 해본 사람만이 할 수 있는 말이다. 제대로 해보지 않았다면 안 된다는 확신도 가질 수 없다. 진짜 제대로 해보았을 때에야 비로소 "안 된다"라는 결론도 명확하고 분명하게 내릴 수 있는 것이다.

그래서 나 자신에게도 물었다. "믿음으로 사는 삶이 정말 불가능한 것인가? 아니면 안 해본 것인가? 정말 믿음으로 살 수 없어서가 아니라 그 길을 벗어나는 것이 두려워서 말씀이 해보라는 대로 해보지 못한 것은 아닌가?"

말씀대로 하면 가능하다

한번은 아들에게 장난감을 선물했는데 알고 보니 조립식이었다. 만드는 방법은 몰랐지만 당황하지는 않았다. 상자 안에 있는 부속품을 제대로 조립하기만 하면 완성품이 된다는 사실을 알고 있었기 때문이다. 조립하는 방법을 모른다고 해도 당황할 필요가 없다. 누구든지 따라할 수 있게 친절한 설명서가 동봉되어 있기 때문이다. 설명서대로만 하면 내가 아들에게 선물하고 싶었던 그 장난감을 완성할 수 있다. 그런데 상자를 열자마자 설명서는 제쳐놓고 내 임의대로 하다가 제대로 완성하지 못했다면 누구를 탓하겠는가? 왜 완성이 되지 않느냐고 AS센터에 항의를 한다면 상담 직원이 가장 먼저 묻는 말이 있을 것이다.

"설명서대로 하셨어요?"

만약에 설명서대로 하지 않아서 생긴 문제라면 어떤 조치를 취해주겠는가? 설명서대로 해보라고 이야기하는 것 외에 다른 방법이 없다. 설명서대로만 하면 된다는 것이다. 이 답을 듣고 나서 설명서대로 하지 않고 다른 획기적인 방법을 찾겠는가? 설명서대로 하라는 말을 식상한 대답이라고 이야기하겠는가?

어쩌면 우리도 이렇게 이상한 반응을 보이고 있지는 않은가? 하나님께서는 이 땅에서 그리스도인으로서 살아갈 방법과 길을 성경에 기록해놓으셨다. 설명서와 같은 것이다. 그런데 우리는 어떻게 살아야 하느냐고 물을 때 "말씀 앞에 나아가야 합니다"라고 말하면 식상하다고 느낀다. 좀 더 획기적이고 실용적인 답을 기대하는 것이다. 말씀에 답이 있어서 말씀 앞에 나아가야 한다고 말하는데, 그것 말고 다른 방법을 찾는다면 뭐라 해줄 말이 없다. 하나님께서는 우리가 믿음으로 살 수 있다는 말씀과 그 방법까지 정확하게 말씀해두셨다. 말씀대로 하면 가능하다는 것이다.

믿음이 상식이 되는 삶

우리가 믿음으로 살 수 있는 것은 나의 어떠함 때문이 아니라 말씀이 하나님의 능력이기 때문이다. 말씀대로만 한다면 그 삶을 가능하게 하시는 하나님의 능력을 경험할 수 있을 것이다. "다들 그렇게 사니까"라는 말이 우리 삶의 방향과 목적이 될 수는 없다. 그래서 광야에 길을 내시는 하나님께서 우리의 삶을 어떻게 이끄실지 기대하는 마음으로 보편적이고 평범이라고 말하는 세상을 향해 도전장을 던졌다.

"청년들아, 말씀 앞에서 고민하고 생각하고 질문하자!"

하나님이 가능하다고 말씀하셨다면 될 때까지 매달리면 된다. 시도하지 않으면 아무 일도 일어나지 않는다. 우리가 불가능하다고 말했던 것은 진짜 가능하지 않아서가 아니라 한 번도 제대로 시도해보지 않아서인지도 모른다. 그 불가능의 영역에 우리의 전부를 걸고 시도해서 가능성을 보게 된다면? 그 가능성은 현실이 되고 그 현실은 당연한 상식이 된다.

비행기가 발명되기 전에 사람이 하늘을 나는 것은 그저 꿈에 불과했다. 하늘을 날 수 없는 것이 상식이었고, 하늘을 날 수 있다고 말하면 괴짜 취급을 받았다. 그럼에도 끝까지 하늘을 날 수 있다고 주장했던 라이트 형제가 마침내 하늘에 비행기를 띄웠을 때 "하늘을 날 수 없다"는 모든 이의 상식이 박살나버렸다. 그리고 오늘날 우리는 하늘을 날 수 있다는 것을 상식으로 안다. 하늘을 날 수 없다고 이야기하는 사람들이 오히려 뒤처진 사람이 된 것이다.

나는 라이트 형제처럼 시도해보고 싶었다. 이 시대에 만연해 있는 패배감을 무너뜨리고 싶었다. "믿음으로 사는 것은 불가능해", "말씀만으로 사는 것은 불가능해", "어떻게 믿음으로만 살 수 있겠어?"라고 말하는 사람들을 향해 그런 삶이 가능하다고 말씀하신 하나님의 약속을 붙들고 될 때까지 부딪쳐보고 싶었다. 그래서 그렇게 살 수 없다고 말하던 모든 상식이 무너지고, 끊임없는 시도를 통해 가능성을 보게 된다면 말씀은 우리에게 현실이 되고, "말씀으로 사는 것이 가능하다"는 것이 상식이 될 것이다. "우리는 믿음으로 살 수 있다!", "약속하신 하나님께서 그렇게 살게 하신다!"라는 외침이 무모하고 극단적이기만 한 고백이 아니라 모든 믿는 이들의 자연스러운 반응이 되고 상식이 될 때까지 시도해볼 것이다!

chapter 2

말씀 앞에서 '그렇게까지' 할 수 있겠는가?

예수님의 공생애 사역 가운데 안타까운 한 사람, 부자 청년이 있다. 오늘날 이 청년이 등장한다면 무릇 많은 자매들의 마음을 울렸을 것이다. 그가 가진 화려한 스펙은 형제들을 낙담시키기에 충분했다. 그는 젊었고, 안정적인 직장이 있었다. 게다가 돈이 어마어마하게 많았다. 성경은 그가 큰 부자라고 이야기한다. 이것만 해도 대단한 스펙이다. 그러나 한편으로는 굉장히 위험해 보인다. 젊음과 안정적인 직장, 많은 돈이라는 타락의 삼박자를 다 갖추었기 때문이다. 심지어 그는 인생과 신앙에 대해서도 매우 진지한 사람이었다. 모든 조건이 완벽했다.

부자 청년의 선택

부자 청년이 예수님을 찾아와서 물었다.

선한 선생님이여 내가 무엇을 하여야 영생을 얻으리이까 막 10:17

예수님은 공생애 사역 중에 기적을 많이 행하셨다. 예수님이 베푸시는 기적을 보고 놀라기는 해도 예수님을 찾아가 자신의 신앙 고민을 털어놓는 사람은 거의 없었다. 그런데 이 청년이 예수님에게 신앙의 본질과 핵심에 대한 이야기를 꺼낸 것이다.

이에 예수님은 당시 대제사장들과 바리새인들이 해줄 법한 이야기를 청년에게 들려주신다. 가서 율법을 지키라고 하신 것이다(막 10:19 참조). 아마 대부분은 이 대답에 벌써 떨어져 나갔을 것이다. 그러나 부자 청년은 정말 진지한 사람이었다. 그는 예수님의 제안에 율법은 어려서부터 다 지켰다고 당당하게 대답한다. 만약 이 말이 거짓이었다면 예수님이 모르실 리 없다. 그는 정말 율법을 지킨 것이다.

이것만 해도 정말 대단하다. 자신의 신앙과 신념을 지킬 만큼 그는 진중한 사람이었다. 또 영생에 대해 깊이 고민하고 진정 영생을 소망한 사람이었다. 사람들은 그런 부자 청년을 동경했다. 다른 사람은 몰라도 그 부자 청년에게 구원은 따놓은 것이라고 생각했을 것이다. 그런 그를 예수님께서 말도 안 되는 질문 앞에 세우신다.

네게 아직도 한 가지 부족한 것이 있으니 가서 네게 있는 것을 다 팔아 가난한 자들에게 주라 그리하면 하늘에서 보화가 네게 있으리라 그리고 와서 나를 따르라 막 10:21

네가 정말 영생을 소망한다면 가진 재물을 다 팔아 가난한 사람에게 나누어주고 너는 나를 따르라는 말이다. 모르긴 몰라도 그 자리에 있던 사람들 모두 충격을 받았을 것이다. 예수님이 그 진중한 청년에게 무리한 요구를 하시는 것에 제자들을 포함한 모두가 당황했을 것이다. 그런데 예수님이 이 말씀을 하신 것은 그에게 돈이 많으니 돈을 주고 영생을 사라는 것이 아니다. 돈이 많으면 예수님을 따를 수 없다는 말도 아니다. 그 청년이 영생을 붙잡지 못하게 만드는 근본적인 문제를 가르쳐주신 것이다.

무리해 보이는 이 요구 앞에서 부자 청년은 고민하기 시작한다.

그 사람이 큰 부자이므로 이 말씀을 듣고 심히 근심하더라 눅 18:23

근심하고 고민할 수는 있다. 하지만 그 고민 끝에 무엇을 택하는지를 보면 그의 진짜 마음을 알 수 있다. 그에게 영생에 대한 확신이 없었던 것은 무엇이 모자라서가 아니다. 영생을 원하기는 했지만 그렇게까지 할 만큼 원했던 것은 아니었다는 뜻이다. 결국 돈을 다 버릴 만큼 영생을 소망하지는 않은 것이다.

그 사람은 재물이 많은 고로 이 말씀으로 인하여 슬픈 기색을 띠고 근심하며 가니라 막 10:22

때때로 사람들은 공존할 수 없는 두 가지 가치가 공존할 수 있다고 착각한다. 그저 둘 중 하나를 선택해야 하는 처지에 놓이지 않았을 뿐인데 말이다. 어쩌면 그 사실을 알면서도 둘 다 취하고 싶은 욕심 때문일지도 모른다.

예수님은 결코 공존할 수 없는 두 가지 가치를 충돌하게 하셨다. 부자 청년은 이 땅에서 원하는 것과 영원한 생명 중에서 하나를 선택하라는 요구 앞에서 자신의 실상을 보게 되었다. 영생을 소망하며 그토록 절제하면서 살았지만 눈앞에 영생을 두고도 돈 대신 영생을 택하지는 못했다. 돈을 다 버릴 만큼 영생을 원한 것은 아니었다는 뜻이다. 그는 자신에게 있는 명예와 능력 외에 영생도 얻고 싶었던 것이다. 49대 51의 비중일지라도 둘 중 하나만 선택해야 하는 순간이 오면 반드시 어느 한쪽으로 그 마음이 기울어 있는지 확인할 수 있다.

우리 역시 믿음으로 살고 싶은 소망이 있다. 원함이 없는 것은 아니다. 다만 그렇게까지 할 마음은 없는지도 모른다. 믿음으로 살고 싶기는 한데 내가 손해볼 만큼, 내가 가진 것을 내려놓을 만큼 그렇게까지 해볼 마음은 없는지도 모른다. 그러나 잊지 말라. 우리가 어떤 은혜를 입었는가? 하나님께서는 우리를 구원하시기 위해서 자신의 아들이 죽기까지 우리를 사랑하셨다. 하나님이 우리에게 하실 그 일을 누군가가 미리 알았다면 "꼭 그렇게까지 해야 합니까?", "너무 무모한 것 아닌가요?", "너무 극단적입니다"라고 말했을 것이다.

그런데 하나님께서 그렇게까지 하셨다. 왜인가? 우리를 그렇게까지 사랑하셨기 때문이다. 그 사랑을 받은 우리도 동일하게 하나님을 그렇게까지 사랑할 수 있는 것 아닌가? "네 마음을 다하고 목숨을 다하고 뜻을 다하여 주 너의 하나님을 사랑하라"(마 22:37)라고 하신 말씀대로 해볼 수 있는 것 아닌가? 이것이 과연 무모하고 극단적이라고 말할 수 있는가? 무모하고 극단적인 사랑을 받아놓고 왜 우리는 하나님 앞에서 그런 태도로 서면 안 되는가? 그것이 더 큰 모순이 아닌가?

부자 청년이 놓친 것

부자 청년에 대한 좀 더 깊은 이야기가 있다. 예수님이 그에게 처음 요구하신 것은 가서 율법을 지키라는 말씀이었다. 그런데 하나님이 처음 율법을 주실 때 그 율법을 잘 지켜서 스스로 거룩하고 의로워지라고 주신 것은 아니다. 하나님의 거룩과 공의의 기준을 제시하심으로써 우리 자신이 하나님의 거룩의 기준 앞에 얼마나 합당하지 않은지를 돌아보게 하신 것이다. 즉, 그 기준 앞에 자신의 노력과 최선으로는 의롭다 하심을 얻을 육체가 없다는 것을 깨닫게 된다(롬 3:20). 스스로 절대 의로워질 수 없다는 결론에 이르게 하시려는 목적이었다.

부자 청년이 하나님의 공의와 거룩의 기준이 되는 율법 앞에 제대로 섰더라면 그는 아마 자신이 얼마나 영생과 거리가 먼 자인지 깨달았을 것이다. 그것을 알았다면 자신이 그동안 어떻게 살아왔는지가 중요한 것이 아니라 예수님 앞에 선 세리나 창녀와 같이 그 앞에 엎드려 살려달라고 구할 수밖에 없었을 것이다. 자신이 율법 앞에서 어떤 존재인지 발견했다면 부자 청년은 "무엇을 해야 영생을 얻겠습니까?"라고 질문할 것이 아니라 "살려주십시오. 말씀하시면 뭐라도 하겠습니다. 제발 살려주십시오!"라고 하면서 엎어졌을 것이다. '그렇게까지'라도 하겠다는 태도가 나올 수밖에 없다. 살길이 그것뿐이었기 때문이다.

그러나 그가 예수께서 율법을 지키라고 하시는 말씀을 듣고도 깨닫지 못한 것은 자신이 이미 대제사장과 바리새인들처럼 율법을 잘 지키고 있다고 생각했기 때문이다. 예수님의 요구는 지나친 것이 아니라 이런 그의 실상을 드러내시기 위함이었다. 부자 청년이 그렇게까지 하지 못한 것은 그것 없이도 살 수 있다는 자신감, 즉 교만 때문이었다. 율법 앞에서 자신의 실상을 발견하고 자신의 노력으로는 결코 안 된다는 결론을 내렸다면 살기 위해 예수께 나아왔을 것이다. 당장 죽게 생겼는데 돈이 무슨 의미가 있겠는가? 그러나 그는 이것을 깨닫지 못했다. 자신이 은혜 없이는 얼마나 소망 없는 존재인지 몰랐거나, 아니면 알고도 인정하지 않은 것이다.

예수님은 "재물이 있는 자는 하나님의 나라에 들어가기가 얼마나 어려운지 낙타가 바늘귀로 들어가는 것이 부자가 하나님의 나라에 들어가는 것보다 쉬우니라"(눅 18:24,25)라고 말씀하셨다. 이 말씀을 듣고 사람들이 낙심하여 "그런즉 누가 구원을 얻을 수 있나이까"(눅 18:26)라고 말하자 예수님께서는 "무릇 사람이 할 수 없는 것을 하나님은 하실 수 있느니라"(눅 18:27)라고 답하셨다. '그렇게까지' 해야 한다는 말은 우리에게 그런 의지가 있으면 된다는 말이 아니다. 우리에게서 결코 선한 것이 나올 수 없고 은혜 없이는 소망이 없는 존재임을 인정하는 것이다. 그러면 유일한 소망이 되시는 하나님 앞에 간절히 매달리게 된다는 의미이다.

또 다른 부자 삭개오의 반응

누가복음 19장에는 또 한 명의 부자가 등장한다. 삭개오는 세리장이고 부자였지만 주변의 평판은 좋지 못했다. 삭개오는 누가 말해주지 않아도 자신이 의로운 사람이 아니라는 것쯤은 알고 있었다. 그는 부자 같으나 실상은 가난한 자였다. 가진 재물로는 그의 공허함을 채울 수가 없었다. 그러던 어느 날 예수님이 여리고로 지나가시는 것을 보고 그는 예수님이 어떤 분인지 보기 위해 뽕나무에 올라갔다. 그런데 예수님이라는 거룩하신 분이 자신을 쳐다보시고 마치 친구를 부르듯이 자신의 이름을 불러주셨다.

삭개오야 속히 내려오라 내가 오늘 네 집에 유하여야 하겠다 눅 19:5

사람들은 다 자신을 악독하고 죄인이라며 멀리했는데, 다정하게 자기 이름을 불러주시는 예수님을 만나게 된 것이다. 삭개오는 급히 나무에서 내려와 그 예수님을 기쁨으로 맞이했다. 사람들이 수군거렸지만 삭개오는 상관없었다. 그런데 그 삭개오가 갑자기 누가 시키지도 않은 무모하고 극단적인 선언을 한다.

삭개오가 서서 주께 여짜오되 주여 보시옵소서 내 소유의 절반을 가난한 자들에게 주겠사오며 만일 누구의 것을 속여 빼앗은 일이 있으면 네 갑절이나 갚겠나이다 눅 19:8

자신이 가진 재산의 절반을 가난한 자들에게 나눠주겠다는 충격적인 발언이다. 부자 청년과는 사뭇 다른 반응이기도 하다. 물론 어떤 사람들은 "에이, 부자 청년은 전 재산이었고 삭개오는 절반이니까 그렇지. 부자 청년도 절반이었으면 따르지 않았을까?"라고 말할 수도 있다. 그런데 삭개오는 속여서 빼앗은 일이 있으면 네 배나 갚겠다고 말했다. 그 말은 자신의 전 재산을 걸겠다는 것이다. 삭개오는 자신의 전 재산을 걸더라도 보잘것없는 자신을 찾아와 이름을 불러주신 예수님을 놓치고 싶지 않았다. 그렇게까지 해서 매달리고 싶었다.

이 말씀을 보면서 '어떻게 그렇게까지 해?' 하는 생각이 든다면 그렇게 하지 않아도 된다. 그러나 말씀 앞에 설수록 하나님의 거룩 앞에서 자신이 얼마나 합당하지 않은 죄인인지 알게 될 것이다. 또 은혜 없이는 아무런 소망이 없는 자신을 발견한다면 그렇게까지 하는 것이 더 이상 무리한 일이 아니다. 그렇게까지 할 수 있는 것은 우리가 어떤 존재인지 알면 가능하다. 그렇게까지 하는 태도는 죄인을 살리시는 하나님의 은혜 앞에 설 때 동반되는 당연한 반응이다. 살기 위해 간절히 매달리는 태도를 어떻게 무모하다 극단적이라고 할 수 있겠는가.

이 말씀 앞에서 동일한 은혜가 필요한 죄인인 우리는 고생질 지체들과 함께 그렇게 해보고 싶었다. 받은 은혜에 비하면 더 하지 못해 아쉽지 무리라고 생각하지 않았다. 무모하고 무식한 태도라고 생각하지 않았다. 앞으로 뭔가 대단한 사역을 하고 대단한 사람이 되고 싶은 마음은 추호도 없었고, 다만 은혜 입은 죄인으로 그렇게 살고 싶었을 뿐이다. 누가 뭐라고 해도 돕는 은혜를 얻기 위하여 은혜의 보좌 앞에 담대히 그렇게까지 해서 나아가고자 했다(히 4:16).

그렇게까지 하겠다는 말은 목적을 위해서라면 수단과 방법을 가리지 않고 상식을 넘어서더라도 해보겠다는 말과도 같다. 세상에서도 불가능하다고 하는 일에 수단과 방법을 가리지 않고 시도하고 도전하는 일을 심심치 않게 보게 되는데, 하나님이 말씀으로 약속하고 보장하신 일을 그렇게 하지 못한다는 것은 말이 되지 않는다. 말씀대로 살 수 있고 믿음으로 사는 것이 가능하다는 결론이 실제가 되기를 소망하는 마음으로 그렇게까지 해보고 싶은 것이다.

다윗의 작은 물맷돌을 들다!

고생질 프로젝트를 시작하면서 남들이 가보지 않은 길을 간 '대한민국의 1호'를 찾아보게 되었다. 그중에 프로파일러, 소믈리에, 로케이션 매니저, 애니메이션 감독 등이 있었다. 그리고 이들을 소개하는 사람이 쓴 글에서 우리가 시도하려는 작은 몸부림에 큰 격려를 받게 되었다.

"남들이 가보지 않은 길을 가는 것은 어려운 일입니다. 따라갈 발자국이 없습니다. 한 걸음 내디딜 때마다 두려움이 앞서죠. 하지만 누군가는 가야 할 길입니다. 용기와 열정으로 대한민국 1호 타이틀을 거머쥔 이들을 소개합니다!"

남들이 가보지 않은 길을 가는 것은 어려운 일이다. 보고 따라 할 대상이 없기 때문이다. 그러나 그들은 자신이 옳다고 여기는 가치를 위해서, 비록 따라갈 길이 없어도, 수단과 방법을 가리지 않고 이루어 그 직업을 한국에 정착시켰다. 그런데 믿음의 길은 이미 예수 그리스도께서 걸으셨고, 수많은 믿음의 선진들이 걸어간 길이다. 그럼에도 불구하고 그 믿음의 영역이 성경에 나오는 이야기이며 특별한 누군가에게나 가능하며, 평범한 사람들에게는 불가능한 길이라는 것이다. 믿음의 공동체 안에서조차 믿음으로 사는 것이 불가능하다는 생각이 정착되어 있다.

이 생각을 깨뜨리기 위해서 우리는 다윗의 작은 물맷돌을 집어 들었다. 우리의 시도는 비록 미약하지만, 만약 누군가 이 믿음의 길이 특별한 사람들만 가는 것이 아니라 믿음으로 살기를 소망하는 모든 자에게 가능하다는 것을 증명한다면 그 가능성은 현실이 된다. 그 현실이 우리에게 실제가 되어 이 땅에서 믿음으로 사는 것이 당연한 상식이 되리라. 이 일을 위한 작은 몸부림이 바로 "청년들아, 말씀 앞에서 고민하고 생각하고 질문하자"라는 고생질 프로젝트이다.

하지만 이 책은 고생질 프로젝트나 다윗의 열쇠라는 단체를 소개하기 위한 것이 아니다. 믿음의 원리를 하나씩 적용해가며 몸부림친 과정을 담은 것이다. 이것을 시작할 때 "너무 율법적이다", "그렇게 한다고 뭐가 달라져?", "무모하다", "무식하다" 등 많은 반대에 부딪쳤다. 이런 말들은 우리를 낙심시키기에 충분했다. 조금만 열정을 가지고 살려고 하면 "너무 튄다", "나대지 말아라"라는 말을 들었다.

교회 안에서도 사역보다 신앙의 본질에 관심을 두고 주님을 더 따르기를 소망하면 이단 취급을 받는 일도 심심치 않았다. 물론 이단을 조심해야 한다. 하지만 조금만 적극적이고 열정과 열심이 있으면 의심부터 하고 본다. 어느새 열정과 열심은 이단의 전유물이 되고 마치 적당히 뜨겁지도 차갑지도 않은 신앙이 정통이며 전통이 되어가는 듯한 지금의 현실에 마음이 아프다. 물론 조심해야 할 것, 신중해야 할 부분에 대해서 충분히 귀를 기울이며 믿음의 선배들의 권면과 가르침과 보호를 받고 있다.

그럼에도 그런 말을 계속 들으면 힘이 빠지는 것이 사실이다. 그러다 문득 이런 생각이 들었다. '그런 말을 하는 사람들이 단지 우리의 도전과 용기를 꺾으려는 것이 아니라 그들도 한 번도 본 적이 없기 때문에 실제로 그것이 가능한지 우리를 통해 보고 싶은 것은 아닐까?' 언젠가 자신을 믿는 사람이라고 소개한다면, 말씀 앞에서 그렇게까지 하는 삶이 이상하지 않고 당연한 그 날이 속히 오기를 꿈꾼다. 믿는 것도 아니고 안 믿는 것도 아닌 미지근한 신앙이 이상해 보이고, 믿음으로 사는 것이 당연하게 여겨지는 그 날이 오기를 말이다.

그전에 주님이 먼저 오실 수도 있겠지만 나는 그것을 보고 싶은 소망이 있다. 그래서 그렇게까지 해보고 싶은 것이다. 사역을 벌리고 싶은 것이 아니라 말씀을 증명해보고 싶었다. 하나님께서 우리처럼 불가능한 자들을 어떻게 가능하게 하시는지, 하나님의 전능하심과 일하심이 연약한 우리를 통해 흘러가기를 기대했다.

고생질 프로젝트의 시작

2016년 7월, 나는 고생질 프로젝트의 시작을 알리며 청년들을 모집했다. 다음은 첫 고생질 프로젝트 기획 멤버를 모집할 때 썼던 글이다.

주님께서 청년들을 향한 마음을 부어주셔서 한 걸음 순종하기로 했습니다. "청년들아, 말씀 앞에서 고민하고 생각하고 질문하자! 청년들아 고생질하자!" '고생질'은 다음 세대와 함께 이 혼잡한 시대에 살면서 마주하는 수많은 고민과 질문을 가지고 말씀 앞에서 답을 찾아가는 여정입니다. 어느 누가 말해주는 답이 아니라 살아 계신 하나님의 말씀 앞에서 답을 찾아가는 여행!

우리의 열정과 에너지를 쏟아내기에 부족함 없는 말씀 앞에서 답을 얻고 머리로 아는 데서 그치는 것이 아니라 역동적으로 하나님의 말씀 앞에 순종해가는 여정을 그려나가려고 합니다. 구체적인 내용을 다 담을 수는 없지만 기획 멤버로서 함께 기획하고 준비하는 일에 참여하고 섬기기를 원하는 분 그리고 말씀 앞에서 답을 찾아가는 여정에 함께할 열정 넘치는 청년을 찾고 있습니다.

자격은 오직 예수가 그리스도이시며 진리이고 생명이라 믿고 담대히 선포할 수 있는 패기를 가진 젊은이. 주님이 말씀하셨다고 하면 어디든 뛰어들 수 있는 열정이 있다면 충분합니다. 함께하기 원하시는 분은 메일을 보내주시면 고생질의 구체적인 방향과 취지를 정리한 내용을 보내드리겠습니다. 그 내용을 보시고 동참하기 원하시는 분들은 다음 사항을 보내주시면 개별적으로 연락드리겠습니다.

1. 간단한 자기소개(이름, 나이, 섬기는 교회, 지역)

2. 고생질에 대해 주신 마음과 함께하고 싶은 이유

3. 섬길 수 있는 영역(없어도 상관없습니다!)

사실 구체적인 계획은 없었다. 딱 한 가지, 믿음으로 사는 것이 가능하다고 하신 그 말씀 하나만 붙들었다. 그다음, 시작부터 사역으로는 절대 성공할 수 없는 원칙들을 세워나갔다. 처음부터 그런 것은 아니지만 한 걸음씩 발걸음을 옮길 때마다 우리를 드러낼 수 없는 원칙들을 세워나갔다.

누군가는 성공적인 사역을 하려면 물 들어올 때 노를 저으라고 말한다. 그것이 당연한 이치이자 실제로 맞을 수도 있다. 그러나 우리가 노를 저을 타이밍은 물이 들어올 때가 아니라 하나님이 말씀하실 때이다. 우리가 자주 외치는 공동체의 구호 같은 것이 있다.

"상황은 상황으로, 결론은 말씀으로!"

"감정은 감정으로, 결론은 말씀으로!"

물론 주님은 상황을 통해서도 말씀하신다. 그러나 그 상황은 말씀으로 한 번 더 검증하는 과정을 거쳐야 한다. 아무리 움직여야 할 상황이 몰아쳐도 아랫입술을 꽉 깨물고 말씀을 기다려야 한다. 감정은 감정일 뿐이다. 감정은 수시로 변해서 우리의 삶을 걸 만한 가치가 될 수 없다. 감정이 휘몰아쳐도 참고 말씀으로 결론을 내려야 한다. 이것은 말씀에 사역의 모든 방향을 맞추겠다는 우리의 고백이다.

가능해 보이는 사역일지라도 말씀이 없이는 어디에도 못 간다. 불가능해 보이더라도 말씀하시면 간다! 이 선포는 고생질의 슬로건이 되었다. 뭣도 모르고 던진 이 고백을 주님이 기뻐하셨는지 주님은 우리의 한 걸음 한 걸음을 말씀으로 인도해주셨다.

고생질 프로젝트 참가 조건

고생질 프로젝트에 참여하려면 몇 가지 조건이 있다. 일단 이단은 아니어야 한다.

1. 훈련 기간은 무기한이다(평생은 아니다)

대부분의 훈련은 6개월이면 6개월, 1년이면 1년으로 기간을 미리 공지한다. 그런데 내 경험에 따르면 기간이 정해져 있으면 그동안 얼마든지 스스로를 감추고 견디는 일이 가능했다. 되지 않았는데 된 척, 모르면서 아는 척하며 속으로는 '1년만 참자. 6개월만 참자' 하면서 버텼다. 그러나 고생질 훈련만큼은 안 됐는데 된 척, 모르면서 아는 척하며 어설프게 끝내고 싶지 않았다. 따라서 무기한이라는 의미는 "될 때까지 한다"라는 뜻이다. 말씀이 우리에게 실제가 되고 현실이 될 때까지 한다는 의미이다. 일차적으로 이 조건에 많은 사람들이 마음을 접는다.

2. 커리큘럼이 없다(그때마다 주시는 말씀에 순종한다)

계획적인 생활을 해온 사람은 아무런 준비가 되지 않은 것 같은 이 상황, 매일매일 무엇을 해야 하는지 물어야 하는 것이 매우 어렵게 다가온다. 커리큘럼이 없는 이유는 획일적인 사람을 만들어내고 싶지 않았기 때문이다. 공동체에서 원하고 요구하는 사람을 배출하는 것은 의미가 없다고 생각했다. 그러나 커리큘럼이 없다는 것은 무계획이 아니다. 매일매일 말씀 앞에 나아간다는, 전능하신 하나님의 이끄심이 우리의 계획이라는 믿음의 고백이다.

3. 훈련 장소를 미리 공개하지 않는다

내가 갈 수 있는 만큼은 괜찮은데 거기까지는 못 간다는 마음으로는 시작할 수가 없었다. 시작부터 어디서 무엇을 하든 상관없이, 말씀하시면 순종한다는 믿음의 고백이 있기를 바랐다. 그리고 그것이 실제가 되는 원리를 처음부터 배웠으면 했다. 그런 의미에서 1기부터 5기까지 고생질 프로젝트가 진행되는 동안 매년 이사를 다녔다. 이 고백을 잊지 않기 위해 하나님이 떠나라고 하실 때 그 자리에 안주하지 않고 이동한다. 그럴 때마다 늘 신실하게 거처를 예비해주시는 하나님을 경험할 수 있었다.

4. 들어올 때 모든 재정이 0이어야 한다

재정은 삶의 실제적인 영역이기 때문에 재정을 채워주시는 살아 계신 하나님을 경험하지 못하고 재정의 문제에 자유하지 못하면 말씀에 순종하기가 어렵다. 매 순간 하나님을 의지하고 기도하는 마음으로 바라보아야 하는데, 작은 재정이라도 있다면 다른 생각을 품기도 한다. 따라서 하나님의 살아 계심과 하나님이 채우시고 먹이시는 것을 실제적으로 경험하려면 재정 상태가 마이너스도 안 되고 플러스도 안 된다고 생각했다.

요즘 청년들을 바라보면서 참으로 안타까운 것은 빚 없는 청년들을 보기가 쉽지 않다는 것이다. 사회 초년생부터 자신의 진로를 고민할 새도 없이 학자금 대출 등 빚을 갚기 위해 돈부터 벌어야 한다. 사회를 탓하고 싶지 않지만 빚 없이 살 수 없는 것이 오늘 우리의 현실이다. 거의 모든 것이 빚이다. 집도 빚, 차도 빚, 학비도 빚, 이미 쓴 것을 갚기 위해서 부단히 애를 쓰며 살아간다. 세태의 잘잘못을 따지기 전에 하나님이 신실하게 채우시는 특별한 경험을 하기에는 어려운 상황이다. 그래서 훈련을 시작할 때 빚이 있다면 갚고 나서 들어와야 하고, 모아둔 돈이 있다면 0으로 만들어야만 훈련을 시작할 수 있다는 조건을 내걸게 되었다.

이렇게 상식적으로 말이 안 되는 조건을 충족시키면서까지 무모하고 무식해 보이는 이 훈련 앞에, 그렇게라도 해서 말씀이 실제가 되기를 소망하는 20여 명의 청년들이 모여서 공동생활을 하고 있다.

고생질 프로젝트의 훈련 방향

이 글을 보면서 '에이, 말이 돼? 그 정도 조건을 갖췄다면 원래 그렇게 소망함이 있던 사람들 아니야? 다 그렇게 살 수는 없어!' 하고 생각할 수 있다. 맞다. 이렇게 살아야만 믿음은 아니다. 그리고 이런 형태와 방법으로 살아야만 하나님을 경험할 수 있는 것도 분명 아니다. 그러나 각자의 자리, 허락된 상황에서 그렇게까지 해보고자 하는 마음으로 부딪쳐볼 수는 있지 않은가. 지금의 현실과 상황이 결론이 되어 말씀이 먼 이상과 관념이 되어버렸다면 한 번쯤은 그렇게라도 해서 그 말씀이 실제인지 아닌지 확인해볼 필요가 있다. 그런 소망함으로 나아가면 말씀이 살아 있는 능력임을 반드시 알게 되리라 확신한다.

훈련을 받는 이들이 대부분 믿음이 원래 좋았던 청년들이라고 생각하기 쉽지만 결코 그렇지 않다. 이 일을 섬기는 나부터 시작해서 간사들과 훈련생들 모두 정말 소망이 없는 사람들이다. 초신자, 목회자 자녀, 날라리 성도 등 다양한 청년들이 있다. 많은 분들이 우리를 직접 본다면 '저 사람이 할 수 있으면 나도 할 수 있겠네' 하는 생각이 들 것이다. 맞다. 나는 이것을 증명하고 싶다. 가망 없는 우리를 가능케 하시는 하나님이 드러나셔서 우리의 연약함이 아닌 우리의 약함 가운데 하나님의 강하심이 드러나는 것을 보고 모든 이가 나도 그 삶을 살겠다고 결정하는 것을 보고 싶은 것이다.

그렇다면 고생질의 수료 조건이 궁금할 수 있다. 수료 조건은 간단하다. 이 믿음의 삶은 우리 힘으로 사는 것이 아니라는 가장 핵심적인 믿음의 원리를 배우는 것이다. 말씀 앞에서 믿음으로 살아보겠다고 몸부림치면 칠수록 깨닫는 것은 나는 절대 믿음으로 살아낼 수 없다는 것이다. 그렇다면 "될 때까지 한다"라는 말과 "나는 할 수 없다"는 말이 모순을 일으키는 것 같다. 될 때까지 해보겠다고 시작했는데 우리가 말씀 앞에서 발견하는 것은 '잘되는 나', '변화된 내가' 아니었다.

나의 노력과 최선으로는 지독하게 바뀌지 않았다. 그러나 "될 때까지한다"는 말과 말씀 앞에서 나의 불가능함을 발견하는 것은 절대 모순이 아니다. 나의 무능을 발견할수록 우리를 가능케 하시는 하나님을 소망할 수밖에 없었고, 그 소망함으로 주님 앞에 더욱더 간절히 매달리게 되었다. 그런 태도로 말씀 앞에서 몸부림치는 우리를 하나님께서 친히 다루시는 것이다.

무릇 사람이 할 수 없는 것을 하나님은 하실 수 있느니라 눅 18:27

주님은 우리 스스로 믿음의 삶을 살 수 없다는 처절한 절망을 경험하는 것이 내 안에 계신 예수 그리스도께서 우리 안에서 믿음의 삶을 살아내시는 것이라는, 성경의 가장 핵심적인 원리를 배우게 하셨다. 만약 우리가 각자의 싸움에서 이 믿음의 핵심 원리를 배우게 된다면 어떤 상황에서도 동일하게 그 원리를 적용하여 말씀이 실제가 되고, 내 안에 사시는 예수 그리스도의 생명을 누리며 살게 되는 것이다. 믿음으로 사는 것은 가능하다! 우리의 어떠함 때문이 아니라 하나님을 바라고 믿음으로 살기를 소망하는 자를 믿음으로 살아가게 하시겠다는 약속이 있기 때문이다.

고생질의 훈련 방향은 결코 나 자신을 갈고닦는 것이 아니다. 열심히 훈련해서 좀 더 나은 사람, 좀 더 괜찮은 사람, 믿음으로 성숙한 사람으로 만드는 것이 아니다. 말씀 앞에서 우리의 소망 없음을 날마다 발견함으로써 그런 불가능한 우리를 가능케 하시는 하나님의 은혜를 경험하는 데 있다. 이 은혜를 경험한 자는 절대 자신의 어떠함 때문에 포기하거나 돌아설 수 없게 된다.

그래서 고생질 프로젝트에 지원한 이들을 면접할 때도 "나를 훈련해서 좀 더 괜찮은 사람이 되려고 이곳에 왔다면 번지수를 잘못 찾으셨습니다"라는 말로 시작한다. 이어서 "이 면접은 붙이고 떨어뜨리는 데 목적이 있는 것이 아닙니다. 절대 이곳에 오지 말아야 할 이유들을 이야기할 텐데, 그것을 듣고도 그렇게까지 해볼 마음이 있다면 지원을 결정하시면 됩니다"라고 이야기해준다.

사람들은 신앙 훈련을 받는다고 하면 달라질 자신을 기대하기 마련이다. 그런데 달라진 자신을 기대하지 말라니! 그렇게라도 해서 우리가 알고 싶은 것은 멋있는 내가 아니라 이런 나를 포기하지 않으시는 하나님의 열심, 그 은혜를 경험하는 것이다. 그 은혜를 경험한 자는 더 이상 자신의 연약함과 부족함 때문에 울지 않는다. 연약하고 부족한 나를 품어주신 은혜에 감격하여 울게 된다. 그런 은혜를 경험한 자는 절대 뒤돌아설 수 없다. 이 길을 멋있게 걸을 수 있다고 이야기하지 않는다. 부족하고 연약함투성이지만 절대 방향을 바꾸지 않는 은혜를 입은 자로 세우는 것이 고생질 훈련의 목적이다.

그 자리에 함께 서보지 않겠는가? 믿음의 삶은 내 힘으로는 절대 불가능하다는 것을 알게 되는 자리이다. 그래서 주님이 하셔야만 하는 자리, 결국 주님이 이루시는 것을 보는 자리, 우리의 절망을 보게 되지만 하나님이 하시는 영광스러운 일을 목도하는 자리이다. 두렵지만 그런 자리에 기꺼이 뛰어들고 싶다.

chapter 3

적을 알고 싸우는
믿음의 싸움

그 믿음의 여정이 평탄하지만은 않다. 각종 유혹과 공격이 따른다. 예수님도 광야에서 사탄의 직접적인 유혹과 공격을 받으셨다.

그때에 예수께서 성령에게 이끌리어 마귀에게 시험을 받으러 광야로 가사 마 4:1

그런데 공격을 받으시는 것이 아니라 마치 사탄의 모든 공격을 무력화시키기 위해 뛰어드시는 것 같다. 사탄의 모든 공격을 받아치시는 예수님의 대답은 어떤 논리적인 말이 아니라 성경 말씀이다.

시험하는 자가 예수께 나아와서 이르되 네가 만일 하나님의 아들이어든 명하여 이 돌들로 떡덩이가 되게 하라 예수께서 대답하여 이르시되 기록되었으되 사람이 떡으로만 살 것이 아니요 하나님의 입으로부터 나오는 모든 말씀으로 살 것이라 하였느니라 하시니 마 4:3,4

사탄의 모든 공격과 유혹 앞에서 예수님은 "기록되었으되"라는 말씀으로 답하신다. 이처럼 모든 공격에서 이길 힘은 내 능력이나 실력에서 나오는 것이 아니라 하나님의 말씀에서 비롯된다. 믿음의 싸움을 이길 힘은 우리의 어떠함이 아니라 말씀의 능력으로 가능하다는 것을 가르쳐주고 계신 것이다.

이에 마귀는 예수를 떠나고 천사들이 나아와서 수종드니라 마 4:11

적의 정체를 알자!

믿음의 싸움을 함께할 믿음의 동역자들에게 이 무모한 걸음을 걸으며 경험하고 배운 것을 나누고자 한다. 대단한 노하우는 없지만 누군가 이 길을 간다면 당면할 싸움이기에 조금이라도 알고 싸운다면 확실히 도움이 될 것이다.

지피지기면 백전백승이라는 말이 있다. 적을 알고 나를 알면 백 번 싸워서 백 번 다 승리한다는 뜻이다. 고사성어로 이야기하니까 뭔가 그럴듯해 보이지만 아주 당연한 소리를 한 것뿐이다. 적을 알고 나를 알면 이기는 것이 당연하지 않은가. 그런데 정작 승리의 핵심인 적을 알고 나를 아는 방법을 알려주지 않는다면 아무리 싸워도 이길 수가 없다.

적을 알고 나를 아는 방법은 다름 아닌 말씀에 있다. 이 또한 당연한 소리 같겠지만 우리는 이 사실을 알면서도 승리의 핵심인 말씀에 소홀할 때가 많다. 말씀은 우리가 싸워야 할 적이 누구이고 내 상태가 어떤지 가장 정확히 진단해줄 유일한 열쇠이다. 말씀이 없이는 적을 알고 나를 알 수가 없다. 그래서 적의 정체와 적의 공격을 말씀을 통해 파악하고 그 말씀을 근거로 자신의 상태를 진단해보고자 한다.

성경은 우리의 싸움이 혈과 육의 싸움이 아니라고 이야기한다.

> 우리의 씨름은 혈과 육을 상대하는 것이 아니요 통치자들과 권세들과
> 이 어둠의 세상 주관자들과 하늘에 있는 악의 영들을 상대함이라 엡 6:12

자기 자신과의 싸움이 아닌 것이다. 나의 감정, 나의 연약함, 나의 어떠함을 붙들고 싸우는 것이 아니다. 그런데 사탄은 우리가 공격 대상을 정확히 파악하지 못하도록 혼란스럽게 만든다. 결국 나의 감정, 나의 연약함, 나의 어떠함을 통해 무엇과 멀어지게 만드는지 가만히 살펴보라. 사람은 연약할 수 있고 부족할 수 있다. 그런데 그때 "그럴 수도 있지"라는 말로 결국은 무엇을 못하게 하는지를 보라는 것이다.

나의 연약함과 감정을 붙들고 싸우는 씨름은 계속해서 '안 되는 나'에게 집중하게 한다. 그로 인하여 말씀 앞에 나아가지 못하게 하고 주님을 바라보지 못하게 만든다. 싸움의 대상이 어둠의 주관자들을 향하지 않고 나에게 향하게 만든다. 우리의 적은 이 세상 통치자들과 권

세들과 어둠의 세상 주관자들이다. 어둠의 주관자들이 가진 목적은 단 하나, 우리를 계속해서 죄에 종노릇하게 만드는 것이다. 그러기 위해서 수단과 방법을 가리지 않고 우리를 속여서 진리에 거하지 못하도록 만든다.

그러나 그들의 속임수에 더 이상 놀아날 수는 없다. 예수 그리스도께서 이루신 진리가 사실이 아니고 십자가의 은혜가 없다면 모를까, 이 모든 것을 승리한 복음이 있다면 더 이상 속아서는 안 된다.

사탄의 공격 전략

어둠의 주관자인 사탄이 우리를 공략하는 몇 가지 전략이 있다.

1. 포기할 것에 집중하게 한다

여자가 뱀에게 말하되 동산 나무의 열매를 우리가 먹을 수 있으나 동산 중앙에 있는 나무의 열매는 하나님의 말씀에 너희는 먹지도 말고 만지지도 말라 너희가 죽을까 하노라 하셨느니라 창 3:2,3

우리가 너무 잘 아는 첫 사람 아담의 아내 하와가 뱀(사탄)으로부터 유혹을 받고 답하는 장면이다. 이때 하와가 하는 말을 들어보면 하와는 이미 그 유혹 앞에서 어떻게 해야 하는지를 알고 있었다. 심지어 자기 입으로 하나님의 말씀에 먹지도 말고 만지지도 말라고 했다는 말까지 꺼냈다. 그러니 몰라서 그랬다는 핑계를 댈 수가 없다. 분별이 안 된 것도 아니다. 하나님의 말씀을 듣지 못한 것도 아니다. 정확하게 분별했고 어떻게 해야 하는지도 알고 있었다.

하와가 그 열매를 굳이 먹어야 할 이유는 없었다. 배가 고픈 것도 아니었다. 먹을 것이 선악과밖에 없었다면 모르겠지만 그 외에도 먹을 것은 많았다. 하나님께서 다른 먹을 것을 주시지 않고 선악과를 먹지 말라고 하셨다면 하나님의 선하심을 의심할 일이지만 이미 하나님께서 허락하신 풍성한 먹을거리가 있었다. 그리고 무엇보다 하와는 먹지 말라는 하나님의 말씀을 알고도 그것을 먹었다. 만약에 하와가 하나님의 말씀에 순종할 마음이 있었다면 사탄이 늘어놓는 너저분한 이야기를 듣고 있을 이유가 없었다. 사탄이 선악과라는 말을 꺼내기도 전에 내쫓았어야 했다. 그런데 하와는 사탄이 하는 말도 안 되는 이야기를 가만히 듣고 있었다. 그에게 비집고 들어올 틈을 준 것이다.

하와에게는 하나님의 말씀을 지킬 마음이 없었다. 사탄에게 하나님이 먹지 말라고 했다는 이야기를 꺼낸 것은, 그냥 먹으려니 말씀을 정확히 알고 있어서 양심에 찔리니까 좀 더 합당한 명분이 생기기를 기다렸기 때문이다. 하나님의 말씀에 선악과를 먹으면 반드시 죽는다고 말씀하셨는데도 사탄이 하는 말을 듣고 있었다면, 하와는 먹어도 안 죽는다는 말을 기다리고 있었던 것이다. 그것을 귀신같이 안 사탄이 죽지 않는다고 이야기하자 곧바로 선악과를 따 먹었다. 마치 넘어지려고 작정한 사람처럼 말이다.

하나님의 말씀에 순종할 마음이 있었다면 사탄과 말을 섞을 필요가 없다. 단호한 태도로 일관하면 된다. 그런데 누가 봐도 여지가 다분한 태도를 보였다면 달리 기대하는 바가 있었던 것이다. 어쩌면 우리도 수많은 선택 앞에서 이미 답을 알고 있었던 것이 아닐까. 정말 몰랐을까? 혹시 하나님의 말씀대로 순종하지 못할 합리적인 이유와 명분을 기다렸던 것은 아닌가? 그럴 때 사탄은 우리에게 말씀에 순종하지 않아도 될 명분을 기가 막히게 제시한다.

> 뱀은 여호와 하나님이 지으신 들짐승 중에 가장 간교하니라 뱀이 여자에게 물어 이르되 하나님이 참으로 너희에게 동산 모든 나무의 열매를 먹지 말라 하시더냐 창 3:1

하나님께서 언제 에덴동산에 있는 모든 나무의 열매를 먹지 말라고 하셨는가? 딱 하나, 동산 중앙에 있는 선악과만 먹지 말라고 하셨는데도, 사탄은 교묘하게 선악과 하나가 아니라 하나님이 허락하신 다른 것들까지 누릴 수 없게 만들었다. 에덴동산에서 하나님을 사랑함으로 마음껏 누릴 수 있던 자유를 통제당하고 억압을 받는다고 여기게 만든 것이다. 우리가 하나님의 뜻과 말씀대로 살고자 할 때 말씀에 순종해서 얻을 수 있는 것보다 포기하고 내려놓아야 할 것에 집중하게 만드는 것이다. 믿음으로 살면 이것도 못하고 저것도 못하고 다 포기해야 한다고 말하는 것이다.

우리가 믿음으로 살기를 소망하면서도 망설이는 이유는 내려놓아야 할 것, 포기해야 할 것에 집중하기 때문이다. 사탄은 우리가 무엇을 가장 두려워하는지 잘 안다. 포기할 것에 집중하게 만들어서 믿음의 삶에 대한 기대보다 두려움을 갖게 하는 것이다. 그래서인지 믿음으로 살아보겠다고 몸부림치는 우리 공동체를 향한 가장 많은 걱정이 이것이다.

"아이고, 그래서 뭐 먹고 사냐? 먹고는 사냐?"

이런 말을 들으면 정말 몸 둘 바를 모르겠다. 한 가지 분명하게 말하자면 우리는 정말 많이 먹는다. 보통 하루에 세 끼를 먹지만 우리 지체들은 세끼 이상 먹고 야식까지 먹는다. 공동체로 살다보면 자주 배가 고프다. 못 먹어서 배고픈 것이 아니라 그냥 허기가 진다. 그래서 늘 허락해주신 음식을 감사함으로 아주 잘 먹으며 지낸다. 지체들은 오히려 전에 못 먹어본 음식을 많이 먹어본다고 좋아한다.

믿음으로 살면 이것도 못하고 저것도 못할 것 같지만 오히려 계산하지 않고 주님 앞에 섰을 때 더 풍성히 먹이시는 것을 경험한다. 하나님은 자신의 자녀를 신실하게 먹이시고 채우시는 선하신 분이다. 하나님의 자녀들이 풍성함을 누리기를 누구보다 원하신다. 그런데 굶기신다면 반드시 그 만한 이유가 있다. 그래서 없을 때는 없어서 못 주시는 것이 아니라 우리가 돌아보아야 할 것이 있다고 믿고 감사함으로 기도하며 금식한다. 절대 궁색하게 살지 않는다.

내가 공동체를 위해 기도할 때마다 하나님 앞에 구하는 한 가지가 있다.

곧 헛된 것과 거짓말을 내게서 멀리 하옵시며 나를 가난하게도 마옵시고 부하게도 마옵시고 오직 필요한 양식으로 나를 먹이시옵소서 혹 내가 배불러서 하나님을 모른다 여호와가 누구냐 할까 하오며 혹 내가 가난하여 도둑질하고 내 하나님의 이름을 욕되게 할까 두려워함이니이다 잠 30:8,9

이 말씀을 붙들고 간절히 기도한다. 혹시 아주 가난해서 사람들에게 믿음으로 사는 삶이 처량하고 비참해 보이지 않기를 바랐다. 사실 나는 한 끼라도 밥을 못 먹으면 힘들다. 금식이 너무 힘든 사람이다. 그리고 너무 부요하면 교만해져서 하나님께 감사하지 않고 구하지 않을까봐 "하나님, 밥만 넉넉히 먹여주신다면 힘을 내서 말씀하시는 대로 다 하겠습니다"라고 기도한다. 하나님께서는 그 기도에 늘 신실하게 응답하시고 부족함 없이 채워주셨다. 금식은 했어도 없어서 못 먹는 일은 없었다.

한번은 공동체의 재정 상황이 좋지 못할 때 지체들로부터 연락이 왔다. "선교사님, 먹을 것이 떨어졌습니다. 조금 남아 있는 재정으로 쌀이라도 먼저 사야 할까요?"

"음…. 그래도 허락하시는 것이 최선이다. 일단 기도하면서 기다려보자."

나는 이렇게 답했다.

사실 사지 멀쩡한 젊은 우리가 아르바이트라도 하면 쌀 한 포대 값은 충분히 벌 수 있다. 물론 일할 수 있다. 일하는 것이 믿음이 아니라는 말이 아니다. 그러나 적어도 이 훈련에서만큼은 채우시는 하나님을 경험하고 배우고 싶었다. 이스라엘 백성들도 가나안 땅에서는 직접 농사를 짓고 일해서 먹었지만, 광야에서는 하늘의 만나와 메추라기, 반석에서 나오는 생수를 마셨다. 우리도 이 훈련 기간만큼은 광야에서 채우시는 하나님을 경험하고 싶었다.

지체들에게 기다려보자고 말했지만 정작 나는 믿음이 없어서 불안했다. 잠도 오지 않아서 한밤중에 공원을 거닐며 불만 가득한 속마음을 하나님께 털어놓았다.

"하나님, 정말 이러실 겁니까? 제가 언제 부귀영화를 달라고 했습니까? 그냥 끼니 굶지 않게 해주시는 것이 그렇게 어렵습니까? 이러시면 하나님과 제 관계가 많이 어색해질 수 있습니다!"

그때까지 한 번도 굶기지 않고 채워주신 경험을 하고도 당장 직면한 상황에서는 전혀 힘이 나지 않았다. 이미 채워주신 경험을 해봤으면 하나님이 하실 일에 대한 기대가 있어야 하는데 내 속에 두려움만 가득했다.

아무런 응답 없이 그날 밤이 지나고 다음날 아침 사무실에 가려고 지하철역으로 가는 길이었다. 당장 점심에 먹을 것이 없는 상황이었다. "주님이 주신다! 하나님은 신실하시다!"라고 자신 있게 이야기했지만 대안이 없었다. 터덜터덜 걸어가는데 어떤 할아버지가 무거운 짐을 옮기며 힘겹게 쓰레기를 버리시는 모습이 눈에 들어왔다. 사실 나도 나서서 도와드리는 편은 아닌데 그날은 주변에 아무도 없어서 도저히 그냥 지나칠 수가 없었다.

"할아버지, 좀 도와드릴까요?" 그랬더니 바로 "좋지!" 하셨다. 그런데 짐이 너무 무거워서 금세 짜증이 올라왔다. "아, 왜 이렇게 무거운 거야" 하고 투덜거리며 내용물을 보니 다 식료품이었다. 그것도 먹다 남은 것이 아니라 뜯지도 않은 새것이었다! '대체 이걸 왜 버리시지?' 하는 표정으로 할아버지를 쳐다보자 할아버지가 내 표정을 읽으셨는지 푸념처럼 말씀하셨다.

"자식새끼들 키워봐야 다 소용없어. 아니, 죄다 못 먹는 것만 가져왔어. 이거 너무 많아서 못 먹어. 다 쓰레기 된다고. 그래서 진즉 버려야 혀."

이것이 무슨 상황인가 싶어서 그냥 쳐다만 보던 나를 향해 할아버지가 말씀하셨다.

"왜? 가져갈텨?"

당황스러웠지만 곧바로 "네!"라고 대답하고 옮겨 실을 차를 가져왔다. 그러자 할아버지가 작정하고 집에 있던 것들을 더 꺼내오셨다. 그런데 놀랍게도 하나같이 다 떨어져서 다시 사야 하는 것들이었다. 쌀 한 가마니와 라면 한 박스, 참치, 비싸서 사지 못했던 조미료, 삼계탕, 과자 등. 너무 신이 나서 그것들을 차에 싣다가 어제 불평불만하며 하나님께 투정하던 내 모습이 떠올랐다. 하나님은 내 믿음이 얼마나 연약한지를 보게 하셨고, 조지 뮬러의 기도 응답을 직접 경험하게 해주신 것이다. 한 가지 다른 것이 있다면 조지 뮬러 선배님은 끝까지 잘 믿어서 멋지게 응답받으셨지만 나는 마지막까지 불평하고 불신해서인지 모양새가 썩 좋지는 않았다. 쓰레기 분리수거장에서 혼자 음식을 싣고 있는 모습이 영 멋없기는 했지만 너무 기뻐서 지체들에게 곧바로 이 사실을 알렸다. 그리고 한동안 그 음식들을 지체들과 맛있게 나눠먹었다.

또 한 번 지체들에게 쌀이 떨어졌다고 연락이 왔다.

"선교사님, 저희 저녁에 먹을 쌀이 없어요."

이렇게 놀라운 경험을 하면 좀 믿어야 하는데 또 똑같은 레퍼토리로 불평과 불만이 올라왔다.

"주님, 제가 무슨 부귀영화를 달라고 했습니까? 그냥 먹여만 주시는 것이 그렇게 어렵습니까? 이러시면 주님과 제 관계가 많이 어색해집니다."

홍해가 갈라지고 만나를 먹는 경험을 하고도 또다시 의심하는 이스라엘 백성과 같은 나를 부끄럽게 하시려고, 이번에는 지체들의 믿음을 사용하셨다. 지체들이 남은 동전까지 탈탈 털어서 쌀을 조금이라도 사려고 근처 마트에 갔는데 전시되어 있던 쌀 포대 하나가 터져서 바닥에 쌀이 한 움큼 흘러 있었다. 지체 하나가 호기심에 포대를 손가락으로 쿡 찌르자 쌀이 더 쏟아졌다. 그래서 마트 직원에게 이야기했더니 쌀을 통째로 버리려고 하기에 버릴 거면 달라고 해서 그 많은 쌀로 밥을 맛있게 해먹었다. 평범하지 않은 삶을 사는 우리에게 하나님께서 평범하지 않은 방법으로 채워주시는 것을 보여주신 것이다.

누군가는 밥 한 끼에 그렇게 불안해하면서 살고 싶지 않다고 이야기할 수도 있다. 맞다. 이렇게 살지 않아도 된다. 그렇다고 해서 우리를 불쌍하게 볼 필요도 없다. 우리는 끼니마다 일용할 양식을 주시는 하나님의 은혜를 경험하며 산다. 안정적인 삶을 포기한 것 같지만 사실 전능하신 하나님의 손에 맡겨드린 것이고, 전능하신 하나님이 우리에게 허락하시는 것을 기대하며 사는 삶이다.

물론 매번 이런 식의 채우심을 경험하는 것은 아니다. 그런데 이런 경험을 하고 나니 허락하지 않으시는 데에는 반드시 이유가 있다는 확신이 생겼다. 흔들리는 믿음을 지키시는 주님이 계시기에 내가 잘못할까봐, 내려놓은 것이 아쉽고, 포기해야 할 것이 두려운 마음에서 해방되어 자유롭게 이 길을 걸을 수 있다. 믿음으로 살면 결혼도 못하고 연애도 못하는 줄 아는 사람이 있는데 절대 그렇지 않다.

우리가 믿음의 삶을 결단할 때 포기해야 할 것에 집중하면 놀랍게 채우시는 살아 계신 하나님을 경험하기가 어렵다. 사탄은 이 부분을 공략해서 지독하게 물고 늘어진다. 오해하지 말자. 하나님은 우리에게서 무언가를 빼앗으시는 분이 아니다. 하나님이 뭐가 부족해서 그러시겠는가. 하나님은 오히려 우리에게 더 주고 싶어 하신다. 그것도 자신의 하나밖에 없는 아들을 기꺼이 내어주실 만큼 주고 싶어 하신다.

그리고 이때 말하는 포기란 빼앗기는 것이 아니라 순종함으로 누릴 수 있는 기쁨과 만족 때문에 기꺼이 내려놓는 것을 말한다. 말씀에 순종하는 가치를 발견한 사람이 그보다 못한 가치를 기꺼이 버리는 것이 내려놓음이다. 억지로 하는 것이 아니라는 말이다. 그래서 짐 엘리엇 선교사는 이렇게 말했다. "영원한 것을 위해 영원하지 않은 것을 버리는 자는 결코 바보가 아니다." 선교사 C. T. 스터드는 "예수가 그리스도이시고 살아 계신 하나님의 아들이라면 우리가 그분에게 드리는 어떠한 희생도 크다고 할 수 없다"라는 말을 남겼다. 사도 바울은 "그러나 무엇이든지 내게 유익하던 것을 내가 그리스도를 위하여 다 해로 여길 뿐더러 또한 모든 것을 해로 여김은 내 주 그리스도 예수를 아는 지식이 가장 고상하기 때문이라 내가 그를 위하여 모든 것을 잃어버리고 배설물로 여김은 그리스도를 얻고"(빌 3:7,8)라고 말했다. 가장 귀한 예수를 얻기 위해서 다른 것들을 기쁘게 내려놓게 된다는 뜻이다.

2. 말씀에 순종하지 못할 변명과 이유를 찾는다

말씀에 순종하지 못할 이유를 다시 말씀에서 찾는다. 사탄의 공격 전략은 한마디로 속이는 것이다. 우리를 속여서 하나님께서 이미 이루신 진리를 붙들지 못하게 한다. 누구나 다 알아챌 만한 빤한 거짓말은 하지 않는다. 아주 교묘하게 속인다. 그래서 우리로 하여금 굉장히 심오한 뜻이 있어서 그 자리에 서지 않는 것이라고 착각하게 만든다. 믿음의 고백을 하고 종교생활도 하도록 내버려두지만 우리가 말씀 앞에 정직하게 서지는 못하도록 교묘하게 속여서 혼란스럽게 하는 것이다.

합리적인 변명과 그럴듯한 이유로 우리를 교란시키는 이 공격에 휘둘리기 시작하면 믿음의 걸음을 걷는 데 심각한 부작용이 발생한다. 말씀에 대한 확신이 생기지 않는 것이다. 애매한 이유는 하나님 앞에 분명한 태도로 서야 하는 우리를 흔들어놓는다. 사탄의 유혹에 넘어가서 선악과를 먹은 하와도 억울했다. 자신이 사탄에게 속았다고 생각했기 때문이다. 하와가 권해서 선악과를 함께 먹은 아담도 억울했다. 다 하와 때문이라고 생각했기 때문이다. 내가 결정한 것이 아니라 외부의 압력으로 어쩔 수 없이 죄를 지었다고 생각한 것이다. 선악과를 먹은 후에 자신이 벗은 것을 보고 하나님의 낯을 피하여 두려워 숨은 아담을 하나님께서 부르셨을 때 아담은 다시 하나님 탓을 했다.

아담이 이르되 하나님이 주셔서 나와 함께 있게 하신 여자 그가 그 나무 열매를 내게 주므로 내가 먹었나이다 창 3:12

아담은 하와를 가리켜 "하나님이 주셔서 나와 함께 있게 하신 여자"라고 이야기한다. 처음에는 "내 뼈 중의 뼈요 살 중의 살"(창 2:23)이라고 하면서 자신과 한몸이라고 하던 그가 자신이 범죄한 모든 탓을 하나님과 하나님이 주신 여자에게 있다고 말했다. 자신이 선악과를 먹을 수밖에 없었던 합리적인 변명과 그럴듯한 이유를 대며 항변한 것이다. 남자는 믿을 만한 대상이 아니다. 하나님께서 그 말을 듣고 여자에게도 똑같이 물으셨는데 하와 또한 변명을 늘어놓기 시작한다.

여자가 이르되 뱀이 나를 꾀므로 내가 먹었나이다 창 3:13

정말 뱀이 꾀어서 먹었는가? 하와는 속아서 먹은 것이 아니라 답을 알면서도 자신이 먹고 싶어서 먹었다. 이처럼 우리도 그럴듯하고 합리적으로 보이는 명분을 이야기하며 말씀 앞에 나아가지 못하고 순종하지 못할 이유를 찾는다. 차라리 "하기 싫어서", "원하지 않아서"라고 말하는 것이 정직한 표현 아닐까.

종종 상담을 하다보면 하나님을 위해서라면 뭐든지 하겠다는 사람들을 만난다. 물론 진심이다. 그런데 '뭐든지'라고 할 때는 모든 경우를 다 포함하는 고백이다. "이 정도일 줄은 몰랐다"는 변명은 통하지 않는다. 고생질 프로젝트에 참여하겠다는 청년들에게도 수없이 "여기에만 복음이 있는 것은 아니다. 그러니 충분히 생각하고 신중하게 결정한 다음 들어와라. '하나님의 부르심'이라는 말을 쓰면 그때부터는 자신의 기대에 못 미치고 자신이 생각한 것과 다르더라도 그 고백에 대한 책임이 뒤따르기 때문이다"라고 분명히 이야기한다. 그런데 "부르심이다", "하나님이 말씀하셨다"라고 자기 입으로 고백했다면 그때부터 하나님은 우리가 어디서 무엇을 하느냐, 그것이 옳으냐 그르냐의 문제보다 우리가 하나님의 이름으로 한 그 고백에 대해 책임을 다하는 모습을 기뻐하시지 않겠는가.

그럼에도 '부르심'이라고 이야기한다면 이렇게 다시 확인한다.

"이 고백을 주님이 받으셨습니다. 우리가 하나님의 이름으로 약속했으니 이제 마음을 다해 이 고백을 지킵시다! 아마 이곳에 들어오기로 결정한 순간부터 절대 들어오지 말아야 할 상황과 예상치 못한 반대에 부딪칠 수 있습니다. 그리고 '이렇게까지' 헌신하지 않아도 괜찮다는 명분이 생길 것입니다. 그래도 하나님이 부르셨다는 믿음과 그 고백을 철회하지 않겠습니까?"

그러면 이 질문에 다들 "네"라고 대답한다. 그런데 시간이 좀 흐르고 실제로 믿음의 걸음을 옮겨야 하는 순간이 오면 그 고백의 무게를 실감하게 된다. 그동안 지킬 생각 없이 해온 고백이 얼마나 많은가. 그 고백의 무게를 실감할 때면 어김없이 그렇게 하지 못할 이유와 명분이 생긴다. 그리고 흔들린다. 이것은 특정 누구만이 그런 것이 아니다. 나 자신도 그런 공격에 수없이 넘어졌다. 그것을 알기 때문에 하나님 앞에서 더욱 분명한 태도를 취하고 싶은 것이다.

그러다 공격을 받고 헌신하고 싶은 마음이 사라지면 헌신은 하고 싶지 않은데 자신의 입으로 뱉어놓은 고백이 있으니 그냥 뒤집을 수 없어서 합리적인 변명거리를 찾게 된다. 그때 하나님의 말씀을 운운하며 뒤엎는다는 것이다.

"하나님께서 부모의 권위에 순종하라고 하셨잖아요? 부모님의 권위를 따라야겠습니다."

오해하지 말라. 당연히 부모님을 공경하는 것이 옳다. 그런데 우리가 한 고백은 어떤 경우라도, 심지어 부모님의 반대에 부딪히는 상황도 포함하는 고백이었다. 그런 변명은 통하지 않는다. 들어오고 나서 분명히 약속한 기한을 채우지 않고 나가게 될 때 "하나님이 나가라는 마음을 주셨습니다"라고 이야기한다. 다시 한번 말하지만 이 공동체에 남는 것만이 믿음이라고 이야기하는 것이 절대 아니다. 그래서 들어올 때 그토록 당부했던 것이다.

그런데 그것을 확증해서 들어왔다면 하나님의 이름을 걸고 한 약속을 지키자는 것이다. 하나님의 이름을 걸고 한 약속을 하나님의 말씀으로 뒤엎고 내 원함에 하나님의 말씀을 끼워 맞추기 시작하면 앞으로 어떻게 나의 원함과 하나님의 뜻을 구별하고 분별할 수 있겠는가. 이것을 노리고 사탄이 공격하는 것이다. 믿음으로 살아갈 길과 방향을 제시하는 기준인 하나님의 말씀을 분별할 수 없고 신뢰할 수 없다면 어떻게 이 세상에서 예수님을 따르며 살 수 있을까?

누군가를 정죄하고 판단하려는 것이 아니다. 나 역시 이 공격에 자주 노출되고 넘어진다. 다만 하나님의 말씀이라는 고백이 좀 더 가치 있게 쓰였으면 좋겠고, 그 고백에 책임을 지자는 말이다. 그런 마음의 태도로 하나님의 말씀을 대할 때 말씀에 대한 확신을 가지고 이 길을 걸어갈 수 있다. 회피하고 싶고 하고 싶지 않을 때 그럴 듯한 이유와 변명으로 자신을 포장하여 말씀에 순종하지 않아도 된다고 공격할 것이다. 그러나 우리가 말씀을 피해서 어디로 가겠는가? 말씀 앞에 나가지 못할 이유는 아무것도 없다. 속지 말자. 마땅해 보이고 상식적으로 납득이 되어도 그 일이 말씀에서 멀어지게 만든다면 과감히 거기서 떠나야 한다. 복잡하게 생각할 일이 아니다.

3. 왜곡된 양심으로 말씀 앞에 서지 못하게 한다

수치스러운 자신의 실상으로 하나님 앞에 나가지 못하고 두려워서 숨게 만든다. 앞으로 계속 다루겠지만, 우리의 연약함은 결코 우리가 하나님께 나아가지 못할 이유가 되지 않는다. 오히려 우리의 연약함과 부족함 때문에 주님이 더욱 필요하다는 것을 깨닫는 은혜의 도구가 된다. 뻔뻔해지라는 말이 아니다. 우리의 연약함마저 알고 부르시는 그 은혜에 근거해서 나아갈 수 있다는 것이다.

그런데 사탄은 자신의 상태와 실상에 계속 집중하게 해서 받은 은혜를 보지 못하게 만든다. 레위기의 제사 제도를 보면, 하나님과 백성 사이를 가로막는 죄가 있을 때 제사장이 집행하는 제사를 통해 하나님 앞에 나아가 죄 사함을 받았고, 하나님은 제사장의 정결의식을 강조하셨다. 이 말씀을 보면 자칫 우리가 거룩하고 깨끗해야만 하나님 앞에 설 수 있다는 착각에 빠질 수 있다. 그러나 이 정결의식은 제사장의 직무를 감당하는 자로서 징표를 삼은 것이지 제사장이 온전히 거룩하게 되어 하나님 앞에 나아갔다는 것이 아니다. 제사장은 이스라엘의 죄를 가지고 하나님 앞에 나아갔고 그 제사를 통하여 죄 사함을 받았다. 하나님 앞에서 거룩해야 하는 것은 맞지만 우리는 절대 스스로 거룩할 수 없다. 거룩은 우리가 노력해서 되는 것이 아니라 거룩하게 하시는 하나님이 우리를 거룩하게 하셔야만 가능하다.

죄인인 우리는 스스로 하나님이 요구하시는 거룩에 이를 수 없다. 그래서 우리에게 더욱더 은혜가 필요하고 예수님이 필요하다. 그런데 그 기준에 부합하지 않은 자신의 상태에 집중하게 만들어서 은혜를 바라보지 못하게 만드는 것이 사탄의 전략이다.

> 여호와 하나님이 아담을 부르시며 그에게 이르시되 네가 어디 있느냐 이르되 내가 동산에서 하나님의 소리를 듣고 내가 벗었으므로 두려워하여 숨었나이다 창 3:9,10

사탄은 아담과 하와가 벌거벗은 자신의 모습을 보고 하나님의 낯을 피하여 숨게 만든다. 하나님께서는 두려워서 숨은 아담과 하와를 말씀으로 불러내신다. 왜인가? 벗은 것을 수치스럽게 하시려고? 아니면 호되게 혼내시려고?

하나님이 벌거벗은 우리를 불러내시는 것은 가죽옷을 지어 입혀주시기 위함이다. 벗은 나의 모습을 감춰보려고 다 가려지지도 않는 무화과 나뭇잎으로 가리고 있는 부끄러운 우리의 실상을 들춰내시는 것은 하나님이 친히 가죽옷을 입혀주시려는 것이다. 그러니 말씀으로 우리의 실상을 드러내실 때 두려워서 피하지 말고 우리를 살리시기 위해 드러내시는 말씀 앞에 겸손히 나아가자! 그러면 살 수 있다.

공동체로 함께 살다보면 개개인의 실상을 감출 수가 없다. 자신의 삶이 아침부터 저녁까지 고스란히 드러나기 때문에 도저히 숨길 수가 없다. 깔끔하고 잘 치우는 사람들은 특히 청소를 안 하는 사람, 설거지를 안 하는 사람, 빨래를 안 하는 사람, 안 씻는 사람이 보인다. 나만 계속 집안일을 하는 것 같고 언제까지 이래야 하나 싶은 생각이 들다가도 '내가 이것밖에 안 되나. 난 정말 사랑이 없구나' 하면서 낙심하기도 한다. 어떤 지체들은 이렇게 자신의 모습이 드러나는 것이 두려워서 마음을 닫고 지내거나 이런저런 변명으로 자신을 포장하기도 한다. 그런데 말씀 앞에 설수록 하나님 앞에 벌거벗겨지듯이 드러난 자신의 실상을 보며 절망한다.

가끔 지체들이 초반에 자신감을 잃고 "더는 못하겠어요", "저는 정말 안 되나봐요"라고 낙심하는 모습을 보면 '괜찮을까? 잘하고 있는 건가?' 하는 의구심도 들었다. 그러나 시간이 지날수록 불안보다는 이 일을 주님이 시작하셨다는 감사가 나온다. 하나님이 우리의 하나님이 되시기 위한 작업을 시작하셨다는 강한 확신이 드는 것이다. 그 치열한 싸움이 나 역시 힘들고 아프지만 우리의 소망 없음을 통하여 소망 되신 주님을 붙들게 하시려는 은혜의 시간을 지금도 함께 보내고 있다.

만약에 위중한 병에 걸렸다면 마음이 힘들고 아플 것이다. 그러나 완벽하게 나을 대안이 있다면 몸이 낫는 것에 집중하지 병들고 아픈 모습에 집중하지 않는다. 그러니 드러난 우리의 실상에 절망할 필요가 없다. 하나님께서 우리의 가죽옷을 손수 준비해놓으셨다. 이 은혜가 준비되어 있다. 지금의 상황에 낙심하거나 낙담할 수도 있지만 그렇게 머물러 있으면 안 된다. 은혜가 없는 것처럼 절망하지 말고 그 은혜를 힘입어야 한다.

PART 2

말씀에
답이 있다

고민하고 생각하고 질문하자

chapter 4

우리가 믿음으로
살지 못하는 이유

우리가 믿음으로 살지 못하는 이유는 무엇일까? 혹시 그 이유를 다른 데서 찾고 있지는 않은가. 복음이 완전하다는 것은 교리적, 지식적으로 동의한다고 하면서도 우리가 부족하고 연약해서 복음대로 살 수 없다고 말하는 것은 참으로 모순이다. 우리가 연약하고 안 되기 때문에 우리를 완전하게 하시는 복음을 붙잡으라는 것인데, 우리의 연약함만 부르짖으며 믿음으로 살 수 없다고 하는 것이다.

진짜 문제는 복음이나 성경 말씀에 있는 것이 아니라 바로 나 자신에게 있다. 우리의 고백대로 복음은 완전하며 기쁜 소식이다. 내가 안 되는 것이지 복음에는 아무 문제가 없다. 복음은 안 되는 우리를 가능하게 하는 능력이다. 그래서 '복음'(good news, 좋은 소식)이라고 이야기한다. 이 복음이 한 개인에게 실제가 되려면 그 복음을 믿는 믿음이 필요하다. 성경은 이 믿음이 삶에 나타나도록 담아내는 그릇을 우리의 마음이라고 한다.

> 네가 만일 네 입으로 예수를 주로 시인하며 또 하나님께서 그를 죽은
> 자 가운데서 살리신 것을 네 마음에 믿으면 구원을 받으리라 사람이 마
> 음으로 믿어 의에 이르고 입으로 시인하여 구원에 이르느니라 롬 10:9,10

말씀에도 문제가 없고 복음에도 문제가 없다면 결국은 우리에게 문제가 있다는 말이다. 그렇다면 믿음을 삶에 담아내는 그릇인 우리의 마음 상태를 먼저 살펴볼 필요가 있다.

마음을 판단하는 기준

그런데 마음은 한번 살펴보겠다고 해서 살펴볼 수 있는 것이 아니다. 밑도 끝도 없이 내가 들여다보기로 마음먹었다고 해서 볼 수 있는 것이 아니다. 사람은 철저하게 자기중심적이기 때문에 자기 자신을 객관적으로 들여다볼 수 없다. 자신을 객관적으로 진단하고 살펴보려면 비춰볼 수 있는 기준이 있어야 한다. 기준이 없으면 무엇이 잘못되었는지 알 수 없을 뿐만 아니라 정확한 분별이 불가능하다. 의사가 환자를 진찰할 때에도 몸에 문제가 있으면 정상 사진과 비교해서 무엇이 잘못되었는지 살펴보고 진단한다. 정상을 기준으로 판단하는 것이다. 이와 마찬가지로 우리의 마음 상태를 진단하기 위해서는 올바른 기준이 필요하다.

우리의 마음을 진단하려면 정확하고 명확하며 왜곡되거나 변하지 않는 기준이 있어야 한다. 어떤 조건과 환경에 처해 있든지 모든 사람에게 동일하게 적용될 수 있는 기준이 무엇이겠는가? 그 조건에 정확하게 들어맞는 것은 오직 하나님의 말씀뿐이다. 하나님의 말씀은 정확한 기준이 될 뿐만 아니라 변질되거나 왜곡될 수 없다.

그러나 우리나 혹은 하늘로부터 온 천사라도 우리가 너희에게 전한 복음 외에 다른 복음을 전하면 저주를 받을지어다 갈 1:8

성경은 어떤 문화와 환경에 속해 있든지 상관없이 모두에게 동일한 기준이 될 수 있다. 지난 수천 년 동안 성경을 왜곡하려는 수많은 시도에도 변질되지 않고 지금까지 우리에게 전해졌다.

하나님의 말씀은 살아 있고 활력이 있어 좌우에 날선 어떤 검보다도 예리하여 혼과 영과 및 관절과 골수를 찔러 쪼개기까지 하며 또 마음의 생각과 뜻을 판단하나니 지으신 것이 하나도 그 앞에 나타나지 않음이 없고 우리의 결산을 받으실 이의 눈앞에 만물이 벌거벗은 것같이 드러나느니라 히 4:12,13

하나님의 말씀은 우리의 마음과 뜻을 판단한다. 이 말씀을 기준으로 우리의 마음 상태를 점검해볼 것이다. 우리가 복음대로 살지 못하고 믿음이 실제가 되지 못한 이유가 어디에 있었는지 살펴보자.

부패한 우리의 마음

성경은 우리의 마음 상태를 이렇게 진단한다.

만물보다 거짓되고 심히 부패한 것은 마음이라 누가 능히 이를 알리요
마는 렘 17:9

믿음을 담아야 할 그릇인 우리의 마음이 심히 거짓되고 부패하다는
것이다. 그러니 그 안에 담긴 믿음 역시 왜곡되고 변질될 수밖에 없다.
욕심과 탐욕 때문에 자신의 마음도 왜곡되어서 알 수가 없고, 상대방
의 마음 역시 의심할 수밖에 없는 것이다. 사람은 겉으로 좋아 보이더
라도 그 모습 그대로 볼 수가 없다. 왜냐하면 내가 겉과 달리 속마음
이 거짓되고 부패하기 때문이다. 보이는 것이 다가 아니라는 것쯤은
알고 있다. 그래서 어떤 달콤한 말로 뭐든지 다 해주겠다는 말을 들어
도 '세상에 공짜가 어디 있어?' 하는 생각이 자연스럽게 든다.

이런 왜곡된 마음을 가지고 신앙생활을 하고 하나님을 믿으려고
하니까 하나님의 마음 역시 오해하게 되는 것이다. 아무 자격이 없는
자에게 거저주신 은혜를 그대로 받을 수가 없다. 값없는 은혜를 받아
놓고도 세상에 공짜가 없듯이 은혜를 받을 만한 자격을 갖춰야 한다
고 생각하게 되는 것이다. 그래서 부단히 애를 쓰고 그 은혜를 갚고자
수고한다.

하나님 앞에서도 내가 뭔가 해드려야 하고 쓸모 있는 사람이어야만
하는 것이다. 신앙생활을 열심히 한다는 말이 받은 은혜를 잘 누리는

것이라기보다는 교회에서 봉사를 열심히 한다는 의미로 받아들여진다. 물론 교회 사역과 봉사, 주일성수와 헌금을 하는 것은 중요하다. 다만 그 사역과 봉사, 헌신의 목적이 무엇인가 하는 것이다. 하나님이 베풀어주신 은혜에 감격해서 하나님 앞에 무엇이라도 드리고 싶은 소망함에 시간과 열정과 물질을 드리는 것인가? 아니면 사람과 하나님으로부터 인정을 받기 위함인가? 이런 왜곡된 마음을 가지고 신앙생활을 하면 하나님의 마음 역시 왜곡해서 받아들이게 된다. 그래서 은혜를 갚고자 부단히 애를 쓰다가 결국은 녹다운이 되고 만다.

세상의 가치는 사랑받을 만해야 사랑받을 수 있고, 무언가 뛰어나게 잘해야만 인정받을 수 있다. 이런 인본주의적 관점으로 성경을 보고 신앙생활을 하면 우리가 뭔가를 하지 않아도 하나님이 우리를 사랑하신다는 말씀이 이해되지 않는다. 하나님께서는 우리를 결코 사랑할 수 없을 때 사랑하셨다.

우리가 아직 죄인 되었을 때에 그리스도께서 우리를 위하여 죽으심으로 하나님께서 우리에 대한 자기의 사랑을 확증하셨느니라 롬 5:8

그런 마음으로 성경을 읽으니까 세상의 가치와 너무 달라서 더 큰 괴리감을 느끼는 것이다. 우리의 마음이 이렇게 거짓되고 부패했다면 하나님께서 우리에게 주신 은혜와 생명을 받아 누리는 온전한 믿음이 삶에 자리할 수가 없다. 거짓되고 부패한 마음의 문제를 해결하지 않고서는 하나님을 온전히 믿을 수가 없다는 말이다. 복음과 하나님의 은혜가 마음으로 믿어져야 하는데 우리의 마음이 부패해서 제 역할을 하지 못하는 것이다. 우리의 마음이 처음부터 이렇지는 않았을 텐데 분명히 무언가 잘못되었다. 성경이 죄인의 마음 상태를 부패하고 거짓되었다고 말한다면 타락하기 전에는 그 반대의 개념이었을 것이다. 부패하기 전에 우리의 마음은 청결하고 정직했다. 생각해보자. 만약 우리의 마음 상태가 깨끗하고 정직했다면 그 안에 의심, 부담, 외식, 거짓, 압박감, 두려움이 없었을 것이다. 하나님과 사람들과의 관계에서도 거짓 없이 교제하며 온전한 관계가 형성되었을 것이다.

인격이신 하나님과 교제할 때에도 정직하게 나아가고, 두려워할 이유나 부담을 느낄 이유도, 인정받으려고 몸부림칠 필요도 없었을 것이다. 그런 순결한 마음일 때는 하나님께서 주시는 것을 온전히 받아 누리고, 우리 역시 하나님 앞에 가장 큰 기쁨이 될 수 있다는 말이다. 그런 우리의 마음이 죄로 말미암아 완전히 왜곡되고 부패하고 거짓되어서 하나님과 온전한 관계를 이룰 수 없고 하나님의 마음과 본심을 오해하게 되었다. 마치 하나님을 직장 상사처럼 대하며 잘하면 인정받고 잘못하면 내쳐질 것 같은 두려움이 우리 안에 있는 것이다. 그래서 하나님께 인정을 받아보겠다고 갖은 애를 쓰며 사역하는 사람이 바로 나였다.

그렇다면 거짓되고 심히 부패해서 우리 스스로 절대 들여다볼 수 없는 마음의 상태를 말씀을 근거로 파헤쳐보자. 우리는 살면서 나름대로 '선'과 '옳음'의 기준을 가지고 있다. 이 기준은 누가 알려준 것도 아닌데 거짓말을 하려고 하면 심장이 쿵쾅거린다든지, 도둑질할 때 주위의 눈치를 살피며 손발이 떨린다든지, 야한 영상을 보다가 누가 오면 얼른 화면을 끈다든지 하는 반응으로 나타난다. 은연중에 그 일이 옳지 않다고 여기기 때문이다. 누구나 다른 사람에게 드러내고 싶지 않은, 숨기고 싶고 감추고 싶은 것들이 있다. 누가 가르쳐주지 않아도 자연스럽게 나타나는 반응이다.

죄로 완전히 타락해버린 우리의 거짓되고 부패한 마음은 결코 선과 옳음이라는 기준을 가질 수 없다. 그런데 때때로 내면에서 "이건 아니야"라는 마음의 소리를 듣는다면 알게 모르게 형성된 나름의 선과 옳음의 기준이 있다는 말이다. 그리고 그 기준에 부합하지 않으면 속이 부대끼는 경험을 하게 된다. 이것을 양심의 반응이라고 한다. 크리스천에게는 말씀이 절대적인 기준이기 때문에 말씀에서 제시한 기준에 합당하지 않을 때 자주 느끼게 되는 감정이다. 그런데 신기한 것은 율법과 하나님의 말씀을 전혀 모르는 사람에게도 양심이 율법의 역할을 함으로써 양심의 반응이 나타난다는 것이다.

(율법 없는 이방인이 본성으로 율법의 일을 행할 때에는 이 사람은 율법이 없어도 자기가 자기에게 율법이 되나니 이런 이들은 그 양심이 증거가 되어 그 생각들이 서로 혹은 고발하며 혹은 변명하여 그 마음에 새긴 율법의 행위를 나타내느니라) 롬 2:14,15

선한 마음은 우리에게서 결코 나올 수 없다. 모든 선과 옳음의 기준은 절대 선이신 하나님이시다. 선의 기준이 되시는 하나님께서 우리를 창조하실 때 우리 안에 두신 마음인 것이다.

　우리는 우리의 양심에 따른 기준을 가지고 옳은 것과 선한 것을 판단하고 이것을 다른 이들에게도 제시하고 가르친다. 대부분 이것을 맞다고 이야기한다. "정직해야 한다. 섬겨야 한다. 예의 바르게 행동해야 한다. 겸손해야 한다. 성실해야 한다. 상처주면 안 된다" 등 모두가 쉽게 동의할 수 있는 것들이다.

두 마음의 갈등

좀 더 실제적으로 우리 안에 있는 선과 옳음의 기준을 들여다보자.

- 사이코패스가 멋있는가? 남을 돕고 섬기는 사람이 멋있는가?
- 겸손한 사람을 존경하는가? 교만한 사람을 존경하는가?
- 음란한 사람이 옳은가? 순결한 사람이 옳은가?
- 거짓말하는 것이 옳은가? 정직한 것이 옳은가?
- 사랑하는 것이 옳은가? 미워하는 것이 옳은가?

　아마도 공통적인 대답이 나왔을 것이다. 우리는 무엇이 옳은지 모르는 것이 아니다. 하나님의 말씀과 율법이 아니더라도 무엇이 선하고 옳은지 알고 있다. 이 질문은 믿는 사람에게만 해당하는 것이 아니라 믿지 않는 사람에게 물어도 동일한 답이 나올 것이다. 그러면 다시 질문해보겠다.

- 남을 사랑하는 것이 잘되는가? 미워하는 것이 잘되는가?
- 내가 손해를 보더라도 정직하기가 쉬운가? 거짓말하기가 쉬운가?
- 교제할 때 어떻게든 순결을 깨고 관계를 맺는 것이 좋은가? 아니면 순결을 지키고 선을 넘지 않는 것이 좋은가?

이 질문에 답하는 자신을 본다면 우리의 문제를 조금은 알아차릴 수 있을 것이다. 우리의 마음 깊은 곳에는 분명히 선을 동경하고 원하는 마음이 있다. 그런데 우리에게 선을 동경하고 옳은 대로 살고 싶은 마음만 있는 것이 아니라 동시에 그것을 하고 싶지 않은 마음이 함께 있다. 즉, 두 마음이 있다는 것이다. 다른 말로 하면 선을 알고도 행할 능력이 없다는 것이다.

우리는 선을 알고 있다. 무엇이 옳은지 알고 있다. 심지어 그것을 동경하고 내 자녀와 사랑하는 사람들에게는 이것이 옳은 것이라고 가르치기까지 한다. 그 누구도 사랑하는 자녀에게 "거짓말해라, 음란해져라, 폭력을 써야 해, 남을 미워해"라고 가르치지 않는다. 그런데 실제로 사랑과 미움, 정직과 거짓, 순결과 음란 앞에서 우리는 답을 알면서도 갈등하게 된다. 이것을 내적 갈등이라고 한다. 그렇게 갈등하다 보면 내 마음을 나도 잘 모르게 된다. 선을 동경하는 것이 내 마음인지 아니면 그것을 싫어하는 것이 내 마음인지 헷갈리는 것이다. 그래서 정직할 수가 없고 순전한 마음으로 하나님을 믿지 못한다. 내 안에 있는 선한 마음과 그것을 싫어하는 마음 중 무엇이 진짜 내 마음인지 구분되지 않기 때문이다.

사도 바울도 '내가 원하는 것'(선과 옳음)을 알면서도 행하지 않고 오히려 '그렇게 하고 싶지 않은 것'(악, 정욕, 탐욕)을 행한다고 말한다 (롬 7:15). 자신의 내면에 선을 원하고 동경하는 마음이 분명히 있으나 실제로 결정하는 것을 보면 선을 행하지 않고 자신의 정욕을 선택한다는 것이다.

> 내가 원하는 바 선은 행하지 아니하고 도리어 원하지 아니하는 바 악을 행하는도다… 그러므로 내가 한 법을 깨달았노니 곧 선을 행하기 원하는 나에게 악이 함께 있는 것이로다 롬 7:19, 21

원하는 바 선을 행하지 않고 오히려 원하지 않는 악을 행하는 것을 보면서 이러한 씨름을 하던 사도 바울이 한 가지를 깨닫는다. 그것은 나의 내면에 선을 원하는 마음과 그것을 행하려 하지 않는 악이 함께 있는 것을 보게 된 것이다. 전혀 다른 두 마음이 존재한다는 것이다.

분명히 내 속사람은 하나님의 법을 즐거워하고(롬 7:22) 그것이 옳고 절대적인 진리임을 알지만, 그렇게 살지 못하도록 내 마음에서 다른 마음이 싸우는 것이다. 사도 바울에게도 내적 갈등이 찾아온 것이다. 그런데 그 싸움 후에 사도 바울이 내린 결론은 "내 지체 속에 있는 죄의 법으로 나를 사로잡는 것을 보는도다"(롬 7:23)였다. 대단한 사도 바울도 두 마음이 싸워서 늘 갈등했지만 결국은 죄의 법에 사로잡혀서 굴복되는 것을 보게 된 것이다.

오호라 나는 곤고한 사람이로다 이 사망의 몸에서 누가 나를 건져내
랴 롬 7:24

진지하게 선과 옳음을 좇아 살아보고자 했다면 사도 바울의 고백
과 동일한 고백을 할 수밖에 없다. 나는 절대 이 삶을 살 수 없다는 것
이다. 왜인가?

새 생명의 삶을 방해하는 두 가지 요소

1. 존재적으로 죄인이기 때문에

우리가 선을 안다고 해도 아는 그대로 행하기를 싫어하고 온전히
행할 능력도 없는 존재적 죄인이기 때문이다.

기록된 바 의인은 없나니 하나도 없으며 롬 3:10

그러므로 율법의 행위로 그의 앞에 의롭다 하심을 얻을 육체가 없나니
율법으로는 죄를 깨달음이니라 롬 3:20

사람이 의롭게 되는 것은 율법의 행위로 말미암음이 아니요 오직 예수
그리스도를 믿음으로 말미암는 줄 알므로 우리도 그리스도 예수를 믿
나니 이는 우리가 율법의 행위로써가 아니고 그리스도를 믿음으로써

의롭다 함을 얻으려 함이라 율법의 행위로써는 의롭다 함을 얻을 육체
가 없느니라 갈 2:16

결론적으로 우리가 아무리 애를 써도 하나님 앞에서 의롭게 살아갈
수 없고, 의로워질 수 없는 죄인이라는 것이다.

2. 세속적 가치관의 영향 때문에

자신의 정욕과 원함대로 살기 위해서 악을 택해도 양심의 가책을 느
끼지 않게 만드는 사회 분위기 때문이다. 한마디로 하나님나라와는 전
혀 상관이 없는 세속적 가치관으로부터 지속적인 영향을 받아온 우리
의 가치관이 존재적 죄인으로 살기에 최적의 환경을 제공하고 있다. 죄
인이 듣기 좋은 소리를 해주고, 내 정욕과 원함대로 살아도 괜찮다고
위로하고 격려해준다. 오히려 그렇게 살라고 독려하고 있는 것이다.

이 두 가지 문제 모두 우리의 힘과 노력으로는 해결할 수 없다. 존
재적으로 죄인 된 문제는 우리 능력 밖의 일이고, 이미 형성된 가치관을
바꾸는 것도 여간 힘든 일이 아니다. 결국 극단적인 변화 앞에 서야 하
는데, 우리 스스로 그렇게 할 수가 없다. 만약 이 문제를 해결할 수 없
다면 우리는 이 땅에서 말씀대로, 믿음으로 살 수 없는 것이 맞다. 나
의 죄인 된 존재의 문제를 해결할 방법이 없고, 세속적인 가치 가운데
살 수밖에 없다면 우리는 이 땅에서 믿음으로 살 수 없는 것이다.

모든 문제의 해답이신 예수 그리스도

하나님께서는 이 문제를 해결하지 않고는 우리가 받은 은혜를 누릴 수 없고, 믿음으로 살 수 없다는 것을 알고 계셨다. 그래서 이 문제를 해결하셨다. 선을 알고도 행할 수 없었던 존재적으로 죄인 된 문제, 내 힘으로는 절대 해결할 수 없는 문제를 예수 그리스도의 십자가 복음으로 완전히 해결하신 것이다. 이것은 이미 이루신 진리이다. 예수님은 한 치의 오차도 없이 완벽하게 이루셨다.

> 예수께서 신 포도주를 받으신 후에 이르시되 다 이루었다 하시고 머리를 숙이니 영혼이 떠나가시니라 요 19:30

우리는 이 결론을 알면서도 여전히 연약하고 죄인 된 본성이 남아 있는 것 같아서 이 진리를 외면하게 된다. 하나님께서 이루신 진리보다 내 모습이 훨씬 직접적으로 체감되기 때문이다. 그러나 하나님께서 이루신 진리는 변함이 없다. 그 진리에 근거하여 죄 된 우리의 생명은 끝이 났다. 그런데 그것을 믿음으로 취하지 못하고 주저하는 것은, 여전한 나의 연약함과 계속 예전처럼 살라고 부추기는 세속적 가치관에 찌든 세상에 살고 있기 때문이다.

그렇다면 이 세상 가치관이 지배하는 현실 가운데 사는 문제는 어떻게 해결하셨는가? 썩은 세속적 가치가 난무하고 있는 세상 한복판에서 하나님나라의 가치만 통용되고, 그 가치로 살아가는 유일한 공동체가 있다고 하신다.

모든 통치와 권세와 능력과 주권과 이 세상뿐 아니라 오는 세상에 일컫는 모든 이름 위에 뛰어나게 하시고 또 만물을 그의 발아래에 복종하게 하시고 그를 만물 위에 교회의 머리로 삼으셨느니라 교회는 그의 몸이니 만물 안에서 만물을 충만하게 하시는 이의 충만함이니라 엡 1:21-23

세상 모든 이름 위에 뛰어나신 예수 그리스도의 풍성함과 하늘의 가치로 살아가고, 그것을 모든 만물과 세상 가운데 흘려보내는 공동체가 바로 교회이다. 그렇기에 세상은 무모하다고 말하는 그리스도를 향한 헌신을 격려하고, 낮아짐과 겸손을 함께 기뻐하며 정직을 독려하는 공동체 안에서 보호받으며 믿음의 삶을 살 수 있게 되었다. 교회가 외부의 공격과 핍박, 환난을 받는 것보다 교회의 세속화를 더욱 조심해야 한다. 하나님께서는 이렇듯 우리가 믿음으로 살 수 있는 모든 길을 열어놓으셨다.

chapter 5

세상 가치관을 허물어야
믿음대로 살 수 있다

가치관이란 자신을 포함한 세계나 어떤 대상에 대한 근본적인 태도나 관점을 말한다. 쉽게 말해서 옳은 것, 바람직한 것, 해야 할 것 또는 하지 말아야 할 것에 관한 일반적인 생각을 말한다. 자신이 살아가는 환경과 대상에 대한 관점, 곧 기준이라는 것이다. 앞에서도 이야기했지만 그 기준은 절대 불변하는 가치여야 하고 왜곡되거나 변질되지 않아야 하는데 이 기준이 만약 감정과 상황과 환경에 지나치게 영향을 받는다면 큰 문제이다.

가치관이 형성되는 과정을 살펴보면 지금 우리의 가치관과 자아 인식을 가지고 믿음으로 살려는 것이 얼마나 위험한 일이고, 믿음으로 사는 데 방해가 되는지 알게 될 것이다. 가치관은 그 가치관이 형성되는 시기에 특정한 문화에 지속적으로 영향을 받으면서 형성된다.

문화와 환경의 영향력

지금 우리는 어떤 문화와 환경의 영향을 받고 있는가? 한 나라 안에서도 지역마다 사용하는 말이나 문화가 조금씩 다르다. 더 깊이 들어가면 가정마다 문화가 다르다. 그 작은 공동체마다 특성이 있고 독특한 문화가 있어서 어떤 집은 보수적인 반면에 또 어떤 집은 굉장히 개방적이다.

사람은 나고 자라면서 자신이 속한 문화에 지속적으로 노출된 채 살아간다. 이것이 우리의 기준과 관점이 되어서 모든 상황과 환경을 판단하고 정의한다. 이렇게 형성된 가치관은 한 사람의 인생에 지대한 영향을 미친다. 이 가치관은 한 개인을 구성하는 지정의(知情意)를 지배하게 된다. 매우 직접적인 영향을 미치는 것이다.

미국에 잠시 사역하러 갔을 때 겪은 일이다. 운전을 하고 가다가 신호대기에 서 있는데 어떤 백인이 다짜고짜 나를 향해 손가락으로 욕을 했다. 누가 봐도 인종 차별적인 행동이었다. 너무 화가 났지만 마땅히 대꾸할 방법이 없었다. 같이 욕을 하면 선교사로서 합당하지 않은 것 같고 잘못하다가는 총을 맞을 수도 있다는 두려움이 엄습했다. 그러다 어린 시절에 놀림을 당하면 손가락의 검지와 중지를 꼬아서 "반사"라고 외치던 것이 떠올랐다. 나는 그 자리에서 그가 알아들을 수 없는 제스처와 말로 "반사!"라고 크게 외쳤다. 그 순간 악을 악으로 갚지 않고 스스로 악에 걸려서 넘어지지 않는 나름의 지혜를 발휘한 것이다. 이처럼 소수의 서양인들이 동양인을 함부로 대하고 눈을 좌우로 찢는 시늉을 하며 무시하는 인종차별적인 행동을 할 때가 있다. 그러면 내가 직접 당한 일이 아니어도 화가 나고 열이 받는다.

그와 별개로 우리나라는 스포츠든 정치든 일본은 반드시 이겨야 한다는 신념이 있는 것 같다. 일본과 축구 경기가 있는 날이면 스포츠로 즐기는 것이 아니라 죽기 살기로 임한다. 우리나라 역사에 잊을 수 없는 아픔을 남긴 일본에 대한 감정이 쉽게 사라지지 않는 것이다. 이처럼 어떤 문화에 지속적으로 노출이 되어 형성된 가치관은 우리의 정서와 감정, 의지에 직접적인 영향을 미치게 된다.

예를 들어, 한국인 부모 아래 태어난 사람이 있다고 하자. 그런데 그의 가치관이 형성되는 시기에 미국에서 자랐다면 어떨까? 그는 외모나 혈통으로 한국 사람이 맞지만 가치관이 많이 다를 것이다. 식습관부터 관계 맺는 법, 사회 생활하는 태도와 관점이 달라진다. 한국 사람이라고 하면 다 김치를 좋아하는 줄 알지만 김치를 접하기 힘든 환경에서 자랐다면 친숙하지 않을 것이다.

나는 어떤 음식이든 잘 먹는다고 자부하던 사람이었다. 특이한 음식도 거부감 없이 먹곤 했다. 그런데 중국의 취두부를 접한 뒤 생각이 달라졌다. 취두부를 처음 봤을 때 느낀 감정은 글이나 말로 담기에는 턱없이 부족하다. 분명한 것은 취두부는 나에게 음식이 아니었다. 도저히 먹을 수가 없었는데, 취두부를 좋아하는 사람은 없어서 못 먹는다고 한다. 그 음식을 앞에 두고 내가 한 말이 있다.

"나는! 이거 못 먹어!"

단지 생소하고 익숙하지 않은 음식일 뿐인데 못 먹는 것이 '나'라고 인식했다. 문화에 의해 길들여진 것인데도 그것이 철저하게 나라고 생각한 것이다.

　사람의 가치관은 환경과 문화에 직접적인 영향을 받기 때문에 오랜 시간 노출이 되면 그것에 길들여지고 그것이 세상과 나 그리고 남을 바라보는 관점과 기준이 된다. 이렇게 특정 문화에 지속적으로 노출이 되면 그에 따른 가치관이 형성된다. 이렇게 형성된 가치관은 반복되는 일상을 통해 익숙해지고 그에 따라 습관이 된다. 습관이 되면 말과 행동이 자연스러워지고 일상이 되어 그 가치관이 우리의 삶에 녹아든다.

　이렇게 오랜 시간 길들여져서 익숙해지고 자연스럽게 일상이 된 삶의 가치관은 웬만해서는 바뀌지 않는다. 부정적으로 생각하는 사람들은 모든 상황을 부정적으로 보는 경향이 있고, 말을 툭툭 내뱉는 사람은 그 습관이 자기도 모르게 튀어나온다. 이러한 반응을 조건 반사라고 한다. 동물이 학습해서 후천적으로 반응하는 방식을 가리키는데, 특정한 자극에 대해서 무의식적으로 반응한다. 그런데 우리의 삶에서 새 생명을 받은 그리스도인다운 반응이 자연스럽게 나오는 것이 아니라 세속적 가치에 의해 조건 반사로 부패한 마음의 반응들이 먼저 튀어나온다.

　이 가치관은 우리의 삶에 직접적인 영향을 미치고 우리의 지성과 감정과 의지를 지배하게 된다. 그런데 여기서부터 문제이다. 지금껏 살아온 문화와 환경은 하나님나라의 가치와는 전혀 상관이 없는 세속적인 가치를 내세우기 때문이다. 그렇기 때문에 우리가 신앙생활을 한다고 해도 대부분의 시간 동안 하나님나라의 가치와는 정반대 개념인 세상 문화와 가치에 노출이 되는 것이다.

세속적인 가치관에 의해 지배를 받는 우리의 지성과 감정과 의지는 하나님나라의 백성답게 살도록 도움을 주는 것이 아니라 오히려 방해를 일삼는다. '나'라는 자아 인식 역시 가치관의 영향을 많이 받아서 세속적인 가치관으로 인식하게 된 내가 기준이 되면 도저히 이 땅에서 믿음의 삶을 살 수 없다고 생각한다는 것이다. 우리의 자아 인식 역시 이러한 세속적인 가치관의 영향을 받았음을 알 수 있다.

내가 알던 내가 아냐

나를 누군가에게 소개한다고 해보자. 대부분 자신의 이름과 나이, 사는 곳과 하는 일을 말할 것이다. 그런데 그 소개는 자신에 대한 소개라고 보기 어렵다. 내 이름은 김선교이다. 나는 태어날 때부터 김선교는 아니었다. 부모님이 내 이름을 짓고 주변 사람들이 그렇게 부르기로 약속한 것이지 그 이름이 내 존재를 설명하는 것은 아니다. 이름은 언제든 필요하면 개명이 가능하다. 우리의 소속 역시 어느 학교를 다니고 어느 직장의 일원이라는 것은 사회적인 역할을 말하는 것이지 실제 내 존재에 대한 설명은 아니다. 그 역할은 언제든지 바뀔 수 있기 때문이다.

이번에는 나의 존재에 대해서 소개한다고 해보자. 스스로 자신의 존재를 설명하고 소개할 수 있겠는가? 그것은 불가능하다. 자신의 존재를 스스로 디자인하고 만들었다면 그 존재를 설명할 자격이 있고, 그는 자신의 존재 이유와 목적을 알 것이다.

혹시 태어날 때 부모를 택해서 태어났는가? 외모는 어떠한가? 그 어떤 것도 내 계획으로 이루어진 것이 없다. 그렇기 때문에 인간은 자신의 존재 이유와 목적을 설명할 수 없다. 왜 태어났고 어디로 가는지 설명이 불가능한 것이다. 오직 스스로 계신 여호와 하나님만이 그분의 존재를 설명할 수 있으시다. 우리를 직접 빚고 계획하고 디자인하신 하나님이 없이는 우리의 존재에 대한 설명이 불가능하다. 하나님께서는 "나는 스스로 있는 자이니라"(출 3:14)라고 설명하신다. 창조주 하나님을 빼고 내 존재를 설명할 수가 없는 것이다. 안 되는 것이 당연하다.

우리의 존재에 대해서 설명할 수 있는 대상은 우리를 어떻게 디자인하고 계획했으며 어떤 목적으로 만들었는지 알아야 한다는 말이다. 우리의 존재를 설명할 수 있는 분은 오직 하나님이시다. 그런데 우리가 현재 '나'라고 생각하는 자아 인식은 어디에서 비롯되었는가? 우리를 디자인하고 창조하신 하나님의 말씀으로 비롯된 것인가?

우리가 대부분 인식하는 정보들은 나를 창조하시고 가장 잘 아시는 하나님의 말씀에서 비롯된 것이 아니라 세속적인 것들로 구성되어 있다. 하나님의 말씀과 우리를 향한 그분의 마음을 제대로 안다면 자기 자신에 대한 자격지심과 자기연민, 낙심과 절망이 있을 리가 있겠는가? 세속적 가치관에 따른 기준에 부합하지 못해서 느끼는 연민과 자격지심이 아니던가?

잊지 말라. 만든 자에게 최종 권위가 있다. 주위에서 별의별 소리를 하고 존재의 목적과 의도를 왜곡시켜도 그것을 만든 사람이 "아니야. 난 이런 의도로 만들었어"라고 말하면 끝이다.

휴대폰 제조사에서 새로운 스마트폰을 출시했다고 해보자. 그 의도와 목적을 전혀 모르는 사람들끼리 모여서 각자 나름대로 이 스마트폰의 용도를 의논한다. 어떤 사람은 컵 받침으로 적당한 크기라면서 "이것은 컵 받침입니다"라고 주장하고, 어떤 이는 직사각형 모양이니까 '선을 그을 때 쓰는 자'라고 이야기한다. 정확한 쓰임새를 모를 때는 그렇게 쓰는 것이 잘못이라고 할 수 없겠지만, 그 목적과 용도를 알게 된다면 그렇게 쓰기에는 너무 아까울 것이다.

사람들이 모여서 각자 나름의 기준과 판단으로 용도를 파악하고 굉장히 일리가 있어서 대다수가 그 의견에 동의했다고 하더라도 그 물건의 최종 권위는 그럴듯하게 해석한 사람에게 있는 것이 아니라 만든 이에게 있다. 만약 그 스마트폰을 만든 사람이 와서 "뭐요? 컵 받침이라고요? 이것이 무슨 자입니까? 이것은 휴대폰입니다. 이 스마트폰에는 이런 기능이 있습니다!"라고 한다면 그전에 뭐라고 떠들었든지 상관이 없다. 그전에 한 해석은 잘못된 것으로 판명이 나고 그것을 만든 사람의 설명이 그 휴대폰의 용도가 된다.

그런데 우리는 우리를 만드신 하나님의 말씀에 따른 기준이 아니라 대다수 사람들이 동의하는 정보, 문화, 가치를 기준으로 자신을 평가하고 있다. 그래서 그 기준에 부합하지 않는 자신을 볼 때 절망하고 낙심한다.

생각해보라. 우리가 말하는 "예쁘다, 못생겼다, 착하다, 나쁘다, 잘났다, 못났다" 등 한 사람을 평가하는 기준이 무엇인가? 어떻게 생겨야 예쁜 것인가? 어떤 기준에 빗대어 못생겼다고 말하는가? 미(美)의 기준은 나라마다 다르고 시대마다 다르다. 우리나라만 해도 예전에는 어느 정도 살집이 있는 것이 미의 기준이었다. 그런데 시대가 달라져서 지금은 날씬한 것이 미의 기준이 되었다. 이런 세속적인 가치에 영향을 받아서 그 기준에 모자라면 자신은 못생겼다고 생각하며 낙심한다는 것이다. 하나님께서 지으신 것을 보시며 "너는 뚱뚱하다. 고로 못생겼다"라고 말씀하신 적이 있는가? 도대체 믿는다고 하는 사람들조차 스스로를 인식하고 평가하는 기준이 절대적인 하나님의 말씀이 아니라 세속적인 가치에 지배당하고 있다.

이처럼 '나'라는 자아 인식과 가치관이 썩은 세속적 가치에 의해서 형성되었다. 이렇게 형성된 가치관과 그로 인한 자아 인식 때문에 하나님의 말씀은 전혀 현실성이 없고 시대에 뒤떨어진 이야기처럼 들린다. 그래서 하나님나라의 가치로 사는 삶이 어색하고 불편하고 힘들게 느껴지는 것이다.

이 가치관은 단기간에 형성된 것이 아니라 오랜 시간 지속적으로 영향을 받은 것이다. 이렇게 왜곡되고 변질된 세속적 가치관으로 형성된 내가, '말씀이 이야기하는 나'보다 더 현실적으로 다가온다. 세속적인 문화에 찌들어 하나님의 말씀을 비현실적이고 불가능하게 여기는 이 가치관을 바꿔야만 믿음의 삶이 가능한 것이다.

익숙한 습관으로부터의 돌이킴

이 가치관이 오랜 시간 축적되어 길들여졌기 때문에 가치관을 바꾼다는 것은 삶의 전부를 개혁하는 일이다. 천지개벽이 일어나는 것만큼 힘든 일이다. 이런 세속적인 삶이 고작 일주일에 한두 번 예배를 드리고 1년에 한두 번 하는 수련회에 다녀오는 것으로 바뀌겠는가? 그 습관을 고치고 그로 인해 삶이 바뀌는 것이 어떻게 가능할까.

습관은 제2의 천성이라고 이야기한다. 세속적 가치에 물든 습관을 고치기란 정말 어렵다. 잘못된 습관이 몸에 배면 그것이 아니라는 것을 알고도 무의식중에 반응하기 때문이다. 습관은 웬만한 의지와 주변의 도움 없이는 고칠 수가 없다. 스스로 그 습관이 잘못된 습관임을 확실히 인정해야 고칠 마음도 먹는다.

아내에게 안 좋은 습관이 하나 있는데 입술을 자꾸 손으로 뜯는 것이다. 잠깐 하고 마는 것이 아니라 입술에 피가 날 때까지 잡아 뜯곤 한다. 내가 다그치며 하지 말라고 이야기하니까 처음에는 "아, 맞다"라고 하면서 내 눈치를 보더니 나중에는 개의치 않고 입술을 계속 뜯었다. 나는 화도 내보고 아내가 입술을 뜯으려고 할 때마다 손등을 쳐보기도 했지만 그 습관을 고치기가 쉽지 않았다.

습관은 마치 내 살처럼 착 달라붙어 있어서 고치는 데 고통이 따른다. 잘못된 줄도 알고 고쳐야 한다고 동의는 하는데 생살을 뜯어내는 고통이 따르니까 하다가 잘 안 되면 기분이 나빠지기 시작한다. 고치기가 힘들고 고치고 싶지 않을 때면 그럴 수밖에 없는 온갖 이유와 변명들을 늘어놓는다. 그리고 적반하장으로 오히려 고쳐주려는 나에게 짜증을 낸다. 내 아내도 그랬다.

"알겠다고! 고친다고! 아니, 당신은 입술이 안 일어나봐서 모르는

데 입술이 일어나면 얼마나 찝찝한 줄 알아? 입술에서 덜렁거리는 걸 그럼 그냥 내버려둬?"

분명 잘못인 줄 알면서도 고치지 못하는 것을 옆에서 계속 지적하면 기분이 나빠져서 고칠 생각마저 접게 된다.

우리도 마찬가지다. 복음과 은혜가 문제여서가 아니라 우리의 세속적 가치에 따라서 그렇게 살도록 길들여진 것뿐인데 이것이 마치 나인 것 같아서 습관을 고치라고 하면 자신을 건드리는 것 같아서 기분이 언짢다. 교회에서 잘못된 습관을 지적하고 이야기하면 처음에는 고쳐보려고 하다가 그 말을 반복적으로 들으면 기분이 나쁜 것이다. 그러면 온갖 이유와 변명을 내세우며 "인간은 어쩔 수 없다, 연약하다"라는 말로 더는 그 자리에 서려고 하지 않는다.

철저하게 '나'라는 인식으로 살아왔기 때문에 웬만한 자극으로는 절대 이 가치관이 잘못되었다는 생각이 들지 않고, 바꿀 생각이 없다. 우리가 이러한 가치관과 자아 인식을 가지고 믿음으로 사는 것이 가능하겠는가? 결코 공존할 수 없는 두 가지 가치를 가지고 사는 것이 가능하겠느냐는 말이다. 둘 중 하나의 가치를 선택해야 한다. 예수님은 그분을 따르는 제자들에게도 공존할 수 없는 두 가지 가치를 충돌시키시며 하나의 길을 택하게 하셨다.

예수님을 따르는 하나의 길

예수님은 사람마다 다르게 대하셨다. 병든 자, 고아, 과부, 창녀,

세리에게는 바리새인과 대제사장에게 하듯이 엄하게 대하지 않으셨다. 그렇지만 예수님이 절대 양보하지 않으신 것이 하나 있다.

예수께서 제자들에게 이르시되 누구든지 나를 따라오려거든 자기를 부인하고 자기 십자가를 지고 나를 따를 것이니라 마 16:24

예수님을 따르려고 하는 자의 형편과 처지, 그가 어떻게 살아왔든지 상관없이 예수님을 따르려면 자기를 부인해야 했다(막 8:34; 눅 9:23). 지금까지 나라고 생각하며 살아왔고, 세속적 가치에 길들여져서 나라고 굳게 믿었던 자신을 부인하지 않고는 절대 예수님을 따를 수 없다고 말씀하시는 것이다.

무엇보다 우리의 가치관이 달라져야 한다. 세속적인 가치에 길들여진 가치관으로는 절대 예수님의 말씀에 순종할 수 없고 예수님이 가셨던 길을 따라갈 수 없다. 성경도 이러한 가치관으로 읽으면 이해되지 않을 뿐 아니라 그 가치관이 성경을 왜곡하고 우리에게 불편하지 않을 말씀으로 바꾸려고 한다. 성경은 세속적 가치로는 이해되지 않고, 그렇게 살려는 자들에게는 불편하고 어려운 것이 맞다. 하지만 세속적인 가치로 길들여진 우리의 가치관을 바꿀 일이지 성경을 뜯어고칠 수는 없는 노릇이다.

다음은 데이비드 플랫 목사님의 《래디컬》(두란노)에 나오는 이야기이다.

첫 번째 남자는 말했다. "선생님이 가시는 곳이면 어디든지 따라가겠습니다." 주님은 이렇게 대답하셨다. "여우도 굴이 있고 하늘을 나는 새도 보금자리가 있으나 인자는 머리 둘 곳이 없다." 다시 말해서 "나를 따르다가는 노숙자 신세가 될 수도 있다"라고 경고하신 것이다. 그리스도를 좇는 길은 '안정된 주거'라는 인간의 기본적인 욕구를 보장해주지 않는다.

두 번째 남자는 방금 아버지가 세상을 떠났으므로 "얼른 돌아가 장례를 치르고 나서 주님을 따르겠습니다"라고 했다. 이에 예수님은 "죽은 사람들을 장사하는 일은 죽은 사람들에게 맡겨두고, 너는 가서 하나님나라를 전파하여라"라고 말씀하셨다. 나는 아버지가 심장마비로 돌연히 세상을 떠났던 순간을 또렷이 기억하고 있다. 초상을 치르는 기간이 얼마나 중요했는지, 그리고 장례식에서 고인을 기리고자 하는 마음이 얼마나 간절했는지를 생각하면 "아버지의 장례식에 가지 말아라. 더 중요한 일이 있다"라는 말씀이 정말 주님의 입에서 나왔는지 의심스러울 정도이다.

세 번째 남자는 "예수님을 따르고 싶지만 먼저 가족들과 작별 인사를 나누고 싶다"라고 했다. 주님은 허락하지 않으시며 말씀하셨다. "누구든지 손에 쟁기를 잡고 뒤를 돌아보는 사람은 하나님나라에 합당하지 않다." 한마디로 그리스도와의 관계에는 전폭적이고 최우선적이며, 절대적인 헌신이 필수적이라는 것이다.

"노숙자가 되어라", "아버지 장례는 죽은 이들에게 맡겨라", "가족과 작별 인사조차 나누지 말라." 놀랍지 않은가. 누가복음 9장 말씀에 따르면 예수님은 자신을 따르지 말라고 설득하고 있는 것 같다. 그리고 그

뜻을 이루신 것처럼 보인다. 예수님의 삶 곳곳에는 누가복음 9장과 비슷한 종류의 사건들을 찾아볼 수 있다. 한번은 이런 일도 있었다. 뜨거운 열정을 가지고 당신을 좇으려는 이들을 돌려보내시면서 이렇게 말씀하신 것이다.

"누구든지 내게로 오는 사람은 자기 아버지나 어머니나, 아내나 자식이나, 형제나 자매뿐만 아니라 심지어 자기 목숨까지도 미워하지 않으면 내 제자가 될 수 없다."

베일에 싸인 한 랍비가 그렇게 말하는 것을 직접 들었다고 상상해보라. 열에 아홉은 그 말이 끝나기가 무섭게 등을 돌리고 말 것이다. 그것도 모자라서 예수님은 '심금을 울리는 한마디'로 구도자들의 불타는 열정에 찬물을 끼얹으셨다.

"너희 가운데서 누구라도 자기 소유를 다 버리지 않으면 내 제자가 될 수 없다."

가진 것을 다 버리고, 십자가를 짊어지고, 가족들까지 미워하라니 너무나 어처구니없는 이야기 아닌가? "고백하고, 믿고, 회개하고, 나를 따라 기도하라"는 메시지와는 비슷한 구석이 전혀 없는 것처럼 보인다.

이처럼 예수님이 이들에게 요구하신 '포기'는 복음서 전체에 걸쳐서 주님이 누군가를 부르실 때마다 요구하신 핵심적인 원칙이었다. 예수님은 제자들을 부르실 때 "나를 따르라"라고 말씀하셨다. 겉보기에는 짤막하고 단순해 보이지만 실제로는 삶을 뒤흔드는 말이다. 주님은 안락한 환경과 익숙한 상황을 완전히 포기할 것을 요구하셨다. 그뿐만 아니라 평생 해온 일을 그만두라고 명하기도 하셨다. 예수님을 좇는 제자의 길을 중심으로 완전히 새로운 인생을 살라는 뜻이다. 제자들은 저마다 세워둔 계획과 비전을 다시 짜야 했다. 전 재산을 포기하라고도 말씀하셨고, 가족과 친구들까지 등지라고 하셨다. 궁극적으로 예수님은 자기 자신을 포기하라고 명령하셨다. 제자들은 확실성을 버리고 불확실성을, 안전을 버리고 위험을, 구차한 번영을 버리고 주님을 따르고자 했다.

우리가 그물을 버리고 주님을 좇으라는 명령을 직접 들었다면 어땠을까? 가족들과 작별 인사조차 나누지 못한다고 했다면 어떻게 반응하겠는가? 예수님의 제자가 되기 위해 가족들을 미워하고 가진 것을 모두 포기해야 한다면 어떤 기분이 들까? 여기가 바로 위험천만한 현실과 정면으로 충돌하는 지점이다. 예수님을 따르려면 그야말로 모든 것을 다 내려놓아야 한다. 세상에 둘도 없이 가까운 사람마저도 미워하는 것처럼 보일 만큼 전폭적으로 주님을 사랑해야 한다. 하지만 이러한 진실을 믿고 싶어 하는 사람은 많지 않다. 또한 예수님이 자신을 콕 집어서 그렇게 말씀하실까봐 두렵다. 그래서 어떤 식으로든 합리화할 방도를 찾는다.

"작별 인사조차 하지 말라는 말씀은 아닐 거야. 소유를 다 팔아서 가난한 백성들을 도와주라는 가르침을 곧이곧대로 해석해서는 안 돼. 이 말씀의 속뜻은…."

이쯤 되면 브레이크를 밟아야 한다. 기독교의 참뜻을 다르게 정의하려는 조짐이 보이기 때문이다. 이렇게 합리화하다가는 성경이 말하는 예수를 왜곡해서 그저 편리한 예수를 만드는 유혹에 넘어갈 수 있다. 그 예수는 잘사는 나라, 중산층의 기호에 딱 들어맞는 멋진 예수이다. 물질주의에 거부감이 없고 재산을 팔아서 누구를 주라는 따위의 요구는 결코 하지 않는다. 가장 가까운 가족을 외면하라는 억지도 부리지 않아서 대중의 열렬한 사랑을 한 몸에 받는다. 또 허울뿐인 헌신에도 개의치 않고 그 모습 그대로 사랑하고, 세속적인 욕망에 사로잡힌 그리스도인들에게 안락한 삶과 번영을 가져다주는 예수이다.

하지만 지금 무슨 짓을 하고 있는지 아는가? 예수님을 자신이 만든 틀에 억지로 끼워 맞추고 있다. 주님은 어느새 익숙하고 편안한 이웃과 비슷한 존재가 되어가고 있다. 오늘날 그리스도인이 당면한 가장 큰 위험은 예배당에 모여서 두 손을 높이 들고 찬양하지만 실제로는 성경이 가르치는 예수님을 경배하는 것이 아니라 많은 이들이 그리스도가 아닌 자기 자신을 경배하는 것이다.

이토록 세속적인 기준들로 세워진 우리의 가치관을 그대로 유지해서는 예수님의 가르침을 받아들이고 따를 수 없다. 그래서 우리가 지금껏 철석같이 믿고 살아온 왜곡된 '나'를 부인하지 않고는 예수님을 절대 따를 수 없다고 말씀하신 것이다. 가치관이 바뀌지 않는다면 하나님께서 아들 예수 그리스도를 통하여 이루신 이 복음이 우리에게 실제가 될 수 없다. 이미 완전히 이루어놓으신 진리를 믿음으로 누릴 수가 없는 것이다.

복음의 능력, 가치관의 변화

그렇기 때문에 이 가치관은 반드시 바뀌어야 한다. 가치관이 바뀌려면 극단적인 변화 앞에 서야 한다. 만약 미국에 잠시 여행을 가는 거라면 미국 문화에 적응해야 한다거나 한국의 정서를 버릴 필요가 없다. 곧 돌아올 것이기 때문이다. 하지만 미국으로 이민을 가는 거라면 이야기가 달라진다. 미국 문화에 더 익숙해져야 한다. 한국의 정서와 문화로는 이해되지 않는 것들이 많아서 익숙한 삶의 패턴부터 바꾸고 생활, 가치, 문화, 언어 등 전부 다 바꿔야 한다. 미국에서의 삶은 평탄치 않을 것이다. 일단 말부터 통하지 않기 때문이다. 익숙하지 않은 언어, 문화, 가치관과 씨름하며 적응하는 시간이 필요하다. 그러나 그곳에서 살아야 한다면 불편하고 어렵겠지만 그 문화를 익혀야 한다. 익숙한 한국말과 한국의 정서를 버려야 그곳에 빠르게 정착할 수 있다.

이와 같이 잠깐 종교생활을 하는 정도로는 세속에 물든 가치관을 바꿀 필요성도 느끼지 못할 뿐더러 익숙한 습관에서 벗어나는 치열한 싸움을 하려고 들지도 않는다. 소속이 완전히 옮겨지는 극단적인 변화 앞에 서야만 하는 것이다.

죄인에서 의인이 되는…, 고아에서 아들이 되는…, 창녀에서 신부(新婦)가 되는 놀라운 변화이다. 그렇기 때문에 이 가치관은 '한번 바꿔볼까?' 하는 정도의 마음으로는 절대 바꿀 수 없다. 극단적인 변화 앞에 서야만 한다. 가치관의 변화는 오직 우리의 존재를 뒤바꾸는 복음 앞에 제대로 서야만 일어난다. 우리의 노력으로 가치관을 바꿀 수 있고 믿음의 삶을 살 수 있다는 말이 아니다. 옳은 길을 가기로 결정해도 옳은 길이 뭔지 모른다면 우리의 결정은 무의미하다.

길과 진리와 생명이 되시는 예수 그리스도의 복음과 그 은혜로만 가능하다. 우리의 씨름과 싸움이 의미가 있는 것은 믿음의 근거가 되시는 예수 그리스도의 복음 때문임을 잊지 말자. 절대 우리의 노력으로 믿음의 삶이 가능하다고 말하는 것이 아니다. 복음을 통한 극단적 존재의 변화 앞에서 비로소 하나님 없이 사는 것이 익숙했던 우리의 가치관을 바꾸는 올바른 싸움이 시작된다. 그때부터는 이미 이루신 진리에 근거해서 복음에 합당하지 않은 습관들을 고쳐가는 싸움이다. 이것은 결코 행위라고 할 수 없고, 율법주의라고도 부를 수 없다. 예수 그리스도께서 다 이루신 진리를 믿으며 올바른 진리를 붙들고 서는 일이다.

이전에 세속적 가치관으로 살던 삶을 청산할 수 있는 가장 성경적인 원리는 자기부인이다. 그동안 근거 없이 '나'라고 생각해왔던 자아 인식과 가치관이 잘못이라고 선포하는 믿음의 고백이 바로 자기부인이다. 쉽게 말하면 진리를 근거로 나의 자아가 죽었다는 사실을 계속 재확인하는 것이다. 관성의 법칙처럼 자꾸 익숙한 자리로 돌아가려고 할 때마다 확실하게 죽었음을 계속해서 인지시켜주는 것이다. "나는 죽었지", "그렇게 살던 나는 이제 없지", "나는 더 이상 고아가 아니지."

이미 존재의 문제를 해결하셨다는 복음의 근거가 없으면 정신 통일하는 것에 불과하겠지만 진리를 근거로 말씀에 분명하게 진단하셨다.

"이전에 죄인 된 김선교는 죽었다. 죄와 사망의 법을 근거로 죽어 마땅한 김선교는 예수 그리스도께서 죽으실 때 함께 죽었다."

"이전에 고아였던 김선교, 내 아들이다!"

"이전에 창녀였던 김선교, 내 교회이며 신부이다!"

이것을 근거로 이전의 삶에 대한 확실한 죽음을 선고하라는 것이다. 우리가 만약 복음을 듣게 되었다면 복음의 과정에 죽음이 있는 것이 맞다. 그러나 복음의 결론은 죽음이 아니라 부활 생명이다. 이 변하지 않는 진리가 있기에 우리의 자기부인이 가능한 것이다. 이전에 하나님 없이 살던 삶, 생각, 가치관, 이 모든 것에 대하여 진리를 근거로 죽음을 선고하자!

이는 몇몇 사람에게만 해당되는 이야기가 아니라 예수님을 따르고자 결정한 모든 사람에게 해당되는 것이다. 예수님도 누구든지 나를 따라오려면 자기를 부인하고 따라야 한다고 말씀하셨다. 내가 죽어야 내 안에 계신 예수 그리스도께서 사시기 때문이다.

내가 그리스도와 함께 십자가에 못 박혔나니 그런즉 이제는 내가 사는 것이 아니요 오직 내 안에 그리스도께서 사시는 것이라 이제 내가 육체 가운데 사는 것은 나를 사랑하사 나를 위하여 자기 자신을 버리신 하나님의 아들을 믿는 믿음 안에서 사는 것이라 갈 2:20

이 싸움은 치열한 싸움이 될 것이다. 그러나 우리에게는 주님이 이미 이루신 변하지 않는 진리가 있고, 이 싸움을 함께 싸워 나갈 교회가 있다. 이 믿음의 삶이 가능하다! 좀 더 정확하게 표현하면 이 믿음의 삶을 우리 주님이 가능하게 하신다.

chapter 6

나는 존재 자체로
하나님의 기쁨이다

자신의 세속적 가치관을 허물기로 결정했다면 그 자리를 다시 어떤 가
치관으로 채우느냐가 더 중요하다. 그 자리에 바른 가치관을 세우지
않으면 이전보다 더 어려운 상태가 될 수 있기 때문이다. 예수님이 말
씀하신 비유가 떠오르는 대목이다.

더러운 귀신이 사람에게서 나갔을 때에 물 없는 곳으로 다니며 쉬기를
구하되 얻지 못하고 이에 이르되 내가 나온 내 집으로 돌아가리라 하
고 가서 보니 그 집이 청소되고 수리되었거늘 이에 가서 저보다 더 악한
귀신 일곱을 데리고 들어가서 거하니 그 사람의 나중 형편이 전보다 더
심하게 되느니라 눅 11:24-26

더러운 귀신 들린 사람이 귀신을 내쫓은 뒤 깨끗이 청소해놓았는데

다른 무언가로 채우지 않았더니 귀신이 전보다 더 깨끗해진 것을 보고 일곱 귀신을 데리고 들어가 상태가 더 심해졌다는 이야기이다. 아무리 대단한 신앙 훈련을 받고 놀라운 고백을 하더라도 그 속에 아무것도 없다면 은혜를 은혜로 알지 못하게 된다. 이것이 과연 남의 이야기일까? 말과 고백은 다 따라하고 흉내 낼 수 있지만 실제로 그에게서 생명의 능력이 나타나지 않는다면 큰일이다. 나도 그렇게 될까봐 항상 두렵다.

비워내는 것만큼 중요한 것은 그 자리에 무엇을 채워 넣느냐이다. 단지 말뿐인 고백으로 끝나지 않으려면 비워내는 훈련과 함께 채워 넣는 훈련도 겸해야 한다. 그 자리에 가장 성경적인 하나님나라의 가치를 심기 위해서는 무엇보다 먼저 하나님의 마음을 알아야 한다. 우리를 향한 하나님의 마음을 알면 우리의 가치관을 비우고 하나님나라의 가치관으로 채울 수 있을 것이다.

우리를 향한 하나님의 본심

하나님의 마음은 창세 때부터 드러나 있었다.

하나님이 이르시되 우리의 형상을 따라 우리의 모양대로 우리가 사람을 만들고 그들로 바다의 물고기와 하늘의 새와 가축과 온 땅과 땅에 기는 모든 것을 다스리게 하자 하시고 하나님이 자기 형상 곧 하나님의 형상대로 사람을 창조하시되 남자와 여자를 창조하시고 하나님이 그들에게 복을 주시며 하나님이 그들에게 이르시되 생육하고 번성하여 땅에 충만하라, 땅을 정복하라, 바다의 물고기와 하늘의 새와 땅에 움직이는 모든 생물을 다스리라 하시니라… 하나님이 지으신 그 모든 것을 보시니 보시기에 심히 좋았더라 창 1:26-31

하나님께서 말씀으로 천지를 창조하시고 그 지으신 모든 것을 함께 누리고 싶어 하셨다. 그래서 하나님의 형상대로 사람을 창조하셨고, 그 모든 것이 심히 좋았다고 말씀하셨다.

그러면 도대체 무엇이 하나님의 마음을 이리도 흡족하게 만들었을까? 그 이유를 찾아보자. 하나님께서 천지를 창조하실 때 아담과 하와가 도와드린 것이 있는가? 옆에서 일을 빠릿빠릿하게 처리했는가? 그렇지 않다. 모든 것을 창조하신 후에 인간을 만드셨으니 도와드릴 만한 것이 없었다. 그렇다면 하나님이 인간의 뛰어난 외모에 감탄하시며 나를 닮아서 잘생겼다고 감탄하셨을까? 그것도 아니다. 하나님은 사람을 외모로 취하시는 분이 아니기 때문이다.

너희의 하나님 여호와는… 사람을 외모로 보지 아니하시며 신 10:17

외모로 판단하지 말고 공의롭게 판단하라 요 7:24

이는 하나님께서 외모로 사람을 취하지 아니하심이라 롬 2:11

주는 사람을 외모로 취하심이 없느니라 골 3:25

이처럼 하나님께서 외모로 사람을 취하지 않으신다는 말씀이 성경 곳곳에 등장한다. 하나님께서는 겉모습을 좋아하고 감동받으시는 분이 아니다. 그렇다면 도대체 우리의 무엇이 하나님의 마음을 감동케 하고 보시기에 심히 좋으셨던 것일까?

우리가 만약 이전의 세속적 가치관으로 하나님을 알려고 한다면 하나님의 마음을 결코 헤아릴 수 없다. 세상의 가치관은 "사랑받을 만해야 사랑받을 수 있다"라고 주장하기 때문에 자격 없는 자에게 거저 주시는 은혜는 말이 안 되고, 이해할 수 없는 것이다. 그러니 성경에서 하나님이 보시기에 심히 좋았다는 기준을 찾으려고 해도 도저히 찾을 수가 없다. 은혜를 말하면서도 실상은 도저히 용납되지 않는 것이다.

우리가 이런 세속적인 기준을 가지고 살아왔기 때문에 누군가를 평가하고 판단하는 기준 역시 세속적일 수밖에 없다. 그 사람이 가진 능력, 재력, 외모 등 겉으로 드러난 것으로 판단하고 평가하는 데 익숙하다보니까 하나님도 그런 것으로 우리를 평가하고 판단하실 거라고 은연중에 생각하는 것이다. 말은 그렇게 하지 않지만 실제로 우리가 사는 것을 보면 하나님 앞에서도 이런 것으로 평가받을까봐 두려워서 애를 쓰는 경우가 많다.

만약에 하나님께서 우리가 사람을 판단하는 세속적인 기준으로 우리를 평가하고 판단하셨다면 무슨 일이 일어났을까? 사람의 외모, 능력, 재력 등의 기준을 가지고 우리를 평가하셨다면 하나님께 도움이 될 만한 외모, 능력, 재력을 겸비한 사람이 과연 있기나 할까?

하나님은 전능하시고 이 세상 모든 것을 말씀으로 창조하신 분이다. 부족한 것이 전혀 없으시다. 그런 하나님께서 뭐가 부족해서 우리에게 궁색하게 도와달라고 하시겠는가? 사실 하나님 편에서 우리의 외모나 실력이나 능력은 그다지 중요하지 않다. 우리가 주님을 도와드리는 것이 오히려 방해가 될 수 있다. 그 어떤 실력자나 재력가도 하나님께 실력이나 재력으로 인정받을 수 없다.

하나님은 우리를 그런 관점으로 보지 않으시는데 우리가 세속적인 관점으로 하나님을 대하니까 교회 안에도 세속적인 가치들이 알게 모르게 흘러들어와 있다. 일을 잘하고 능력 있는 사람을 보면 절절 매고 뭔가 어수룩하면 무시를 한다. 사람을 보이는 것으로 판단하고 평가하는 이상한 문화가 흘러들어온 것이다. 다른 곳은 몰라도 교회에서는 그러면 안 된다. 교회는 이 세상에서 하나님나라의 가치로 살 수 있는 유일한 공동체이기 때문이다.

우리가 그 가치를 깨뜨리지 않고 성경을 보면 성경은 이해할 수 없는 것투성이다. 창세기 1장을 아무리 들여다보아도 우리를 보고 심히 좋으셨다는 하나님의 말씀을 이해할 만한 부분을 찾을 수가 없다.

하나님이 우리를 사랑하시는 이유

그렇다면 하나님께서는 우리의 무엇을 보고 이리도 좋아하셨는가? 우리가 예뻐 보이고 그분의 전부를 기꺼이 내어주실 만큼 기특한 뭔가

가 전혀 없는데 그저 보는 것만으로 좋다고 하신다. 무슨 일인가? 한 번도 경험해본 적이 없는 대우가 아닌가? 그래서 세속적인 가치로는 하나님이 우리를 사랑하시는 사랑을 이해할 수도, 납득할 수도 없다고 이야기한 것이다.

아이를 키우는 부모들에게 묻고 싶다. 갓난아이를 키우면서 아이에게 무엇을 바라느냐는 질문을 한 번쯤 받아본 적이 있을 것이다. 그때 흔히 들었던 대답은 "다른 것은 필요 없습니다. 아이가 건강하게만 자라면 더 바랄 것이 없습니다"였다. 그런 말을 들으면 부모님의 마음을 조금이나마 헤아려보게 된다. 그러나 현실적으로 생각해보자. 아이가 성인이 되었는데 건강하기만 하다면 어떤가? 다른 하는 일 없이 오직 잘 먹고 잘 자기만 해도 괜찮은가? 대답하기 쉽지 않을 것이다. 대단한 일은 아니더라도 자녀가 사람구실하며 살기를 바라는 마음이 왜 없겠는가? 당연히 있다. 부모라면 그런 마음일 것이다.

그러나 하나님은 실제로 다른 무엇이 하나도 필요하지 않으셨다. 그분은 영원하시며 전지하시고 전능하신 분이다. 그 하나님께서 무엇이 부족해서 우리에게 무언가를 바라시겠는가? 창세 때 하나님께서는 딱 하나 우리의 존재를 보고 기뻐하셨다. 존재 자체가 하나님께 영광이요 기쁨이었다. 우리가 무엇을 하지 않아도 하나님께서 주신 것을 마음껏 누리고 그것을 주신 하나님으로 인하여 영원토록 즐거워하는 것, 이것이 하나님께서 우리를 보시는 관점이었다. 이해가 되는가? 이 세상 누가 나를 이렇게 바라보겠으며 그 누가 나를 이런 마음으로 품겠는가? 이런 사랑을 받아본 적이 있는가? 하나님은 우리를 그런 존재로 보셨다.

그런데 창세기에서 문제가 생겼다. 다름 아닌 우리의 존재에 대한 문제였다. 하나님은 우리를 다른 어떤 기준으로 판단하지 않으시고 오직 우리의 존재 하나만 보셨는데 그 존재에 문제가 생긴 것이다. 죄가 들어와 우리의 존재가 더 이상 하나님을 기쁘시게 해드리거나 영광이 될 수 없었다. 거룩하신 하나님 앞에 나아갈 수조차 없는 존재적 죄인이 되어버린 것이다. 몇 가지 기능에 문제가 생긴 거라면 그 부분만 고치면 되겠지만 그런 문제가 아니었다.

그러면 하나님은 쓸모없는 존재가 되어버린 우리를 버리셔도 된다. 하나님께서 7일 만에 천지를 창조하셨다면 싹 쓸어버리고 다시 처음부터 시작하면 될 일이었다. 그 편이 더 수월할 것이다. 우리를 그냥 포기하고 버리셔도 되는데 정말 이해되지 않는 것은 그런 우리를 하나님께서 포기하지 않으셨다는 것이다. 하나님께서는 우리를 필요에 따라 대하신 것이 아니라 존귀한 존재로 여기셨다. 우리의 존재 자체를 사랑하시기로 결정하신 그 마음 때문이었다.

하나님께서는 아직도 우리의 존재를 보고 계신다. 흉악한 죄인으로 망가졌지만 창세 때 존재만으로 기쁨이 된 그때 그 마음과 눈으로 우리를 보고 계신다. 그래서 하나님은 수단과 방법을 가리지 않고 우리가 존재만으로 하나님께 기쁨이었던 그때로, 아니 더 완전한 기쁨이 되도록 회복시키려고 하신 것이다. 그리고 하나님 편에서 전부를 거셨다. 그분의 모든 것을 걸어서라도 존재만으로 기쁨이 되는 존재로 우리를 회복시키려고 하신 것이다.

이것이 무슨 뜻인가? 우리는 망가진 죄인이고 불필요한 존재가 맞는데 하나님은 그 망가진 모습을 보신 것이 아니라 죄인이었을 때에도 우리를 위해 자신의 하나밖에 없는 아들을 투자할 만한 가치가 있는 존재로 보셨다는 말이다. 우리의 상식으로는 투자할 만한 가치가 있는 것에 투자를 하지만, 하나님께서는 우리가 죄인이 되어버린 그 순간에도 아들 예수 그리스도를 투자해도 될 만한 가치가 있는 존재로 보셨다. 하나님의 기준에 불필요한 존재는 없다. 하나님은 예나 지금이나 우리를 존귀한 존재로 보고 계신다.

그래서 하나님께서는 우리가 사람들을 판단하는 기준인 그 사람이 가진 무엇으로 판단하거나 평가하지 않으신다. 보이는 것으로 감동받거나 실망하지 않으신다. 하나님은 돈이 많다고 감동받지 않으시고, 돈이 없다고 실망하지 않으신다. 또 능력이 있다고 감동받지 않으시고, 능력이 없다고 실망하지 않으신다.

만약 하나님께서 조금이라도 드러난 것을 보셨거나 그것이 불편하셨다면 예수님을 이 땅에 보내셨을 때 모든 사람의 외형적인 문제를 해결해주셔야 했다. 예수님은 모든 사람에게 미칠 큰 기쁨의 좋은 소식이기 때문에 모든 이에게 동등하게 적용되는 복음이어야 했다. 그런데 예수님이 이 땅에서 누군가의 외모가 마음에 안 든다고 성형수술을 해주신 적이 없다. 병든 자를 고쳐주신 적은 있지만 모든 병든 자, 모든 장애, 모든 형편을 바꿔주지 않으셨다. 그 말은 하나님 편에서 병든 자나 장애가 있는 자나 가난한 자인 것이 별로 중요하지 않기 때문이다. 예수 그리스도의 은혜를 누리는 데 그것들은 전혀 부족함이 없었다.

병든 자, 장애가 있는 자, 가난한 자 그 누구라도 하나님이 보시는 것은 그들의 존재이다. 그 나머지는 하나님 편에서 전혀 문제가 되지 않으신다. 예수님은 오직 우리의 존재를 바꾸러 이 땅에 오셨다. 죄인에서 의인으로, 존재만으로 하나님께 기쁨이 될 수 있는 존재가 되게 하셨다.

내가 온 것은 양으로 생명을 얻게 하고 더 풍성히 얻게 하려는 것이라
요 10:10

인자가 온 것은 잃어버린 자를 찾아 구원하려 함이니라 눅 19:10

하나님은 우리가 존재만으로 기쁨이던 때로 회복시키고 싶으셨다. 회복할 기회와 길을 열어놓으시고 우리의 회복될 모습을 바라보셨다. 지금의 상태 때문에 포기하지 않으시고 예수 그리스도께서 이루신 진리를 믿는 믿음으로 누리기를 원하시며 끝까지 인내하고 기다리신 것이다.

그런데 우리가 서로를 바라보는 시선은 어떠한가? 사람을 평가하고 판단하는 기준은 무엇인가? 하나님의 마음과 눈으로 바라보고 있는가? 혹시 하나님나라의 가치가 통용되어야 할 교회 안에서조차 세상에서 판단하고 평가하는 기준으로 판단하고 있지는 않은가?

하나님에 대한 오해

청년들이 교회에서 흔히 듣는 말이 있다.

"세상에서 영향력 있는 크리스천이 되어라."

맞다. 세상에서 영향력 있는 크리스천이 되어야 한다. 그런데 영향력을 가진 크리스천의 기준이 때때로 너무 세속적이라고 느낄 때가 있다. 예수님의 가치로 사는 그리스도인의 영향력이 높은 자리에서 나오는 것인가? 세상 성공에서 나오는가? 하나님나라의 가치로 영향력을 이야기한다면 우리가 잘나서 성공한 무용담을 통해 흘러간다고 생각하지 않는다. 잘나고 멋진 우리가 드러나는 것이 아니라 좀 부족하고 모자라더라도 그런 우리를 포기하지 않으시고 붙드시는 하나님의 은혜가 흘러갈 때 세상 가치로 살던 사람들에게 잔잔한 충격과 영향력을 행사할 수 있다고 믿는다.

물론 그 노력이 잘못되었거나 최선을 다하지 말라는 말은 아니다. 분명히 주님이 맡겨주신 자리에서 최선을 다하고 피땀 흘려 충성스럽게 노력해야 하는 것이 맞다. 그러나 우리가 이야기하는 영향력이 겸손과 섬김과 낮아짐에서 비롯되는 것이 맞는가? 교회 안에서조차 실패감과 패배감에 사로잡힌 이들이 많은 이유는 외모, 능력, 재력 등 보이는 것으로 평가받기 때문이 아닌가. 만약 교회에서조차 이러한 기준으로 서로를 평가한다면 사람들이 하나님을 오해하게 될 거라고 생각해보지 않았는가? 하나님은 그런 기준으로 판단하지 않으시는데 말이다.

'교회에서도 이런 기준으로 평가하는구나', '하나님도 일 잘하는 사람을 좋아하시지', '능력 좋은 사람을 쓰시지', '나 같은 사람이 무슨 주의 일을 해', '내가 어떻게 하나님께 영광이 되겠어.'

이런 생각들이 하나님께로 향하지 않겠는가? 우리는 하나님을 오해하고 있다. 마치 하나님이 우리의 능력 있는 모습과 성과 있는 사역을 기뻐하실 거라고 생각하는 것이다. 하나님은 능력 있고 사역을 잘하는 사람을 기뻐하시는 것이 아니다. 하나님은 그저 나의 존재 자체를 기뻐하시는 분이다. 그래서 우리가 하나님이 주신 것에 만족하고 하나님으로 인하여 즐거워하는 것을 기뻐하신다.

그저 너를 원한다

나도 그렇게 하나님을 오해했다. 어릴 때부터 선교사로 헌신하고 사역을 하다 보니까 뭔가 특출 나게 잘하는 것이나 경험과 지식이 없었다. 하나님께 무언가 해드리고 싶은 마음은 컸지만 할 수 있는 것이 없었다. 내가 할 수 있는 거라고는 화장실 청소, 주방 청소, 창고 정리 등 단순 노동이었다.

언젠가 수천 명이 모이는 큰 행사를 담당하는 팀에 속한 적이 있다. 마침 그 행사를 앞두고 있었고, 내심 사람들 앞에서 멋있고 번듯해 보이는 일을 맡고 싶은 갈망이 있었다. 그런데 이번에도 창고 정리하는 일을 맡게 되었다. 혼자 기대했다가 혼자 실망한 것이다. 무거운 발걸음을 이끌고 창고에 들어가 청소를 하는데 옆방에서는 행사를 위한 회의가 진행되고 있었다. 평소에는 이런 일로 마음이 힘들지는 않았는데 기대를 해서였는지 큰 실망감이 찾아왔다. 내가 하는 일이 너무 초라하게 느껴졌고, 이런 혼잣말이 나왔다.

"창고 정리가 하나님나라에 무슨 큰 보탬이 될까. 그래도 사람들에게 직접적으로 영향력을 흘려보낼 수 있는 자리에 서야 하나님도 영광을 받으시고 그 영향력을 흘려보낼 수 있지 않을까. 청소하고 정리하는 것이 무슨 보탬이 되겠어."

이렇게 말하고 났더니 갑자기 무기력해져서 아무것도 하고 싶지 않았다. 그날 저녁 낙심한 마음으로 기타를 들고 기도실에 들어갔다. 마음을 겨우 추스르고 찬양집을 뒤적이는데 〈무화과 나뭇잎이 마르고〉라는 찬양이 눈에 들어왔다. "무화과 나뭇잎이 마르고 포도 열매가 없으며 감람나무 열매 그치고 논밭에 식물이 없어도… 난 여호와로 즐거워하리"라는 가사였다. 하박국 선지자의 고백이자 나에게 아무것도 없어도 나는 여호와로 인하여 즐거워하겠다는 믿음의 선포였다.

하지만 내 상태가 상태인지라 이 가사가 고이 보이지 않았다. 가사를 읽어내려 가다가 한숨을 푹 쉬면서 말했다. "그래요…. 주님, 저는 무화과 나뭇잎도 없네요. 포도 열매도 없고요. 감람나무 열매도 없고요. 식물도 없네요. 진짜 가진 것이 아무것도 없네요…."

그런데 후렴 부분에 이르자 예상치 못한 말이 내 입에서 흘러나왔다.

"제가 진짜 가진 것이 하나도 없는데 할 수 있는 거라고는 주님으로 인하여 즐거워하는 것밖에 없네요…."

분명한 것은 내 정신으로 한 고백은 아니었다. 이때 내면의 음성으로 주님이 이렇게 답하시는 듯했다.

"선교야, 그거야. 내가 원하는 것이 바로 그거란다. 난 네가 이룬 사역을 기대하는 것도 아니고 너의 실력이나 외모도 바라지 않아. 내가 정말 원하는 것은 바로 너야. 네가 가진 무엇을 기대하고 원하는 것이 아니라 나는 그냥 너 자체를 원해."

이 찬양은 원래 아주 밝게 부르는데 그날은 펑펑 울면서 불렀다.

이렇게 생각해보자. 어떤 사람이 맛있는 음식을 차려주고 그 음식을 먹은 사람에게 이익을 기대한다면 이 사람은 장사하는 사람이다. 그런데 음식을 준비한 사람이 자기는 못 먹어도 먹는 사람이 맛있게 먹는 것만 봐도 배가 부르고 흐뭇하다면 그는 누구일까? 바로 부모일 것이다.

삯꾼은 목자가 아니요 양도 제 양이 아니라 이리가 오는 것을 보면 양을 버리고 달아나나니 이리가 양을 물어가고 또 헤치느니라 달아나는 것은 그가 삯꾼인 까닭에 양을 돌보지 아니함이나 나는 선한 목자라 나는 내 양을 알고 양도 나를 아는 것이 아버지께서 나를 아시고 내가 아버지를 아는 것 같으니 나는 양을 위하여 목숨을 버리노라 요 10:12-15

주님은 우리의 존재를 죄인에서 의인으로, 예수 그리스도의 생명으로 회복시키신 것 외에 그 어떤 것도 얻으신 것이 없다. 우리의 존재가 회복되는 것 말고는 아무 관심이 없으셨다. 그것이 하나님의 시선이었다.

그런데 우리가 세속적인 가치관으로 하나님을 대하다 보니까 우리를 존재만으로 사랑하시고 가장 가치 있게 여기시는 하나님의 마음을 오해했다. 그래서 신앙생활을 하면서도 내 가치를 증명하려고 부단히 애를 쓰고 혹시나 잘못하고 능력이 없으면 버림받지 않을까 두려워하는 마음이 있다. 그러니 세상에서도 힘들고 교회 안에서 무섭고 힘든 삶이 반복된 것이다. 하나님께도 인정받으려는 삶은 얼마나 피곤하고 고달픈 인생인가.

아버지가 원하시는 것

나는 지금껏 아버지로부터 제대로 된 칭찬을 받아본 적이 없다. 어렸을 때 말썽을 많이 부렸고, 선교사로 헌신하고 나서도 늘 사고치고 혼나는 미운 오리 새끼였다. 잘한 것이 없어서 그런 것도 있겠지만 엄한 아버지로부터 따뜻한 격려와 칭찬을 거의 받아보지 못했다. 아마도 내가 그 칭찬에 안주하거나 교만해질까봐 칭찬을 아끼신 것 같다.

한번은 어느 집회에 갑자기 못 오게 된 강사를 대신해서 서달라는 요청을 받고 난생 처음 강의를 하게 되었다. 밤새 준비를 해서 무사히 그 시간을 채웠다. 그리고 얼마 되지는 않았지만 처음 받은 사례비를 아버지에게 드리고 싶었다. 늘 사고뭉치였던 나는 아버지에게 인정을 받고 싶었다. 그래서 아버지가 굉장히 자랑스러워하시고 뿌듯해하시리라 기대하며 아버지를 찾아갔다.

"아버지, 이 재정을 아버지께 드리고 싶어서 가져왔습니다."

나는 이 말과 함께 아버지 앞에 봉투를 쓱 내밀었다. 엄청 감격하실 줄 알았는데 봉투는 쳐다보지도 않으셨다. 대신 내 눈을 똑바로 쳐다

보시고는 이렇게 질문하셨다.

"선교야, 너는 머리로 생각하는 것을 말로 이야기하는 데 큰 어려움이 없지?"

도대체 어떤 칭찬을 해주시려고 이렇게 심오하게 접근하실까 기대하며 "네!"라고 대답했다. 아버지는 대뜸 "선교야, 그래서 너는 가장 불쌍한 인간이 될 수도 있어"라고 말씀하셨다. 아마도 하나님의 말씀을 전하는 사람이 말만 잘한다고 해서 되는 것이 아니라 반드시 삶이 따라야 한다는 중요한 이야기를 해주고 싶으셨던 것 같다. 아무리 그래도 처음 받은 열매를 아버지께 드리겠다고 찾아온 아들에게 하실 소리가 맞나 싶었다. 그렇게 이야기하시고 봉투를 안 받으셨을 것 같지만 받으셨고, 그걸로 나를 뺀 팀원들과 함께 삼겹살을 구워서 맛있게 드셨다.

그런데 아버지께 진심어린 칭찬을 받았다고 추측되는 사건이 있다. 다만 대놓고 말로 하신 것이 아니라 표정으로 해주신 것이라서 어디까지나 나의 짐작이다. 혹시 아니면 실망할까봐 아버지께 묻지 않고 혼자 추측을 이어가고 있다.

선교사로 헌신하고 나서부터 궂은일을 많이 해서인지 나는 남들보다 비위가 좋은 것 같다. 더럽게 느껴지지 않는 것은 아니지만 '그냥 한 번 씻지 뭐' 하는 마음으로 하다 보니까 비위가 좋다는 이야기를 종종 듣는다. 음식물 쓰레기 처리부터 화장실 청소를 많이 하다 보니까 발달한 영역이다. 어느 단체에서 합숙 훈련을 받을 때 청소 시간이 있었다. 다 같이 청소를 하는데 화장실 앞에 몇 사람이 멀뚱히 서 있기에 물었더니 화장실이 너무 지저분해서 고무장갑을 가져올 때까지 기다리는 중이라고 했다. 나는 청소하고 나서 씻으면 되지 하는 마음으로 "제가 할게요"라고 말하고 화장실에 들어갔다. 상태는 생각보다 심각했다. 휴지를 쓰고 잘 접어서 버리면 될 텐데 뭐가 자랑이라고 다 펼쳐져 있었다. 나는 그 휴지들을 맨손으로 집어서 쓰레기봉투에 담기 시작했다. 몇 칸의 화장실을 정리하고 넘어가려는데 뜻밖에 아버지를 만났다. 그날 아버지께서 내가 훈련받는 단체에 강의를 하러 오셨다가 화장실에서 딱 마주친 것이다. 두 손에 오물이 묻은 채 쓰레기봉투를 들고 있는 나와 마주친 아버지의 표정은 지금까지 본 적 없는 가장 흐뭇하고 대견해하는 모습이었다. 순간 이해가 되지 않았다. 나는 화장실 청소를 하고 있었다. 대단한 일이나 멋있는 일이 아니다. 이걸 어디 가서 자랑할 일도 아니다.

"아니, 글쎄. 우리 막내아들이 맨손으로 화장실 휴지를 치우고 있더라고!" 이렇게 말하면서 자랑할 일은 아니지 않은가? 그 표정을 다 이해할 수는 없었지만 어떤 마음이실지 얼핏 짐작은 갔다. 아마도 사람들이 인정하고 나서서 박수를 받는 자리보다 묵묵히 맡겨진 낮은 자리에서 섬기는 모습이 더 대견해 보이셨을 것이다.

그 표정과 마음이 잘 이해되지 않아서 그날 기도실에 들어가 무릎을 꿇었다. 그때 주님이 내면의 음성으로 이렇게 말씀하셨다.

"선교야, 잘 들어봐. 내가 만약에 일 잘하는 사람이 필요하면 나는 일 잘하는 사람을 불러다 쓰면 되겠지? 그러다 그 자리가 비면 난 또 일 잘하는 사람을 데려다가 쓰면 돼. 그렇지? 선교야, 또 들어봐. 내가 만약 노래를 잘하는 사람이 필요해. 그러면 나는 노래 잘하는 사람을 불러다가 쓰면 되겠지? 그러다 또 그 자리가 비면 다른 노래 잘하는 사람을 데려다가 쓰면 돼. 그런데 선교야, 너는 너라는 존재 때문에 너를 부른 거라서 너 아니고서는 아무리 일을 잘하고 능력 있는 사람이 와도 그 자리를 대신할 수가 없어. 선교야, 나는 네가 필요해. 네가 이룬 사역 말고 너의 재능 말고 네가 이룬 업적 말고. 선교야, 나는 네가 필요해."

잃은 양 한 마리를 찾는 목자의 마음

> 너희 중에 어떤 사람이 양 백 마리가 있는데 그중의 하나를 잃으면 아흔아홉 마리를 들에 두고 그 잃은 것을 찾아내기까지 찾아다니지 아니하겠느냐 눅 15:4

양 백 마리를 가진 목자가 한 마리의 양을 잃어버렸다. 그래도 목자에게는 아흔아홉 마리의 양이 남아 있었고, 새끼를 낳으면 금세 백 마리가 넘는다. 그런데 성경은 목자가 아흔아홉 마리의 양을 들에다 두고 잃어버린 양 한 마리를 찾아다닌다고 이야기한다. 이 말은 아흔아홉 마리의 양이 귀하지 않다는 말이 아니라 목자에게 잃어버린 양 한 마리가 그만큼 소중해서 더 좋은 양으로 대신하거나 양 천 마리를 준다 해도 소용이 없다는 말이다. 목자의 마음에 잃어버린 양 한 마리는 그 양으로만 메울 수 있기 때문이다. 그 양이 아니면 안 된다. 그러니 아흔아홉 마리를 들에 두고 그 양을 찾아 헤매는 것이다. 주님이 잃은 양 같은 우리에게 말씀하신다.

"사랑하는 나의 아들아, 나의 딸아, 나는 네가 가진 무엇 때문에 너를 사랑하는 것이 아니라 너라서 사랑하는 거야. 나는 꼭 네가 필요하단다."

사탄은 우리의 연약함을 들먹이며 "너 같은 것이 무슨 하나님나라에 보탬이 되겠어?"라고 참소하며 조롱한다. 사실 틀린 말은 아니다. 특별한 재주가 있는 것도 아니고 능력이 탁월하지도 않다. 그러나 그 속임수에 속지 말자. 하나님은 우리의 능력과 외모를 보시는 분이 아니고, 우리의 존재 그 자체를 보시는 분이기 때문이다.

우리가 연약한 것은 하나님께 전혀 문제가 되지 않는다. 하나님이 강하시기 때문이다. 우리가 무능한 것도 전혀 문제되지 않는다. 하나님이 전능하시기 때문이다. 하나님께서는 우리의 재능과 가능성에 따라 우리를 대하지 않으신다. 하나님의 마음 안에서 '우리 자체'로 충분하신 것이다.

하나님의 본심은 사랑이다. 사랑할 만해서 사랑하시는 것이 아니라 하나님이 우리의 어떠함에도 사랑하기로 결정하셨기 때문에 우리를 사랑하시는 것이다. 이것이 하나님나라의 가치이다. 우리가 가진 세속적 가치를 뿌리 뽑고 교회에도 제대로 뿌리내려야 할 가치이다. 이 같은 하나님의 사랑을 알아야 하나님의 마음과 그분이 주신 은혜를 누릴 수 있는 것이다.

chapter 7

믿음은
어떻게 생겨나는가?

믿음으로 살 수 없다고 하는 문제의 원인을 파악하고 예수 그리스도
께서 다 이루셨다는 결론을 얻었다면 이제 믿음으로 사는 첫걸음을
내딛을 수 있다. 우리가 믿음으로 살아야 한다면 그 믿음은 도대체
어떻게 생기는 것일까. 믿음은 그저 우리 안에서 믿어지도록 설계되어
있다. 나의 의지와 노력으로 믿음을 만들어내는 것이 아니라 저절로
믿어진다는 말이다. 그렇게 형성된 믿음이 올바른 믿음이다. 그리고
그 믿음은 믿고자 하는 대상을 알아갈수록 성장한다.

　누군가를 안다는 것은 그에 대한 정보나 지식만을 말하는 것이 아
니다. 정보를 아는 것도 중요하지만 그 대상을 겪으면서 알게 되는 것
이 훨씬 더 중요하다. '경험을 통한 앎'이라는 것이다. "알다"(to know)
를 뜻하는 히브리어 '야다'가 바로 체험하여 안다는 의미이다.

　우리가 믿고 알고자 하는 대상이 만약 사물이라면 분해하고 조립

해서 얻는 정보로 그것을 안다고 말할 수 있다. 하지만 인격체는 완전히 다르다. 내가 노력한다고 해서 알 수 있는 것이 아니라 그 대상이 스스로 드러내야만 알 수 있다. 또한 몇 가지 아는 정보를 가지고 그 대상을 다 안다고 할 수도 없다.

예를 들어보자. 부모님의 주민등록번호를 아는 사람도 있고 모르는 사람도 있겠지만, 본적지와 이전한 집 주소까지 다 아는 사람은 드물 것이다. 그런데 집 근처 주민센터에 가면 센터 직원이 나보다 우리 부모님에 대한 정보를 더 많이 안다. 컴퓨터에 기록이 남아 있기 때문이다. 그렇다고 해서 주민센터 직원이 나보다 우리 부모님을 더 잘 안다고 말할 수 있을까? 그렇지 않다. 그 사람의 나이, 주소, 학력, 키, 몸무게 등을 안다고 해서 그 사람을 다 안다고 말할 수 없다. 사람은 직접 겪어봐야 안다. 그 대상과 관계가 형성되어 있어야 그에 대한 정보도 의미가 있는 것이다. 나를 만나본 적도 없는 사람이 나에 대해서 많이 알고 있다고 생각해보자. 고맙다기보다는 무서운 생각이 먼저 들 것이다.

믿음은 관계에 비례한다

믿음이 형성되는 데 중요한 것은 관계의 형성이다. 겪는 만큼 알게 되고 관계의 깊이만큼 그 대상을 알 수 있기 때문이다. 그러면 믿으려고 하지 않아도 깊어진 관계만큼 신뢰가 쌓이게 된다. 이렇게 믿음이 쌓이면 웬만한 외압에 의해서 그 관계가 쉽게 끊어지거나 깨지지 않는다.

어떤 논리나 상황에 따라서 신뢰가 깨지거나 흔들리지 않는 것이다.

우리는 하나님에 관하여 많이 들어보았다. 어쩌면 하나님에 대해서 많이 안다고 할 수도 있다. 하나님은 전능하시다. 물론이다. 그렇게 들었고 배웠다. 그러면 한 가지 묻고 싶다. 하나님의 전능하심은 언제 경험해보았는가? 만약 경험해보지 않았다면 하나님의 전능하심을 믿어야 할 때 제대로 믿어지지 않는다. 전능하시다고 말은 하지만 한 번도 경험한 적이 없어서 내 삶을 맡기기가 불안하고 무서운 것이다. 하나님은 신실하시다. 이 역시 동의가 될 것이다. 그렇게 들었고 배웠다. 그렇다면 하나님의 신실하심은 언제 경험해보았는가? 경험해본 적이 없다면 하나님의 신실하심을 기대하며 믿어야 할 때 믿기가 힘들 것이다.

한밤중에 모르는 남자가 칼을 들고 나를 쫓아온다고 상상해보라. 두렵지 않은가? 무섭다. 이건 같은 남자도 무섭다. 무서운 이유가 무엇인가? 그 사람이 칼로 무슨 짓을 할지 모르기 때문이다. 몰라서 믿지 못할 때 나타나는 두려움이다.

그 사람이 칼을 들고 있어서 무서운 거라면 상황을 바꿔보자. 어머니가 칼을 들고 있다고 해보자. 부모님과 함께 사는 사람이라면 보통 어머니가 잠을 깨워주신다. 그런데 한참을 깨워도 일어나지 않아서 화가 많이 나신 상황이다. 겨우 일어나려는데 방에 들어오신 어머니의 한 손에는 빨간 김치 국물이 뚝뚝 떨어지고 있고 다른 한 손에는 김치를 썰던 칼이 들려 있다. 무서운가? 사실 무섭다. 화가 잔뜩 난 채로 칼을 들고 있기 때문이다. 그런데 모르는 남자가 칼을 들고 쫓아오는 두려움과 같은 두려움인가? 혹시 어머니가 그 칼로 나를 찌를 수도 있다는 두려움이 있는가? 그런 두려움은 없다. 왜냐고 물으면 대다수의 사람들은 이렇게 이야기할 것이다.

"엄마니까."

자신의 어머니가 그 칼로 자신을 찌를 거라는 생각이 들지는 않는다. 믿어주는 것이 아니라 믿어지는 것이다. 어머니를 오랫동안 겪어봐서 쌓인 믿음이다. 이 믿음의 과정에 어머니에 대한 정보나 거창한 설명은 필요가 없다. 어머니는 어려서부터 이런 삶을 살아오셨고 성실한 분이라 그럴 리가 없다고 장황하게 설명하지 않는다. 겪어서 알기 때문에 존재적으로 믿어지는 것이다. 이런 상황에서 누가 일어나자마자 무릎을 꿇고 "어머니, 그 칼로 저를 찌르지 않으실 거죠? 믿습니다!"라고 반응하겠는가.

오랜 시간 겪어서 아는 관계에는 단단한 믿음이 있다. 부모님과 잘 지내다가도 다투고 서먹할 때가 있지만 그래도 내 부모님이다. 이처럼 상황에 흔들리고 유혹 때문에 넘어진다고 해도 경험으로 알게 된 하나님과의 관계가 끊어지는 것은 아니라는 말이다.

그렇기 때문에 그 대상을 경험할 수 있는 자리에 뛰어드는 것이 중요하다. 누군가와 관계를 맺을 때 그에 대한 연구를 하기보다는 직접 만나고 함께하면서 알아가듯이 하나님의 전능하심을 경험할 수 있는 자리, 신실하심을 체험할 수 있는 자리에 뛰어드는 태도가 필요하다. 하나님을 적극적으로 알기 위해서 편안하고 안락한 자리를 박차고 뛰어나가는 결정이 필요한 것이다. 그래서 이 책의 서두에 믿고자 하는 대상을 알 수만 있다면 그렇게라도 해볼 마음의 태도가 중요하다고 이야기했던 것이다.

믿으려는 대상과 관계가 형성되어 있지 않으면 모든 것을 의심하게 된다. 가령 아무 관계가 없는 사람이 큰돈을 빌려달라고 한다면 아마 우리는 이렇게 말할 것이다.

"내가 당신을 뭘 믿고 그 돈을 빌려줘."

별 관계가 없는 사람에게 믿음을 바랄 때는 그 사람을 설득하기 위해 설명이 거창해지고 장황해진다. 그런데 둘 사이에 어느 정도 관계가 형성되어 있으면 긴 설명이 필요하지 않다. 그 대상을 겪어서 알기에 믿어지는 것이다. 믿음은 나 혼자 의지로 만들어내는 것이 아니라 믿으려는 대상과의 관계에서 자란다. 믿음은 그 관계에 비례한다.

우리가 하나님을 대할 때 범하는 오류는 믿으려는 대상과의 관계에 집중하지 않고 내가 잘 믿고 있는지 내 믿음 상태에만 집중한다는 것이다. 그래서 하나님과는 전혀 상관없는 고민을 하고 어려움을 겪는다. 자신의 믿음 상태에만 집중하면 실제로 맺는 관계에는 소홀하게 되고, 그것이 하나님과 상관없는 경건함과 신령함을 가진 대제사장과 바리새인들의 모습이다. 그들은 하나님과 전혀 상관없는 자신의 모습에 만족하며 자신들은 의롭고 거룩하다는 착각 속에 살았다.

믿음이 자라지 않는 이유

한 청년이 하나님의 말씀을 알고 싶은데 어떻게 해야 할지 잘 모르겠다면서 나에게 상담을 하러 왔다. 그러면서 하나님이 말씀하시지 않는 것 같다고 말했다. 그래서 말씀 묵상은 하냐고 물어보았더니 머뭇거리며 하기는 한다고 했다. 얼마나 하느냐고 물으니까 굉장히 멋쩍은 표정을 지으며 "15분이요"라고 답했다. 헛웃음이 나왔다. 고작 하루 15분으로 하나님과 친밀해지고 믿음이 생기기를 바란 것인가.

우리는 어떠한가? 주일예배를 드리는 것 말고 평소에 얼마나 하나님을 알기 위해서 시간을 쏟는가? 혹시 시간과 에너지를 들이지 않고도 관계가 형성되고 믿음이 자라기를 기대하고 있지는 않았는가? 그렇게 해서 믿음이 생긴다면 그거야말로 이상한 것 아닌가?

그동안 우리는 우리의 모든 에너지를 내 모습과 상태, '좀 더 나은 나'가 되는 데 사용하고 있었는지도 모른다. 그러나 우리는 믿음의 대상이신 하나님과 관계를 맺는 데 온 힘을 집중해야 한다.

나는 인애를 원하고 제사를 원하지 아니하며 번제보다 하나님을 아는 것을 원하노라 호 6:6

하나님께서는 우리 스스로 노력해서 멋있는 사람이 되기를 원하시지 않는다. 그것은 하나님과 친밀한 관계를 맺고 믿음이 자라면 얻게 되는 부차적인 것이다. 먼저 우리가 하나님을 알기 원하신다.

그런데 우리가 눈에 보이는 열매와 성과에 집착하다보니까 그런 열매가 없으면 낙심하고 절망하면서 믿음이 없다고 스스로를 정죄한다. 그러나 열매는 우리의 몫이 아니다. 열매는 그저 맺히는 것이다. 생명이 있는 씨앗을 좋은 땅에 심으면 열매를 맺는다. 물을 주고 풀도

뽑는 수고는 해야겠지만 제대로 심었다면 당연히 열매를 맺는다. 그러니 우리가 집중할 것은 열매가 아니라 제대로 심었는지를 봐야 한다는 것이다.

> 나는 포도나무요 너희는 가지라 그가 내 안에, 내가 그 안에 거하면 사람이 열매를 많이 맺나니 나를 떠나서는 너희가 아무것도 할 수 없음이라 요 15:5

하나님께서는 우리에게 그분 자신을 알려주려고 하신다. 그런데 우리는 그보다 내가 어떻게 변하고 어떤 열매를 맺는지 등 자꾸 다른 것을 기대한다.

우리가 관계의 형성은 뒷전으로 미뤄놓고 믿음부터 생기기를 기대할 때 나타나는 증상이 있다. 내 기준에 믿음이 좋다고 생각되는 사람들이 하는 행동을 흉내 내기 시작한다. 종교생활부터 하는 것이다. 진정성 있는 관계가 아니라 거룩한 척, 고결한 척, 잘 믿는 척, 괜찮은 척 외식(外飾)을 하는 것이다. 믿음의 원리를 모른 채 제대로 믿는지는 관심이 없고 일단 종교생활을 통해서 안정감을 누리고 싶은 것이다. 적어도 크리스천 중에서 종교생활을 열심히 한다고 시비 걸 사람은 없을 테니까 말이다. 어느새 주일성수와 헌금을 꼬박꼬박하고 교회 봉사를 하고 헌신하는 것이 믿음의 척도가 되고, 그 모습을 보면 믿음이 좋다는 생각이 드는 것이다.

하나님과의 관계는 상관없이 모습만, 행동만, 행위만 종교인의 모습이다. 물론 이것이 완전히 잘못이라고 할 수는 없다. 이렇게 시작해서 결국 하나님을 아는 데 이를 수도 있기 때문이다. 그런데 아무리 시간이 지나도 그리스도의 장성한 분량까지 자라지 않고 계속 어린아이에 머물러 있다면 그것은 우리의 믿음에 문제가 있는 것이다(엡 4:13,14). 생명을 가진 존재의 건강한 특성은 성장이다. 자라는 것이다. 그러나 자라지 않는다면 무언가가 잘못되었다는 것을 의미한다. 복음은 생명이다. 기독교는 종교가 아니라 생명이다. 이 생명을 받은 자라면 믿음 안에서 그리스도의 장성한 분량까지 자랄 수밖에 없는 것이다.

그런데 우리는 성장하지 않는 종교생활을 하면서 나는 괜찮다, 이것도 하고 저것도 하고 있으니 나는 괜찮을 거라는 근거 없는 믿음을 가지고 그 자리에 머물러 있을 수도 있다. 많은 이들이 믿음이 자라지 않는 것을 문제로 인식하지 못한다.

너희가 세상의 초등학문에서 그리스도와 함께 죽었거든 어찌하여 세상에 사는 것과 같이 규례에 순종하느냐 골 2:20

내가 어렸을 때에는 말하는 것이 어린아이와 같고 깨닫는 것이 어린아이와 같고 생각하는 것이 어린아이와 같다가 장성한 사람이 되어서는 어린아이의 일을 버렸노라 고전 13:11

믿음이 어린아이 같을 때는 하나님과 관계를 직접 맺지 못하고 중간에 누군가를 거쳐서 그 관계를 이어가려고 한다. 교회 교역자를 통해서 하나님과의 관계를 간신히 유지하고 그 사람이 없으면 어색해서 관계를 이어갈 수가 없다. 마치 이런 것이다. 한 친구가 자기 친구에게 사귀어보라고 여자 친구를 소개시켜주었는데 처음에 너무 어색해서 셋이서 함께 만났다. 어느 정도 분위기가 무르익어서 빠지려고 하는데 소개시켜준 사람이 빠지면 둘이서는 교제가 되지 않는다. 어색해서 대화가 이어지지 않는 것이다. 그래서 만날 때마다 소개시켜준 사람과 같이 만나게 되었다. 남자가 너무 소심해서 직접 물어보지도 못하고 소개시켜준 사람을 통해서 "그 사람 이상형이 어떻대?", "영화는 어떤 장르를 좋아한대?", "좋아하는 음식이 뭐래?"라고 묻는 것이다. 그렇게 시달리던 친구가 그에게 뭐라고 이야기하겠는가?

"네가 직접 물어봐!"

제발 직접 물어보자! 하나님과 관계를 이어가고 싶은 거라면 하나님께 직접 물어봐야 하지 않겠는가? 처음에는 어색해서 도움을 받았다고 해도 시간이 한참 지났는데도 그 도움 없이는 관계가 깊어질 수 없다면 큰 문제 아닌가?

그러면 이런 문제가 생긴다. 하나님과 교제하다가 문제가 생겼을 때 해결하려면 하나님을 찾아가야 하는데 자꾸 소개시켜준 사람을 찾아가는 것이다. 우리의 신앙에 문제가 있을 때 누구를 찾아가는지 한번 생각해보라. 우리는 지금 하나님과 교제하는 것이 맞는가?

관계의 형성 조건

사랑의 원자탄 손양원 목사님과 일사각오의 신앙 주기철 목사님을 믿음의 선진으로서 존경하고 동경한다. 하지만 그 분들의 대단한 모습만 보면 '나는 저렇게 믿을 수 없어', '저런 분들만 가능한 일이지', 아니면 반대로 '어떻게 저런 믿음을 가질 수 있지?' 하고 생각하게 된다. 잘 생각해보자. 그 분들이 그런 믿음을 갖게 될 때까지 하나님과 맺은 관계를 생각해야 한다. 목사님들의 믿음은 갖고 싶으면서 그 분들이 하나님과 맺어온 관계를 생각하지 않는다면 그것은 그냥 존경하는 위인을 보는 것밖에 되지 않는다. 삶에서 꾸준히 하나님과 교제해온 신앙이 모진 고난 가운데서 주님을 붙든 원동력이 아니었을까.

이처럼 하나님과 관계를 맺을 때 중요한 조건이 있다.

1. 우리에게 하나님을 알고자 하는 소망함이 있어야 한다

우리 안에 하나님을 알고자 하는 소망함이 없으면 우리는 알고 싶지 않은데 하나님이 자신을 알아달라고 강요하고 집착하는 꼴이 된다. 그래서 무엇보다 우리 안에 믿으려는 대상을 알고자 하는 소망함이 있어야 한다.

2. 하나님께서 그분 자신을 알려주시려는 마음이 있어야 한다

우리가 믿으려는 대상이 자신을 믿으려는 자에게 자신을 나타내 보여주고자 하는 마음이 있어야 한다. 곧 하나님이 그분 자신을 우리에게 알려주시려는 마음을 말한다. 내가 아무리 하나님을 알고 싶어서 묻고 다가가도 상대가 알려주고 싶은 마음이 없으면 그 노력은 아무런 의미가 없다. 내가 알려주지 않으면 상대방이 절대 알 수 없는 보이지 않는 영역(본심, 의중, 생각, 마음)이기 때문이다. 거짓과 꾸밈없이 보여주고자 하는 마음이 있어야 한다.

이러한 두 소망함이 만나야 두 인격체 간에 관계가 형성될 수 있고, 그 관계 안에서 믿음이 자랄 수 있다.

> 너희가 내게 부르짖으며 내게 와서 기도하면 내가 너희들의 기도를 들을 것이요 너희가 온 마음으로 나를 구하면 나를 찾을 것이요 나를 만나리라 렘 29:12,13

> 나를 사랑하는 자들이 나의 사랑을 입으며 나를 간절히 찾는 자가 나를 만날 것이니라 잠 8:17

찾고 부르짖으라는 명령은 찾고 부르짖으면 응답하겠고 만나주시겠다는 약속이다. 우리가 주님과 교제하기 위해서 온 마음과 간절함으로 찾고 구하면 응답하시겠다는 말씀이다. 상호 간에 이 마음이 있어야 관계가 형성될 수 있다. 믿음은 그 대상과 관계를 맺겠다는 결정이고, 상호간에 이루어진 그 결정으로 시작된다. 하나님 편에서는 하나님 그분을 알려주시려는 마음이 준비되었다.

우리만 이 마음으로 주님을 찾겠다고 결정하면 된다. 내가 어떻게 달라지고 상황이 어떻게 달라질까 기대하는 것이 아니라 하나님을 소망하고 그분을 알아가는 데 우리의 모든 초점을 집중한다면 믿음의 대상이신 하나님을 알고 믿게 된다.

하나님과 나의 연결고리

그렇다면 '이제 하나님과 교제를 한번 시작해볼까?' 하고 쉽게 생각할 수도 있지만 그렇게 쉬운 문제는 아니다. 하나님은 우리가 그냥 한번 만나보고 싶다고 만날 수 있는 분이 아니시기 때문이다. 로미오와 줄리엣처럼 만나고 싶어도 만날 수 없는 관계라면 그 관계는 비극으로 끝날 수밖에 없다. 하나님이 우리에게 알려주고 싶어 하시는 마음이 있고, 우리 또한 하나님을 알고 싶은 소망함이 있어도 만날 수 없는 비극적인 상황에 놓인 것이다.

우리는 사실 하나님과 관계를 맺거나 이어갈 수 없는 상황이다. 절대 만날 수도 가까이할 수도 없는 대상이라는 것이다. 우리가 아무리 하나님을 만나고 싶어도 하나님께서 우리를 직접 만나주시면 죄인인 우리는 하나님의 거룩하심 때문에 소멸되고 죽을 수밖에 없다.

시작부터 길이 막힌 것이다. 우리의 마음만 가지고는 믿음의 관계를 시작할 수 없다. 이 관계가 시작되려면 복음이라는 전제가 필요하다. 죄인이었던 내가 거룩하신 하나님과 교제할 수 있게 하는 능력인 복음이 전제되어야만 하나님과의 관계가 시작될 수 있다. 이 복음이 아니라면 우리는 하나님과 교제는커녕 하나님 가까이 나아갈 수도 없다.

그래서 믿음은 내 의지와 노력으로 될 수 있는 문제가 아니라고 강조했던 것이다.

하나님과 믿음의 관계를 시작하려면 꼭 필요한 주선자가 있다. 구약시대에는 이스라엘 백성들이 하나님 앞에 직접 나아갈 수 없었다. 당시 제사를 통하여 하나님 앞에 나아갈 때 제사장들이 그 역할을 담당했다.

그러므로 함께 하늘의 부르심을 받은 거룩한 형제들아 우리가 믿는 도리의 사도이시며 대제사장이신 예수를 깊이 생각하라 히 3:1

예수는 영원히 계시므로 그 제사장 직분도 갈리지 아니하느니라 히 7:24

오직 그리스도는 죄를 위하여 한 영원한 제사를 드리시고 하나님 우편에 앉으사 히 10:12

예수께서 이르시되 내가 곧 길이요 진리요 생명이니 나로 말미암지 않고는 아버지께로 올 자가 없느니라 요 14:6

지금 우리에게 필요한 이는 바로 복음이 되신 예수님이다. 우리는 반드시 그 예수님을 만나야 한다.

예수님을 제대로 만났는가?

인생에서 예수님을 만났는가? 여러 경로로 예수님을 접했을 수는 있겠지만 예수님을 제대로 만났는지 묻는 것이다. 예수님을 만난 경위는 다양하고 사람마다 다를 것이다. 치료자, 위로자, 정치가, 스승으로서의 예수님. 성경에서는 죄인이 예수님을 그리스도로 만나야 제대로 만났다고 이야기한다. 죄인이 예수님을 그리스도로 만나야만 하나님과 온전한 관계를 이어나갈 수 있기 때문이다. 신앙생활을 얼마나 오래 했는지는 중요하지 않다. 어떤 직분을 맡고 얼마나 사역했는지를 묻는 것이 아니다. 다시 말해, 죄인으로서 이 존재의 문제를 해결해주실 수 있는 유일한 메시아 그리스도를 만난 적이 있는가?

요한복음 4장에는 사마리아 수가성에 사는 한 여인이 등장한다. 사마리아는 북 이스라엘이 멸망하고 이방 민족과 섞여 정통을 이어온 남 유다, 즉 유대인들로부터 이방인 취급을 받고 무시당했다. 그런 사마리아 수가성에서조차 죄인 취급을 받던 한 여인이 있었다. 이 여인은 영적으로 목마른 상태였으나 자신이 목마른지도 몰랐다. 끊임없이 사람의 사랑을 구하면서 결혼을 다섯 번이나 했고(요 4:18), 그런 그녀를 사람들은 배척했다. 여인은 사람들의 눈을 피해 숨어 살면서 가장 더울 때 물을 길러 나오곤 했다.

거기 또 야곱의 우물이 있더라 예수께서 길 가시다가 피곤하여 우물곁에 그대로 앉으시니 때가 여섯 시쯤 되었더라 요 4:6

그리고 그곳에서 예수님을 만났다. 예수님은 아무도 없는 우물가에 홀로 물을 길러 나온 여인에게 관심을 보이셨다. 그녀의 목마름을 보신 것이다. 예수님은 제자들에게 먹을 것을 사러 보내신 다음 단둘이 교제를 나누신다. 예수님께서 그 여인에게 물을 달라고 청하셨으나 사람으로부터 배척당하고 실망했던 그녀는 마음을 쉽사리 열지 못한다.

당신은 유대인으로서 어찌하여 사마리아 여자인 나에게 물을 달라 하나이까 요 4:9

당시 유대인들은 사마리아 사람과는 상종도 하지 않았기 때문에 여인은 경계심을 품고 예수님을 대한다. 그런 여인의 마음을 주님이 천천히 만지신다. 몇 번의 대화가 오가고 예수님은 그녀의 목마름을 건드리신다.

이 물을 마시는 자마다 다시 목마르려니와 내가 주는 물을 마시는 자는 영원히 목마르지 아니하리니 내가 주는 물은 그 속에서 영생하도록 솟아나는 샘물이 되리라 요 4:13,14

그녀의 목마름은 극에 달해 있었고 죄인인 자신에게 찾아오신 예수님에게 자신이 목이 말랐음을 털어놓게 된다. 메시아 곧 그리스도가 오신다고 했는데 그분이 오시면 내가 왜 이렇게 목마른지, 왜 이렇게 살 수밖에 없는지 다 알려주신다고 했다는 것이다(요 4:25). 예수님은 그리스도를 갈망하는 그녀의 목마름을 건드리시고 그 여인에게 자신을 드러내셨다.

수가성 여인은 자신의 목마름 끝에서 예수님을 만났다. 누가 봐도 죄인인 자신을 찾아오신 예수 그리스도를 만나게 된 것이다. 죄인으로서 예수님을 메시아로, 그리스도로 만났다. 그 여인이 결혼을 다섯 번이나 한 사실과 사람들의 부정적인 시선과 일상은 변하지 않았지만 단 한 가지 변화, 그녀의 인생에서 예수님을 그리스도로 만났다.

그런데 그 한 가지 변화가 그녀의 삶과 일상을 전부 뒤집어놓았다. 여인은 가져온 물동이를 버리고 성 안으로 뛰어들어갔다. 사람들의 눈을 피해서 물을 길러 나온 것과는 사뭇 다른 모습이다. 그리고 외치기 시작했다.

"내가 그리스도를 만났다!", "내가 메시아를 만났다", "내가 왜 이렇게 목이 말랐는지 알게 하시고 내가 죄인임을 알려주시는 메시아를 만났다!"

미친 듯이 외치는 여인의 말을 듣고 사람들이 술렁이기 시작했다. 무엇이 그녀를 변하게 만들었는지 궁금한 나머지 예수님께 몰려왔다. 여인의 영향력은 뛰어난 실력과 언변이 아니었다. 멋있고 대단한 삶도 아니었다. 자신이 죄인임을 알고 만나게 된 예수 그리스도로 인한 영향력이었다. 그리고 그녀를 통해 성 안의 많은 사람들이 예수님을 믿게 되었다. 우리에게 중요한 것은 우리가 얼마나 잘 살았는지가 아니다. 예수님을 제대로 만났는지가 무엇보다 중요하다.

죄인이 예수님을 메시아로, 그리스도로 만난 이 경험이 있는가? 이 은혜 없이 믿음의 삶을 살고 하나님과 교제하는 신앙생활은 불가능하다. 그러나 우리가 하나님을 알고자 한다면 예수님을 그리스도로 만나게 하는 십자가 앞으로 먼저 이끄실 것이다.

조금이라도 나의 의(義)가 남아 있다면 예수님을 그리스도로 붙들 수가 없다. 우리가 죄인임을 처절하게 깨달아야만 예수님이 그리스도이신 것이 우리에게 복음이 될 수 있다. 그래서 하나님은 믿음으로 살고자 하는 우리가 말씀 앞에 서면 설수록 자신이 얼마나 처절한 죄인인지를 가장 먼저 드러내시는 것이다. 나의 불가능함을 보아야 하나님만이 가능하심을 소망할 수 있기 때문이다.

우리 역시 "말씀에 순종한다"는 슬로건을 내걸고 뛰어들 때마다 우리가 할 수 있다는 결론보다는 우리로서는 절대 불가능하다는, 우리의 존재 자체가 복음 없이는 얼마나 소망 없는 존재인지를 드러내신다. 그러나 그것이 드러날 때마다 주저앉게 되는 것이 아니라 하나님을 향한 소망으로 더욱 하나님의 은혜만을 기대하게 된다.

PART 3

말씀이
내 삶에
실제가 될 때

고민하고 생각하고 질문하자

chapter 8

말씀이 실제가 되게 하는
말씀과 기도

고생길 프로젝트에 참여하는 우리는 앞에서 나눈 말씀들을 근거로 순종의 자리에 뛰어들기로 작정했다. 우리가 뭔가 잘해서 보여주고 싶은 것이 아니라 불가능한 우리를 가능케 하시는 하나님이 드러나기를 기대했다. 만일 불가능한 우리를 가능하게 바꾸시는 하나님의 은혜를 경험한다면 그곳이 세상 한복판이든 선교지이든 맡겨주신 그 자리에 당당히 설 수 있지 않을까. 나에 대한 자신감이 아니라 그것을 가능하게 하시는 하나님을 향한 신뢰로 말이다. 자기 자신에 대한 자신감은 무모함이 맞다. 그러나 전능하신 하나님을 믿는 믿음으로 하나님을 더욱 깊이 알아가는 자리에 서겠다는 결단은 결코 무모하지 않다. 하나님께서는 믿음으로 살고자 소망하는 자들을 지키시는 분이기 때문이다.

성경에 이르되 누구든지 그를 믿는 자는 부끄러움을 당하지 아니하리라 하니 롬 10:11

우리의 믿음의 대상이신 하나님을 경험을 통해서 알 수 있는 자리로 뛰어들기로 결정하고 무모해 보이는 걸음을 한 걸음씩 내딛기 시작했다. 고생질 프로젝트는 현재 5기까지 진행 중이며 20여 명의 청년들이 하나님의 말씀 앞에서 몸부림치며 살고 있다. 다른 기대는 없다. 달라질 나를 기대하는 것이 아니라 말씀이 나에게 실제가 되기를 소망하고, 말씀이 우리의 인생과 삶 가운데 실제가 될 수만 있다면 무엇이라도 해보고 싶은 간절함으로 모인 것뿐이다. 우리는 먼저 믿음의 삶을 방해하는 세속적 가치관에 의해 형성된 익숙한 습관들을 말씀을 근거로 하나씩 고쳐나가기로 했다.

가장 먼저 한 일은 시간 관리였다. 하나님의 말씀과 기도 없이 살던 삶을 교정하여 우리의 시간과 하루의 일과 대부분을 말씀과 기도로 채워갔다. 사람은 늘 무언가 혹은 누군가에게 영향을 받으며 살아가기 때문에 우리가 하루 종일 어디에 노출되어 있는지를 보면 어떤 영향을 받는지 알 수 있다.

우리의 삶을 돌아본 결과, 우리는 상당히 많은 시간 동안 하나님의 말씀에 영향을 받기보다는 세상의 즐거움에 노출되어 있었다. 이 삶의 시간표를 그대로 유지하면서 우리의 가치관과 습관을 바꾸는 것은 불가능했다. 우리의 삶이 말씀과 기도가 중심이 되도록 규모 있게 정리할 필요가 있었다.

고생질에 들어오면 처음 몇 주간은 아무것도 시키지 않는다. 적응할 시간을 주는 개념이 아니라 그 시간에 무엇을 하는지 보면 자신의 상태를 점검해볼 수 있기 때문이다. 우리는 평소에 "말씀을 볼 시간이 없다", "기도할 시간이 없다"라고 말할 때가 많다. 그렇다면 시간이 있으면 다 할 수 있다는 말인가? 우리는 바쁜 일상을 뒤로하고 공동체로 모여 살면서 남는 시간을 어떻게 쓰는지 살펴보았다. 단지 시간이 없고 바빠서 말씀을 보지 못하고 기도할 수 없는 것은 아니었다. 바쁘다는 것은 핑계일 뿐 조금만 시간이 있고 여유가 생기면 바로 휴대폰을 들고 놓지 않았다. 하나님과 교제하기 위해서 성경을 붙들 생각은 하지 않는 모습을 발견했다.

내가 가고 싶은 학교에 들어가기 위해서나 원하는 직장에 들어가려고 해도 시간을 쪼개서 하고 싶은 것을 참고 잠을 줄여가면서 노력한다. 그런데 말씀에는 그 정도의 에너지와 정성을 쏟지 않는다면 어쩌면 우리에게 말씀이 그 정도의 가치는 아닐지도 모른다. 그만큼 힘을 쏟지 않고 그 말씀이 나에게 실제가 되기를 바라는 것 자체가 말이 되지 않는다.

말씀과 기도의 동력

우리는 대부분의 시간을 말씀 앞에 지속적으로 노출시키기 시작했다. 물론 대부분의 사람들이 공동체로 훈련을 받는 우리처럼 말씀을 읽고 기도하는 시간을 확보할 수 없다는 것을 알고 있다. 꼭 이만큼의 시간을 들여야 한다고 이야기하는 것이 아니다. 조금이라도 여유가 있을 때 우리의 시간과 삶을 말씀에 지속적으로 노출시키는 것이 중요하다는 말이다.

어느 유명한 광고 업체 CEO의 강연을 들은 적이 있다. 그는 하나님의 말씀을 근거로 그 일을 시작했고, 성경 말씀에 따라 회사의 원칙을 정하고 중요한 일들을 결정했다고 이야기했다. 그래서 중독성이 있는 광고는 절대 찍지 않고, 무슨 일이 있어도 접대는 하지 않는 것이 원칙이라고 했다. 때때로 회사가 어려울 때에는 누구도 인정해주지 않는 그 원칙을 무시하고 살길을 찾을 수 있었으나 그렇게 할 수는 없었다고 한다. 그런 어려운 상황에도 말씀 앞에서 세운 원칙들을 지킬 수 있었던 것은 일주일 내내 말씀을 가까이했기 때문이라고 말했다. 신우회를 통한 QT 나눔과 믿음의 동역자들과의 모임, 이동할 때마다 설교를 듣고 공예배에 참석하며 자신을 끊임없이 말씀에 노출시켰더니 자신의 의지로 지키는 것이 아니라 그 말씀이 자신을 지켜주시는 경험을 했다는 간증이었다. 큰 도전이 되었다. 세상에서 누구도 알아주지 않는 하나님 앞에 세운 원칙들을 지켜나가는 것을 보면서 말씀이 우리를 가능하게 하시는 것에 대해 확증받는 시간이었다.

우리가 말씀과 기도에 시간과 정성을 들이지 않는 것은 우리의 마음 가운데 말씀과 기도를 경홀히 여기는 모습이 있기 때문이다. 말씀과 기도는 우리의 삶을 하나님 중심으로 세워가는 데 핵심적인 역할을 한다. 그런데 나를 포함해서 고생질에 모인 청년들 또한 평소 삶의 중심이 말씀과 기도가 아니었음을 보게 되었다. 우리가 믿음의 자리에서 끊임없이 시도하고 다시 온전한 믿음으로 살아가도록 독려하는 원동력은 말씀과 기도이다. 믿음의 삶에서 이 두 가지를 빼놓고는 절대 믿음을 논할 수가 없다.

태초에 말씀이 계시니라 이 말씀이 하나님과 함께 계셨으니 이 말씀은 곧 하나님이시니라 그가 태초에 하나님과 함께 계셨고 만물이 그로 말미암아 지은 바 되었으니 지은 것이 하나도 그가 없이는 된 것이 없느니라 그 안에 생명이 있었으니 이 생명은 사람들의 빛이라 요 1:1-4

말씀은 빛이다. 그래서 말씀과 기도의 부재는 반드시 어둠을 몰고 오게 되어 있다. 언젠가 이런 글을 읽은 적이 있다. "사역자의 실패는 우발적으로 일어난 것이 아닙니다. 이미 예견된 일이었고 일어날 일이 일어난 것뿐입니다. 그 사람 안에 말씀과 기도의 부재를 통하여 이미 어둠이 드리워져 있었습니다."

말씀과 기도라는 주제는 결코 가볍게 볼 주제가 아니다. 말씀과 기도가 우리의 삶을 지탱하지 않는 한 믿음으로 사는 것은 불가능하기 때문이다.

그러므로 믿음은 들음에서 나며 들음은 그리스도의 말씀으로 말미암았느니라 롬 10:17

우리의 믿음을 자라게 하는 것은 오직 그리스도의 말씀으로 비롯된다. 그런데도 말씀을 보기가 꺼려지는 이유는 성경이 너무 어렵고 딱딱하게 느껴지기 때문이다. 그리고 전문적인 교육을 받지 않은 내가 성경을 읽다가 잘못 해석할 수도 있다는 두려움도 자리한다. 이 두려움은 우리에게도 있었다. 이 두려움을 극복하기 위해서 우리가 어떻게 했는지는 뒤에서 더 나누겠다.

말씀이 우리 안에 거할 때

너희가 내 안에 거하고 내 말이 너희 안에 거하면 무엇이든지 원하는 대로 구하라 그리하면 이루리라 요 15:7

예수 그리스도의 십자가 복음을 믿는 믿음을 통하여 우리가 그분 안에 거하고 변화된 생명을 통하여 하나님의 말씀이 우리 안에 거할 때 무엇이든지 구하면 다 이루어질 거라고 하신다. 사람들은 보통 이 말씀에서 "무엇이든지 원하는 대로 구하라 그리하면 이루리라"에만 초점을 맞춘다. 그런데 그렇게 기도하니까 구하는 대로 다 이뤄지던가? 그렇지 않다. 기도가 응답되는 경험보다 그렇지 못할 때가 더 많다. 그래서 기도해도 소용없다고 생각하게 되는 것이다.

그러나 여기서 한 가지 놓친 것이 있다. '무엇이든지'의 전제는 "우리가 그리스도 안에 있고 그분의 말씀이 우리 안에 거한다"라는 것이다. 말씀은 하나님의 약속이고, 공의로우신 하나님께서는 말씀하신 것을 그대로 이루시는 분이다. 그러니 말씀에 근거해서 무엇이든지 구하면 이루어질 것이라는 말은 사실이고 진리이다. 그렇다면 우리가 기도해서 구하면 응답받는 것이 당연하다. 그렇게 구했는데도 받지 못했다면 내 원함과 정욕에 쓰려고 잘못 구했기 때문이다(약 4:2,3).

이러한 좋지 않은 경험들로 인하여 우리의 삶에서 말씀과 기도의 능력을 무시하고 가볍게 여기게 된 것이다. 말씀의 실제를 경험한 적이 없고 기도 응답을 받지 못했다면 기도가 어렵고 힘들게 느껴지는 것이 당연하다. 우리는 믿음의 삶을 지키는 말씀의 능력과 기도의 능력을 경험해야 한다.

> 너는 이것을 알라 말세에 고통하는 때가 이르러… 그러나 너는 배우고 확신한 일에 거하라 너는 네가 누구에게서 배운 것을 알며 또 어려서부터 성경을 알았나니 성경은 능히 너로 하여금 그리스도 예수 안에 있는 믿음으로 말미암아 구원에 이르는 지혜가 있게 하느니라 모든 성경은 하나님의 감동으로 된 것으로 교훈과 책망과 바르게 함과 의로 교육하기에 유익하니 이는 하나님의 사람으로 온전하게 하며 모든 선한 일을 행할 능력을 갖추게 하려 함이라 딤후 3:1,14-17

> 만물의 마지막이 가까이 왔으니 그러므로 너희는 정신을 차리고 근신하여 기도하라 벧전 4:7

두 말씀 모두 말세에 대해서 강조하고 있다. 말세가 되면 상황이 나아지는 것이 아니라 더 패역하고 하나님을 완강하게 거부하는 일이 펼쳐질 거라고 성경은 이야기한다. 마지막 혼란스러울 때 더욱 붙들어야 할 것은 다른 무엇이 아닌 말씀과 기도이다. 디모데후서 3장 말씀처럼 성경은 하나님의 사람으로 살아가는 데 있어서 우리를 온전하게 하고 모든 선을 행할 능력을 갖추게 한다. 말씀을 보는 것과 말씀 앞에 서는 것을 절대 무시하거나 가볍게 여기지 말아야 한다. 그것을 제쳐두고 사역을 아무리 잘하고 대단한 업적을 이룬다 한들 말씀에 깨어 있지 않으면 아무 소용이 없다. 사도 바울이 말한 것처럼 말씀 없이 잘되는 사역을 오히려 두려워해야 할 것이다.

> 내가 내 몸을 쳐 복종하게 함은 내가 남에게 전파한 후에 자신이 도리어 버림을 당할까 두려워함이로다 고전 9:27

하나님을 일하시게 하는 기도

사람들은 때때로 기도와 실천(행동)을 대립 구도로 보는 경향이 있다. 이것은 기도를 아주 오해하는 태도이다. 예를 들어 기도를 하자고 하면 이런 반응을 마주하게 된다.

"기도한다고 뭐가 바뀌나? 행동에 옮겨야지."

이런 이야기를 종종 듣는데 어떤 의도인지는 충분히 이해하고 공감한다. 만약 위험에 빠진 사람이 눈앞에 있으면 무릎을 꿇고 기도할 것이 아니라 당장 가서 도와야 한다. 그런데 그 말에 담긴 다른 뜻이 들기에 불편하다. 기도의 능력을 안다면 그렇게 이야기할 수 있을까?

"사람이 일을 하면 사람이 일할 뿐이지만 사람이 기도하면 하나님이 일하신다"라는 말이 있다. 사람이 아무리 일을 잘해도 사람 수준이다. 그러나 사람이 기도하면 하나님께서 하나님의 수준으로 일하신다는 것이다. 나는 인간이 할 수 있는 최고의 사역이 기도라고 생각한다. 기도의 능력은 단순히 기도 응답만을 이야기하는 것이 아니다. 기도는 기도하는 사람을 바꿔놓는다. 기도를 하다보면 기도제목이 바뀌고 응답받을 수밖에 없는 기도를 하게 된다. 하나님께서 일하시게 하는 기도를 하게 된다는 뜻이다. 기도만 해서 되겠느냐고 묻는 사람에게 되묻고 싶다. 그러면 도대체 기도하지 않고 무엇이 선한지 어떻게 분별하겠는가? 하나님의 기쁘신 뜻을 어떻게 분별할 수 있는가?

하나님의 뜻대로 행한다고 말하면서 기도는 하지 않는다면 그것이 내 기준의 선악인지 하나님 기준에서 선악인지 어떻게 분별할 수 있겠는가? 기도하면 다 되냐고? 나는 이렇게 말하고 싶다. 기도하면 된다! 하나님이 일하실 수 있도록 인간 편에서 돕는 가장 역동적인 사역이 바로 기도이다. 기도를 우습게보지 말자. 그 어떤 인간의 지성도 따라오지 못할 탁월한 하늘의 지혜로 무엇을 행해야 할지 가르쳐주시고, 옳다고 하는 곳에 서게 하는 힘이 기도에서 나온다.

말씀과 기도는 믿음의 삶에서 이렇게나 중요하다. 그런데 우리는 말씀과 기도에 큰 비중을 두지 않는다. 가끔 청년들이 상담을 하러 와서 믿음으로 사는 방법을 모르겠다고 물을 때 말씀과 기도에 대해서 이야기하면 "그것 말고요", "다른 방법이요", "또 그 소리네"라고 하는 뉘앙스를 풍길 때가 많다. 그런데 말씀과 기도를 빼놓고 어떻게 믿음을 논할 수 있겠는가.

말씀과 기도 외에 다른 방법은 없다. 사역을 하면서 열정과 책임감이 일시적으로 생길 수는 있지만 그 사역이 잘 안 되면 힘이 빠지고 공급되는 에너지도 다 끊기게 된다.

> 그러므로 모든 육체는 풀과 같고 그 모든 영광은 풀의 꽃과 같으니 풀은 마르고 꽃은 떨어지되 오직 주의 말씀은 세세토록 있도다 하였으니 너희에게 전한 복음이 곧 이 말씀이니라 벧전 1:24,25

그러나 영원히 변질되지 않는 말씀에서 삶의 원동력을 찾는 자는 절대 낙심하고 주저앉지 않는다. 잠깐 흔들릴 수 있어도 흔들리지 않는 말씀을 근거로 다시 일어선다.

> 오직 여호와를 앙망하는 자는 새 힘을 얻으리니 독수리가 날개 치며 올라감 같을 것이요 달음박질하여도 곤비하지 아니하겠고 걸어가도 피곤하지 아니하리로다 사 40:31

믿음으로 살고자 하는 그리스도인이라면 말씀과 기도의 자리에 서야 한다. 우리의 삶을 말씀과 기도 중심으로 다시 세울 때 말씀과 기도의 능력을 경험해본 자라야 말씀을 볼 맛도 나고 기도할 맛도 생길 것이다.

무조건 응답받는 기도

말씀과 기도는 떼려야 뗄 수 없는 관계로, 하나님의 말씀으로 기도해야 반드시 응답받는 기도를 하게 된다. 특별히 성경 속 느헤미야의 기도를 통해 무조건 응답받는 기도와 능력의 말씀이 어떤 일을 가능하게 했는지를 볼 수 있다.

느헤미야가 바벨론에서 평온한 나날을 보내던 어느 날 형제 하나니를 통해 자신의 조국 예루살렘 성벽이 훼파되고 성문이 불에 타서 허물어졌다는 소식을 듣게 된다. 이때 느헤미야가 가만히 있었다면 자신은 안락하게 살 수 있었다. 그런데 그 소식을 듣자마자 느헤미야는 꿇어 앉아 금식하며 기도했다(느 1:4). 그의 기도에 하나님께서 속히 응답하셨고 예루살렘 성벽 공사를 하라고 허락하신다. 도대체 어떻게 구했기에 그랬을까? 느헤미야는 말씀을 근거로 기도했다. 하나님께서 약속하신 말씀으로 기도한 것이다.

옛적에 주께서 주의 종 모세에게 명령하여 이르시되 만일 너희가 범죄하면 내가 너희를 여러 나라 가운데에 흩을 것이요 만일 내게로 돌아와 내 계명을 지켜 행하면 너희 쫓긴 자가 하늘 끝에 있을지라도 내가 거기서부터 그들을 모아 내 이름을 두려고 택한 곳에 돌아오게 하리라 하신 말씀을 이제 청하건대 기억하옵소서 느 1:8,9

느헤미야가 기도한 것은 신명기 30장에서 하나님이 친히 약속하신 말씀이었다.

내가 네게 진술한 모든 복과 저주가 네게 임하므로 네가 네 하나님 여호와로부터 쫓겨간 모든 나라 가운데서 이 일이 마음에서 기억이 나거든 너와 네 자손이 네 하나님 여호와께로 돌아와 내가 오늘 네게 명령한 것을 온전히 따라 마음을 다하고 뜻을 다하여 여호와의 말씀을 청종하면 네 하나님 여호와께서 마음을 돌이키시고 너를 긍휼히 여기사 포로에서 돌아오게 하시되 네 하나님 여호와께서 흩으신 그 모든 백성 중에서 너를 모으시리니 네 쫓겨간 자들이 하늘가에 있을지라도 네 하나님 여호와께서 거기서 너를 모으실 것이며 거기서부터 너를 이끄실 것이라 신 30:1-4

하나님께서는 하나님의 말씀에 순종하지 않으면 받게 될 심판에 대해 말씀하시면서 이스라엘 백성들에게 기회를 주셨다. '돌이키면'의 은혜의 약속을 남겨놓으신 것이다. 느헤미야는 이 말씀을 정확하게 기억하고 있었고, 이 말씀을 근거로 하나님께 기도했다. 약속하신 것을 반드시 지키시는 공의의 하나님께서 느헤미야의 기도를 들으시고 그에게 성벽 재건의 역사를 허락하신 것이다.

하나님께서는 느헤미야에게 이스라엘의 무너진 성벽을 재건하라고 명령하신 적이 없다. 하나님께서 시키신 명령이 아니라 느헤미야가 하나님께 구해서 허락받은 사건이었다. 한 나라를 다시 일으키는 어마어마한 일이 한 사람의 기도로 이루어졌다는 것이다.

나의 원함과 정욕을 위해서가 아니라 하나님의 말씀을 근거로 기도하면 말씀과 기도는 능력이 되어 우리를 변화시킨다. 사람을 변화시킬 수 있는 유일한 힘은 말씀과 기도에 있다. 이 말씀과 기도에 기반을 두지 않으면 잠시 사람을 감동시킬 수 있을지 몰라도 한 사람의 인생을 바꾸는 일은 불가능하다.

말씀에 순종하는 기도

고생질 프로젝트를 시작하면서 무너진 예루살렘 성벽과 같은 우리의 삶을 말씀과 기도로 다시 쌓아올리기로 했다. 우리의 삶을 말씀과 기도로 교정하고 우리가 말씀과 기도를 대하는 태도 역시 함께 고쳐나갔다. 말씀과 기도의 중요성을 가르쳐주셨는데 깨닫는 것에서 그칠 수 없었다. 우리는 말씀 앞에서 고민하고 생각하고 질문하는 사람들이기 때문이다. 말씀과 기도의 중요성과 능력을 추상적으로 아는 것이 아니라 실제로 경험하기 위해 "쉬지 말고 기도하라"(살전 5:17)라고 하신 말씀에 순종해보기로 했다. 그래서 우리는 상징적으로 "하루 24시간 내내 말씀과 기도를 드릴 수 있는가?"라는 질문에 죽이 되든지 밥이 되든지 그 자리에 서보겠다는 결단을 했다. 하루 24시간을 주님 앞에 전부 내어드릴 수 있냐고? 왜 안 되겠는가?

물론 하루만 하는 이벤트처럼 보일 수 있겠지만 하루의 전부를 내어드릴 결단과 고백은 우리의 삶에 말씀과 기도가 중심이 되게 하는 신앙고백이었기에 주저 없이 시도하기로 했다. 자정부터 그 다음날 자정까지 24시간 내내 말씀과 기도를 지체들과 같이 올려드렸다.

참으로 무식한 방법이었다. 그러나 무모해보일지라도 말씀 앞에서 순종해보고 싶었다. 말씀과 기도의 능력을 경험하고 싶었다. 그래서 지체들과 24시간 기도하는 내내 처음부터 끝까지 아무도 졸지 않고 열정적으로 주님 앞에 기도했다는 간증을 했으면 좋겠지만, 새벽 3시가 넘어가자 방언을 하는 것인지 중얼거리는 것인지 조금씩 알아듣지 못할 언어들이 튀어나오기 시작했다. 기타 소리가 갑자기 멈추기도 하고 책상에 머리를 쿵쿵 찍는 소리가 들려오기도 했다. 5분 쉬는 시간에는 다 전멸이었다. 나도 기도를 하다가 어느 순간 '나는 누구이고 여긴 어디인가?' 하는 본질적인 질문 앞에 서기도 했다.

누군가는 우리의 이런 모습을 보고 "그렇게 졸기만 할 거면 차라리 그냥 집에서 편안하게 두 발 뻗고 자라. 그게 기도냐?"라고 이야기할 수도 있다. 우리는 다만 말씀과 기도의 자리에 그저 산 제물로 드리고자 한 것이었다. 이 경험을 통해 말씀과 기도가 우리의 삶에 중심이 되기를 바랐다. 결과적으로 그 하루 동안 조느라 제대로 기도했나 싶지만 우리가 무엇을 하기 위해서 한 것이 아니라 단지 말씀과 기도에 우리 자신을 드린 것이기에 우리의 부족함을 말씀과 기도로 채워 가실 주님을 기대하는 시간이었다(유튜브에 '고생질'을 검색하면 관련 영상을 볼 수 있다).

이렇게 믿음의 원리를 하나씩 배워나가며 우리의 삶을 정돈해가기로 한 것이다. 그 시간을 통해 하나님께서 부어주신 은혜는 말로 다할 수가 없다. 가장 큰 변화는 24시간 기도를 해보고 나니까 1시간 기도가 별것 아닌 것처럼 느껴졌다는 것이다. 또 어떻게든 순종하는 자리에 서보았더니 관심도 없던 열방의 나라들이 눈에 들어오고, 다음 세대와 북한 그리고 대한민국을 향한 마음을 우리 가운데 부어주셨다.

그래서 하루만으로는 만족할 수가 없어서 '느헤미아 52 기도'라는 제목으로 일주일 동안 144시간 릴레이로 기도하는 시간을 갖기도 했다. 한 가지 경고하자면, 말씀과 기도의 능력을 한 번 맛보면 빠져나오기가 쉽지 않으니 신중하게 시작하라고 권면하고 싶다. 우리는 그후 6개월에 한 번씩 이렇게 전부를 드려 기도하는 시간을 갖고 있다.

다윗의 열쇠 공동체에도 외부 사역이 있기는 하지만 이 사역은 늘 불안정하다. 혹시라도 사역자들이 "사역 때문에 말씀을 볼 시간이 없었어요. 기도할 시간이 없어요"라고 볼멘소리를 하는 날이면 그날 바로 모든 사역을 중단한다. 몇 차례 사역을 중단하기도 했다. 말씀이 없는 사역은 우리에게 유익하지 않다. 우리에게 은혜가 되지 않는 사역이 도대체 누구에게 은혜가 될 수 있겠는가? 우리가 말씀 앞에 서고 기도의 자리에 나아가는 것 자체가 사역이 되기를 소망한다. 말씀과 기도가 믿음으로 사는 삶의 중심이 되도록 우리의 삶을 드리자.

chapter 9

삶의 우선순위를 세우는
말씀 묵상

우리는 일상에서 무너진 시간 개념을 다시 세우면서 아침에 일어나서 가장 먼저 붙드는 것이 성경이 되도록 했다. 보통 아침 6시에 다 같이 기상해서 1시간 이상 말씀을 묵상하고 나서 썼고 정리한 다음 8시 30분부터 묵상한 내용으로 함께 예배를 드린다. 그리고 오전 내내 말씀과 기도하는 시간으로 채운다.

삶에 질서를 세우고 규모 있게 가꾸는 것은 신앙생활뿐만 아니라 세상에서도 필요하고 중요한 일이다. 이 질서가 잡혀야만 우리의 삶이 그리스도인답게 정돈될 수 있다. 하루 중 가장 중요한 일과는 아침 묵상 시간이다. 묵상을 하루의 기준으로 삼는다. 오늘을 살아갈 힘이 말씀에서 나오기 때문이다. 말씀 묵상 없이 하루를 시작할 수가 없다. 그래서 묵상은 하루를 시작하는 아침에 하는 것이 가장 유익하다.

복 있는 사람은 악인들의 꾀를 따르지 아니하며 죄인들의 길에 서지 아니하며 오만한 자들의 자리에 앉지 아니하고 오직 여호와의 율법을 즐거워하여 그의 율법을 주야로 묵상하는도다 시 1:1,2

'묵상'의 사전적인 의미는 "눈을 감고 말없이 마음속으로 생각함"이다. 깊이 생각한다는 뜻이다. 사전적 의미처럼 꼭 눈을 감고 말없이 있어야 하는 것은 아니지만 '눈을 감는다'와 '말이 없다'는 행위 안에는 다른 것에 시선을 빼앗기지 않고 생각의 영역을 한곳에 집중한다는 함축적인 의미가 담겨 있다.

그러므로 함께 하늘의 부르심을 받은 거룩한 형제들아 우리가 믿는 도리의 사도이시며 대제사장이신 예수를 깊이 생각하라 히 3:1

성경은 그중에서도 우리가 믿는 도리의 사도이시며 대제사장이신 예수를 깊이 생각하라고 말씀한다.

집중의 힘

공부를 해본 사람은 알겠지만(나는 잘 모르겠다) 집중의 힘은 실로 어마어마하다. 집중을 하면 우리의 신체와 감정이 그 영역에 예민하게 작동하게 된다. 관심이 생기고(관찰하고자 하는 의지가 생긴다) 세밀해지고(대충 넘어가는 것이 아니라 깊이 알려고 한다) 생각의 영역이 한곳에 집중되면 삶의 모든 영역이 장악되기 시작한다. 그러면 말, 행동, 시각, 청각 등 모든 감각적인 영역들이 자연스럽게 반응하게 된다. 그래서 "뭐 눈에는 뭐만 보인다"라는 말이 있다. 어떤 한 가지에 집중하기 시작하면 모든 상황과 환경을 그 대상과 연관시켜서 생각하고, 다른 것에는 주의를 기울이지 않게 된다. 집중하는 영역 외에는 대수롭지 않게 여기는 것이다.

우리의 모든 집중이 믿는 도리의 사도이시며 대제사장이신 예수께 향한다면 무슨 일이 일어나겠는가? 예수님에게 모든 관심이 쏠리고, 주어진 모든 상황을 예수님과 연관 지어 생각하고, 예수님 외에 다른 것에는 관심을 기울이지 않게 될 것이다.

그러니까 생각의 영역에 무엇을 내어주느냐가 앞으로 우리 삶의 방향성을 결정짓는다. 그 집중된 영역이 우리의 삶을 지배할 것이다. 집중을 못하는 사람들의 특징은 이것저것 생각이 많다. 이 생각도 하고 저 생각도 하다보니까 에너지가 분산될 수밖에 없다. 공부를 안 하던 사람이 갑자기 공부를 하려고 하면 바로 공부를 시작하는 것이 아니라 책상을 정리하는 등 본질이 아닌 다른 것에 집중한다. 마찬가지로 운동도 그냥 시작하면 되는데 시작은 안 하고 운동 기구와 운동복부터 사려고 하는 사람들이 있다. 있든 없든 시작을 해야 하는데 운동 기구가 오기 전까지는 절대 운동을 안 한다. 내일부터 할 거라는 마음이 있어서다. 이렇게 해서는 결코 삶의 질서를 잡을 수 없다.

새가 공중을 날아다니는 것은 막을 수 없지만 머리 위에 둥지를 트지 못하게 할 수는 있다. 생각은 열린 공간이라서 누구나 들어올 수 있다. 그런데 들어온 모든 사람과 만나고 교제할 이유는 없다. 나는 그곳에서 만날 사람만 만나면 된다. 만약 우리의 생각이 돈으로 가득 차 있다면 우리의 삶은 돈이 지배할 것이다. 또한 우리의 생각이 관계로 가득 차 있다면 사람과의 관계가 우리를 지배할 것이다.

우리가 믿음의 삶을 살고자 한다면 생각의 영역에 무엇을 내어주고 누구에게 집중하겠는가? 바로 살아 계신 하나님의 말씀과 이 삶을 가능케 하시는 예수 그리스도에게 내어드려야 한다. 그래서 우리는 말씀하시는 하나님께서 우리의 삶을 이끄시고 통치하시도록, 그 말씀이 우리의 삶을 지배하시도록 매일 말씀 앞에 우리를 내어드리는 자리로 나아가야 한다.

새사람을 입었으니 이는 자기를 창조하신 이의 형상을 따라 지식에까지 새롭게 하심을 입은 자니라 골 3:10

오직 우리 주 곧 구주 예수 그리스도의 은혜와 그를 아는 지식에서 자라 가라 영광이 이제와 영원한 날까지 그에게 있을지어다 벧후 3:18

그 자리가 바로 말씀 묵상의 자리이다. 우리가 복음을 통하여 온전한 믿음의 자리에 서려고 한다면 지정의(知情意) 모든 영역에 하나님의 말씀이 가득 채워지고 새롭게 하심을 받아야 한다. 즉, 음란과 악한 정욕과 부정으로 가득 차 있던 우리의 생각과 마음을 비워내고 말씀으로 채워야 한다는 뜻이다.

우리가 말씀에 생각을 집중하면 말씀이 우리의 삶을 통치하고 다스릴 뿐만 아니라 익숙한 육신의 정욕, 안목의 정욕, 이생의 자랑의 자리에 서려고 하는 유혹으로부터 분명한 태도를 보일 수 있다는 것이다.

위의 것을 생각하고 땅의 것을 생각하지 말라 골 3:2

다른 무엇이 아닌 위의 것을 생각하라고 명령하신다. 땅의 것에 생각을 내어주면 우리의 생각은 땅의 것을 추구하고 바라보게 될 것이다. 무엇에 생각의 영역을 내어줄 것인가? 분명하게 결정해야 한다.

마귀가 벌써 시몬의 아들 가룟 유다의 마음에 예수를 팔려는 생각을 넣었더라 요 13:2

가룟 유다는 예수님을 따르면서도 늘 현실과 이상 사이에서 갈등하며 부정적인 생각을 품었다. 마리아가 자신의 향유 옥합을 깨뜨리고 나오는 모습을 보면서 예수님의 가치를 생각한 것이 아니라 향유 옥합의 물적 가치를 생각했다. 생각의 영역을 땅의 것에 허용했을 때 가룟 유다의 마음에 예수를 팔려는 생각이 들어갈 틈이 생긴 것이다. 그렇게 생각의 영역을 세속적 가치가 장악했을 때 예수님이 자신의 발을 씻겨주실 때도, 예수님의 살과 피를 마시는 성만찬 중에도 은혜를 발견하지 못했다. 그리고 결국 그는 예수님을 팔아넘기고 말았다.

대저 그 마음의 생각이 어떠하면 그 위인도 그러한즉 그가 네게 먹고
마시라 할지라도 그의 마음은 너와 함께하지 아니함이라 잠 23:7

생각의 영역을 무엇에, 누구에게 내어주고 있는지를 보면 지금 내
마음이 어디에 있는지 알 수 있다. 하나님의 말씀은 우리 마음의 생각
을 판단하시고 벌거벗은 것같이 드러내시기 때문에 우리가 매일 하나
님의 말씀 앞에 서 있어야 정직한 태도로 믿음의 삶을 유지할 수 있다.

육신의 생각은 사망이요 영의 생각은 생명과 평안이니라 롬 8:6

우리의 모든 마음과 생각의 영역을 거룩하신 하나님의 말씀 앞에 내
어드리자! 말씀이 우리의 삶을 장악하게 하기 위해서는 하루의 첫 시
간을 말씀에 집중하는 시간으로 드려야 한다. 말씀 묵상의 시간을 갖
는 것이다.

말씀 묵상을 방해하는 요소

1. 두려움

말씀 묵상을 하기 전에 성경을 잘 모른다는 두려움이 있을 수 있다.
성경을 잘못 묵상할까봐 두렵고, 잘못 분별할까봐 두려워하는 마음
이다.

하나님은 모든 사람이 구원을 받으며 진리를 아는 데에 이르기를 원하시느니라 딤전 2:4

두려워하지 말라. 성경은 선택받은 전문 지식이 있는 사람들의 전유물이 아니다. 누구라도 알아들을 수 있도록 말씀하시는 하나님이 우리 모두에게 허락하신 말씀이다. 물론 전문적인 성경 지식이 필요 없다는 뜻은 아니다. 성경도 공부하고 배워가며 지도를 받으면 좋다. 하지만 전문적인 지식이 없어서 성경을 읽지 못한다는 것은 다 핑계이다. 하나님은 우리가 진리를 아는 데 이르기를 원하신다. 그런 하나님께서 진리를 알 수 있는 하나님의 말씀을 어렵고 알아듣지 못하도록 복잡하게 만드셨겠는가? 그러면 전문적인 교육을 받을 수 없는 환경에 있는 사람들은 하나님의 말씀을 분별하지 못하는 것인가? 특별한 사람만 성경을 볼 수 있다는 것은 속임이다. 종교개혁의 발단이 바로 이 문제에서 시작되었다. 무지한 서민들은 성경을 제대로 해석할 수 없고 위험하다는 이유로 성직자만 볼 수 있었고, 면죄부라는 헛소리를 해도 그대로 믿을 수밖에 없었다. 이에 종교개혁자 마르틴 루터는 성경은 모두에게 허락된 말씀이기에 모두가 읽을 수 있어야 한다면서 성경을 독일어로 번역하기 시작했다.

그런데 한국어로 번역이 된 성경이 있어도 혹시나 어려울까 싶어서 좀 더 쉬운 성경 번역본을 가지고도 전문적인 지식이 없어서 성경을 보기가 두렵다고 한다면 어떻게 해야 볼 수 있다는 말인가? 성경은 남녀노소 모두에게 허락된 하나님의 말씀이다. 그리고 하나님께서는 무식한 자든 무지한 자든 상관없이 그에게 하고 싶은 말씀을 하실 수 있는 분이다.

한번은 권사님 몇 분과 말씀을 나누고 기도하는 시간을 가졌다. 묵상한 말씀을 나누는 시간에 한 권사님이 이렇게 나눠주셨다. 그 분은 장과 절이 한자로 되어 있고 세로쓰기로 된 아주 오래된 성경을 가지고 계셨다. 본문이 정확하게 기억나지는 않지만 말씀 중에 방향을 나타내는 표현이 있었다. 개역개정은 동방, 서방, 남방, 북방으로 번역했는데 권사님이 가지고 계신 성경에는 동편, 서편, 남편, 북편이라고 되어 있었던 것 같다. 그런데 그 권사님이 '남편(south)'을 방향이 아니라 사람을 지칭하는 '남편(husband)'으로 묵상하셨다. 그러면서 자신이 남편을 사랑하지 않고 미워했으며 하나님이 세우신 가장을 무시했다면서 울며불며 회개하셨다.

그 이야기를 듣는데 너무 당황스러웠다. 누가 봐도 성경을 잘못 해석한 것이 맞다. 틀린 것이 아닌가. 갑자기 기도의 방향이 이상하게 흘러가기 시작했다. 나는 말을 해야 하나 말아야 하나 고민만 하다가 그대로 기도를 마쳤다. 그리고 한 선교사님을 찾아가 이 고민을 나누었다.

"선교사님, 이런 일은 틀렸다고 이야기하는 것이 맞겠지요?"

그러자 선교사님이 이렇게 답하셨다.

"선교 형제, 하나님은 우리의 무지함에 제한을 받으시는 분이 아니에요. 하나님께서는 우리의 무지함을 통해서 우리에게 하고 싶으신 말씀을 하실 수 있는 분이지요. 권사님이 성경을 잘못 해석하신 것 같지만 잘못 묵상한 그 말씀을 통해서도 권사님에게 하고 싶은 말씀을 하신 거잖아요? 그러면 그걸로 충분한 거예요."

큰 충격이었다. 이 일은 성경을 잘못 해석할까봐 두려워하던 나의 태도가 완전히 바뀌는 계기가 되었다. 이러한 태도로 하나님의 말씀 앞에 서는 사람은 잘못 해석했다가도 하나님이 다시 말씀해주시면 금세 수정한다. 말씀을 잘못 묵상할까봐 두려워하지 않는다. 그런 마음이라면 하나님께서는 반드시 교정해주시고 가르쳐주신다. 이 두려움은 합당하지 않다. 말씀을 배우자! 더 알아가기를 힘쓰자! 성경을 읽고 알아가기를 두려워하지 말자!

2. 지식적 유희에 머무는 묵상

단지 묵상을 통해서 새로운 것을 깨달았다는 기쁨에 만족하고 안주하는 순간 말씀은 우리에게 이론 그 이상도 그 이하도 아니다. 이론에 머무는 말씀은 우리에게 현실이 되지 않는다. 현실이 되지 않으면 말씀이 우리의 삶과 전혀 상관없는 먼 나라 이야기가 되는 것이다. 현실과 신앙 사이에 괴리가 생기는 이유는 그것이 이론에 머무르는 말씀이었기 때문이다. 이론에 머무르지 않는 말씀이 되려면 어떤 태도를 가져야 하는가?

내가 말씀을 읽는 것이 아니라 말씀이 나를 읽어가야 한다. 우리는 종종 말씀을 묵상할 때 "이스라엘 백성처럼 살지 말아야겠다", "베드로처럼 예수님을 부인하지 말아야겠다", "가룟 유다처럼 예수님을 팔지 말아야겠다"라고 강 건너 불구경하듯 남의 이야기를 하는 것처럼 묵상을 할 때가 있다. 그러나 집중해서 잘 생각해보라. 하나님의 전능하심과 신실하심을 직접 경험하고도 늘 의심하고 반역하여 우상숭배하는 이스라엘의 모습이 누구와 참 많이 닮지 않았는가? 이때 나 말고 다른 사람이 생각나면 안 된다. 예수님의 섬김과 사랑을 바로 옆에서 보고도 두려움에 예수님을 세 번이나 부인한 베드로, 동일하게 예수님을 가까이서 경험하고도 그분을 은 30에 판 가룟 유다의 모습이 나와 참 많이 닮지 않았는가?

'성경이 나를 읽는다'는 것은 말씀을 보면서 "이스라엘이 나다", "두려움에 떨고 있는 베드로가 바로 나다", "예수님을 팔아먹은 가룟 유다가 바로 나다"라고 그 모습이 바로 나임을 말씀을 통해 보게 되는 것을 말한다. 성경을 이렇게 보고 있다면 잘하고 있는 것이다. 그들의 모습이 내 모습으로 보이기 시작했다면 그들에게 주신 은혜와 기회가 바로 오늘 나에게 주신 은혜이자 기회이기 때문이다. 그래서 하나님의 말씀과 말씀 속에 담겨 있는 은혜는 오늘 나에게 실제가 되는 것이다.

3. 자기 자신을 묵상하는 것

묵상은 생각하려는 대상에 집중하는 것이지 묵상을 하고 있는 자신에게 집중하는 것이 아니다. 우리가 묵상할 대상은 하나님이시다. 내가 아닌 하나님을 묵상해야 한다.

믿음의 주요 또 온전하게 하시는 이인 예수를 바라보자 그는 그 앞에 있는 기쁨을 위하여 십자가를 참으사 부끄러움을 개의치 아니하시더니 우리의 믿음과 상태에 집중하는 것이 아니라 믿음의 주요 온전하게 하시는 이인 예수께로 모든 생각과 관심을 집중해야 하는 것이다. 우리가 집중해야 할 대상은 오직 하나님이시다. 나의 상황, 나의 필요, 나의 어떠함에 집중하다보면 내가 듣고 싶은 말씀과 지금 당장 필요한 말씀을 구하게 된다. 그러면 내 상황에 말씀을 끼워 맞추려는 위험이 생긴다.

말씀을 통해 나의 죄인 됨과 소망 없음을 발견한다는 말은 내가 나를 관찰해서 되는 것이 아니다. 하나님을 묵상하고 예수님께 집중할 때 하나님께서 그분 자신을 가르쳐주신다. 가장 올바른 기준이 되시는 하나님을 알아가면서 그 절대적인 기준 앞에 서보면 나의 소망 없음이 여실히 드러나게 되는 것이다.

나를 묵상함으로 자신의 절망을 맛본 사람은 나의 절망에 주저앉게 된다. 그러나 하나님을 묵상함으로 나의 소망 없음을 보게 된 사람은 하나님께서 주시는 의와 차별 없는 은혜를 소망하면서 더욱 말씀 앞으로 나아갈 수 있다.

그러므로 율법의 행위로 그의 앞에 의롭다 하심을 얻을 육체가 없나니 율법으로는 죄를 깨달음이니라 이제는 율법 외에 하나님의 한 의가 나타났으니 율법과 선지자들에게 증거를 받은 것이라 곧 예수 그리스도를 믿음으로 말미암아 모든 믿는 자에게 미치는 하나님의 의니 차별이 우리 자신을 묵상해봐야 달라질 것이 없는 존재이다. 우리의 절망을 바꾸시는 하나님의 은혜가 아니라면 우리의 절망스러움은 새로운 일도, 묵상해야 할 일도 아니다. 하나님의 은혜가 있기에 우리의 소망 없음을 발견하는 것도 의미가 있는 것이다.

나의 신앙 멘토이신 아버지가 언젠가 이런 말씀을 해주셨다.

"선교야, 제대로 한 번 절망한 사람은 두 번 다시 절망하지 않는다. 나의 절망스러움을 발견하는 것은 결코 놀랍거나 새로운 일이 아니거든. 나는 원래 그런 존재였다. 다만 그 절망을 말씀을 통해 발견해갈 때마다 그런 절망스러운 우리에게 주신 은혜를 더욱 깊이 알아가고 묵상하게 되는 것이지."

죄인이란 앞으로 나타날 모든 연약함까지 포함한다. 자신에게서 새로 발견되는 연약함을 묵상하고 있을 필요가 없다. 나에 대한 묵상은 '그래, 내가 이런 죄인이었지' 하는 정도로 충분하다. 그럴수록 그런 우리에게 베푸신 주님의 은혜에 더욱 집중하면 그 은혜는 더 깊어진다. 골이 깊은 곳에 물이 많이 고이는 법이다. 나의 소망 없음을 발견할 때마다 주신 은혜가 가득 고일 것이다. 아니, 차고 넘쳐서 흘러갈 것이다.

그러나 죄가 더한 곳에 은혜가 더욱 넘쳤나니 롬 5:20

4. 조급함

조급함은 상황이 급박하거나 주변 사람들은 날로 성장하는 것 같은데 자신의 성장이 더디다고 느껴질 때 나타나는 증상이다. 그래서 자신을 묵상하면 안 된다고 이야기한 것이다. 나 자신을 바라보면 자꾸 조급해진다. 종종 말씀을 묵상할 때 오늘 나에게 무슨 말씀을 하시는지 모를 때가 있다. 그러면 묵상을 제대로 못했거나 성경을 몰라서 그런 것 같은 생각이 들기도 한다. 기다리자! 우리가 하나님의 말씀을 듣고 싶어 하는 것보다 하나님께서 우리에게 더 말씀하고 싶어 하신다. 오늘 하루가 아니라 며칠, 몇 주, 몇 년에 걸쳐서 말씀하실 수도 있다. 조급한 태도로는 이 시간을 기다리지 못한다. 조급함을 버리고 말씀하실 때까지 기다리는 인내와 담력이 필요하다. 말씀하실 때까지 그것을 놓치지 않고 기다리는 것이다.

사람이 자기의 친구와 이야기함같이 여호와께서는 모세와 대면하여 말씀하시며 모세는 진으로 돌아오나 눈의 아들 젊은 수종자 여호수아는 회막을 떠나지 아니하니라 출 33:11

하나님께서 모세와 이야기하실 때 친구와 이야기하듯이 말씀하셨다. 그의 수종자 여호수아가 이것을 얼마나 소망했겠는가? 여호수아는 여호와의 회막을 떠나지 않았다. 우리도 조급함을 버리고 하나님께서 우리가 알아듣도록 말씀하실 때까지 기다려야 한다. 주님이 말씀하실 때까지 말씀을 떠나지 않고 기다리는 태도가 있어야 한다.

묵상을 풍성하게 하는 법

1. 기록하기
묵상한 내용을 잊지 않고 기억하기 위한 방법이 있다.

> 너는 이 율법의 모든 말씀을 그 돌들 위에 분명하고 정확하게 기록할지 니라 신 27:8

> 여호와께서 모세에게 이르시되 너는 산에 올라 내게로 와서 거기 있으 라 네가 그들을 가르치도록 내가 율법과 계명을 친히 기록한 돌판을 네게 주리라 출 24:12

하나님께서는 이스라엘 백성들에게 주신 말씀과 언약 그리고 율법 을 정확하게 기록해주셨다. 생각 안에만 머물면 정리가 잘 되지 않고 말로만 이야기해도 와전될 우려가 있기 때문이다. 율법을 글로 분명하 고 정확하게 기록하라고 하셨다. 분명히 기록된 율법을 보면서 어느 때라도 하나님의 말씀을 기억할 수 있는 것이다.

우리 또한 하나님께서 주신 말씀을 기록해야 한다. 우리의 기억력 을 너무 과신하지 말자. 인간은 망각의 동물이라서 자주 사용하지 않 는 기억은 금방 잊는다. 하나님이 내게 주신 말씀을 기록해서 보면서 늘 생각해야 하는 것이다. 나는 이전 책도 10년간 기록해둔 묵상 노 트들을 펼쳐놓고 보면서 집필했는데, 하나님께서 10년 동안 큰 그림으로 내게 말씀하시며 인도하셨음을 발견하는 은혜를 누렸다. 우리가 받은 은혜를 잊지 않고 놓치지 않기 위해서는 반드시 기록으로 남겨야 한다.

2. 묵상 내용을 다른 사람과 나누기

서로 묵상한 것을 나눌 수 있는 공동체가 있어야 한다. 어떤 사람은 글로 정리하는 것이 편하겠지만 또 어떤 사람은 말로 이야기할 때 정리가 더 잘 되기도 한다. 말씀을 내 안에 정리하고 마음에 잊지 않고 아로새길 수 있도록 반복적으로 기록하고 나누는 환경이 매우 중요하다.

> 이스라엘아 들으라 우리 하나님 여호와는 오직 유일한 여호와이시니 너는 마음을 다하고 뜻을 다하고 힘을 다하여 네 하나님 여호와를 사랑하라 오늘 내가 네게 명하는 이 말씀을 너는 마음에 새기고 네 자녀에게 부지런히 가르치며 집에 앉았을 때에든지 길을 갈 때에든지 누워 있을 때에든지 일어날 때에든지 이 말씀을 강론할 것이며 신 6:4-7

그리고 함께 묵상하는 지체들을 통해 말씀하실 때도 있기 때문에 묵상을 공유하고 나누는 공동체가 반드시 필요하다. 교회 공동체 안에서 지체들과 함께 나눌 수 있으면 좋다.

묵상 노트 사용법

고생질에서는 공동체에 특화된 묵상 노트를 직접 제작해서 사용한다. 시중에 나와 있는 QT 교재를 사용할 수도 있지만 해석과 풀이, 기도까지 다 나와 있어서 우리 스스로 깊이 생각하고 묵상할 겨를이 없다. 물론 복음적이고 잘 사용하면 좋은 교재이다. 하지만 우리가 말씀의 자리에서 더 깊이 생각하고 내게 하실 말씀을 기대하며 나아가는데 도움을 받기 어렵다면 과감히 아무것도 적혀 있지 않은 노트를 써 보기를 권한다. 다음은 우리 공동체에서 사용하는 방법이다.

1. 우선순위를 정하고 기록한다

삶에서 우선순위를 정하는 것은 굉장히 중요하다. 하루는 24시간이다. 아무리 해도 24시간 넘게 쓸 수는 없다. 게다가 자는 시간, 먹는 시간을 빼고 준비하고 씻는 시간, 여가 시간을 제한다면 우리가 일할 수 있는 시간은 지극히 제한적이다. 그 제한적인 시간에 우선순위 없이 닥치는 대로 하다 보면 여유 있는 일을 먼저 하고 당장 해야 할 일이 뒤로 미뤄지는 등의 불상사가 일어나거나 일의 양에 질려버려서 능률이 떨어지게 된다. 하루의 우선순위를 정하는 일은 나의 가치가 담기고 시간과 에너지의 투자가 이뤄지기 때문에 시간과 에너지를 허투루 쓰지 않는 훈련이 된다.

먼저 일의 비중을 A, B, C로 나눈다. A는 오늘 안에 꼭 처리해야 하는 일, B는 이번 주까지 처리하면 되는 일, C는 이번 달까지 처리해도 되는 일이다. 일의 등급을 나누면 반드시 처리해야 하는 일에 에너지와 시간을 집중할 수 있을 뿐만 아니라 이번 주에 처리하고 이달까지 처리해야 하는 일들은 계속 기록해나감으로써 해야 할 일을 잊지 않을 수 있다.

2. 본문 말씀을 반복해서 읽는다

오늘 읽을 본문 말씀을 여러 번 읽어본다. 잘 모르겠더라도 본문의 흐름이 이해될 때까지 반복해서 읽는다. 성경 본문을 읽을 때 주석이나 개역개정성경 외에 표준새번역성경을 참고하면 도움이 된다.

3. 인상 깊은 구절을 기록한다

본문 말씀 중에 마음에 와닿거나 머물게 하시는 성경 구절을 노트에 기록한다. 포스트잇을 활용해서 먼저 쓴 다음 노트에는 정리된 말씀을 기록하기도 한다.

4. 조급해하지 않고 잠잠히 기다린다

그 시간에 정리가 다 되지 않아도 조급해하지 말자. 반복적으로 읽은 본문의 흐름을 이해했다면 하루 중에 여러 가지 상황에 따라 말씀하시는 것을 경험할 수 있을 것이다. 조급한 태도로 아침에 적은 내용이 별로 없다고 해서 어려워하지 말아야 한다. 그럴 때는 잠잠히 오늘 내게 하실 말씀을 기대함으로 기도하며 다시 읽어 나간다.

5. 묵상 노트를 가지고 다니면서 틈틈이 주시는 마음을 기록한다

이 역시 메모가 가능한 적당한 노트를 사용해도 좋다. 나는 포스트 잇을 들고 다니며 생각나는 것이 있을 때마다 기록했다. 스마트폰을 쓰기 시작하면서 메모 기능을 사용했지만 실수로 많은 양의 묵상을 날린 적이 있어서 지금은 잘 사용하지 않는다. 되도록 마음을 담아 펜으로 노트에 꾹꾹 눌러 쓰기를 권한다.

6. 묵상한 내용을 공동체에 나눈다

묵상을 나눌 수 있는 공동체가 있다면 되도록 오전 중에 나누면 좋다. 어떤 지체들은 "나누는 것이 목적이 되어서 나눠야 하니까 할 수 없이 묵상하는 기분이에요"라고 하소연을 하기도 한다. 이럴 때는 괜찮으니까 그렇게라도 하라고 이야기한다. 겉치레로 하든지 참으로 하든지 전파되는 것이 그리스도이면 그 어찌 좋은 일이랴(빌 1:18). 어떤 이유에서든지 우리로 하여금 말씀의 자리에 지속적으로 머무르게 한다면 유익하다고 생각한다. 계속 하다 보면 그 마음도 주님이 선하게 바꿔주실 것이기 때문이다.

7. 다시 정리한다

가장 중요한 시간이다. 하루를 마치고 잠자리에 들기 전에 묵상 노트를 다시 펼쳐서 그날 포스트잇에 메모한 내용이나 휴대폰에 저장한 것들을 정리하고 묵상 노트에 기록한 다음 다시 살펴본다. 그리고 그날의 본문 말씀을 다시 읽으면서 하루를 되짚어보고 말씀과의 연관성을 찾는다.

8. 정리한 묵상을 한 문장으로 요약한다

묵상 노트의 우선순위 기록란 아래 빈 공간에 기록한다. 묵상 내용이 하루 안에 한 문장으로 정리되지 않을 수도 있다. 일주일이 걸릴 수도 있고 몇 개월 만에 정리하게 하실 때도 있으니 그럴 때는 그냥 넘어가도 된다. 그리고 한 문장으로 요약하고 나면 앞쪽에 따로 한 문장만 모아두는 공간에 그 문장을 적어놓는다. 번거롭게 두 번 쓰는 이유는 이 묵상 노트는 버리지 않고 두고두고 볼 것이라서 그렇다. 어떤 본문의 묵상을 다시 살펴보고 싶을 때 처음부터 다 찾을 수가 없어서 생각해낸 방법이다. 그 한 문장만 봐도 내용을 떠올려서 금방 찾을 수 있게 하는 일종의 색인이다. 또한 짧고 간결하게 정리된 문장은 그 묵상을 오랫동안 기억하게 만든다. 이 묵상 노트가 나중에 얼마나 큰 신앙 자산이 되는지 모른다.

9. 한 문장 요약 중에서 핵심 단어를 기록한다

묵상 중에서 핵심 단어를 찾아서 기록해놓는다. 가령 사랑, 겸손, 의, 심판 등 키워드를 노트 앞쪽에 기록해놓으면 같은 키워드를 기록한 본문 묵상끼리 이어질 수 있고, 하나의 주제로 다양한 본문에서 다양한 관점으로 말씀하신 하나님의 말씀을 잊지 않고 기억할 수 있게 된다.

이렇게 묵상 노트를 정리하면 우선 나 자신에게 유익하다. 나는 모든 강의 준비를 이 묵상 노트로 하는데, 그대로 설교집이 된다. 쓰면서 정리가 될 뿐만 아니라 지체들과 나누면서 정리된 내용이 더해져 풍성한 말씀이 내 안에 담기게 된다. 조금 복잡해 보이지만 천천히 하다 보면 기록하는 습관이 생기고, 글씨체도 교정된다. 무엇보다 나에게 하신 하나님의 말씀을 잊지 않고 기억하게 된다.

물론 이것만이 올바른 묵상법은 아니다. 다만 우리에게 주신 말씀을 놓치고 싶지 않고 좀 더 정리된 마음과 태도로 말씀 앞에 나아가고 싶어서 매일 하나님의 말씀을 각자 분별한 만큼 기록해나가고 있다. 어느새 지체들도 지난 1년 혹은 2년 동안 주셨던 말씀을 되짚어보며 은혜를 누릴 수 있게 되었다. 그리고 매일 아침 예배시간에 같은 본문으로 묵상한 지체들이 서로 묵상한 것을 나누며 예배한다. 이 나눔을 통하여 묵상이 더욱 풍성해지고 혼자서는 깨닫지 못했던 것을 공동체에게 주시는 말씀으로 깨닫게 하신다. 더 큰 풍성함을 누리게 되는 것이다.

또 다윗의 열쇠에서 진행하는 수련회에 참석했던 사람들에게 수련회에 한 번 와서 은혜를 받고 끝나는 것이 아니라 함께 하나님의 말씀을 강론하고 공유할 수 있도록 공동체를 형성하게 되었다. 나도 이 덕을 볼 때가 많다. 이리저리 바쁘게 돌아다니다가 지체들의 묵상이 단체 채팅방에 올라오면 그것을 내게 하시는 말씀으로 받고 은혜를 누린다.

이렇듯 나에게 주신 말씀을 사람들과 함께 나눠야 한다. 하나님은 우리에게 은혜를 주실 때 우리에게만 머물러 있을 은혜를 주신 적이 없다. 온 열방을 살릴 은혜이다. 그렇기에 은혜받은 말씀을 나누는 일에 더욱 힘써야 한다.

chapter 10

하나님 앞에서
자발적으로 세우는 원칙

우리의 삶에 말씀과 기도가 없다면 어떤 기준도, 규모도 없이 어지럽혀진 것이다. 우리가 말씀과 기도의 자리에 나아갈수록 말씀을 보고 기도하는 시간만 늘어난 것이 아니라 말씀과 기도로 삶의 기준을 세우고 규모도 갖추게 되었다.

우리에게는 세속적 가치관에 물든 삶의 습관들이 남아 있다. 말씀과 기도를 통해서 드러나는 잘못된 습관들을 고치지 않으면 유혹받을 거리를 만들어놓고 넘어지는 자신에게 계속해서 실망하고 낙심하게 된다. 말씀과 기도를 통해 알려주신 기준으로 우리의 삶을 다시 세워나갈 때 제대로 된 기준이 없으면 삶의 여러 영역에서 불필요한 유혹에 시달리게 된다. 특히 생활, 관계, 재정의 영역은 우리의 삶을 구성하는 매우 중요한 요소들이다. 말씀과 기도가 이 세 가지 영역에 영향을 미치지 못한다면 우리에게 말씀은 현실이 될 수 없다. 말씀과 기도를 통하여 이 영역을 장악해야 한다. 우리의 가치관이 드러나는 이 영역에 하나님나라의 가치관이 장악할수록 말씀이 우리 삶에 실제가 되는 것이다.

하나님 앞에서 원칙 세우기

우리가 가장 순수한 마음 상태로 하나님 앞에서 기준을 세울 때 그 기준은 우리가 때때로 가장 순수했던 마음으로부터 얼마나 멀어져 있는가를 확인하는 척도가 된다. 말씀 앞에서 가장 순수했던 마음의 중심을 잊지 않고 기억해서 그 마음으로부터 멀어지려고 할 때, 즉 원칙으로부터 멀어지는 삶을 살려고 할 때 우리의 마음에 경각심을 일깨워 줄 것이다.

우리는 하나님의 말씀 앞에 순종할 마음으로 깨어 있는지 확인할 기준의 근거를 말씀으로 세우기로 했다. 믿음의 삶을 사는 것이 의무라면 수동적으로 딱 해야 하는 만큼만 하고 말 것이다. 그러나 진정한 믿음의 삶은 사랑하는 하나님과 교제 가운데 주시는 은혜를 누리는 것이기 때문에 보다 능동적으로 은혜의 보좌 앞에 담대히 나아간다. 이 태도가 중요하다.

그러므로 우리는 긍휼하심을 받고 때를 따라 돕는 은혜를 얻기 위하여 은혜의 보좌 앞에 담대히 나아갈 것이니라 히 4:16

마치 느헤미야가 성벽을 재건하라는 명령을 받은 것은 아니지만 하나님 앞에 적극적으로 구하고, 에스더가 왕에게 나아가라는 명령을 받은 것은 아니지만 "죽으면 죽으리이다"라고 하면서 이스라엘을 위하여 목숨을 걸고 나갔던 것처럼 사랑하는 대상을 위하여 능동적인 생각과 마음으로 나아가는 태도가 필요하다.

고생질에서는 공동체에 소속이 되고 나면 하나님 앞에서 원칙을 세우는 시간을 갖는다. 생활과 관계와 재정의 영역에서 말씀을 근거로 하나씩 원칙을 세워나간다. 그 원칙들은 개인의 삶을 정돈할 뿐만 아니라 공동체가 서로 믿음의 삶을 독려하고 함께 세워가는 데 상당히 중요한 역할을 하게 된다.

앞서 이야기했지만 이렇게 원칙을 세우고 나면 "너무 율법적이다"라는 말을 듣게 된다. 그런데 율법은 실제로 우리를 의롭게 만들어주지 못할 뿐 잘못된 기준은 아니다. 우리의 정함 없는 마음 때문에 율법은 우리가 그렇게 하지 않아도 될 합리적인 명분이 되어 스스로 옳다고 하는 자리에 서지 않아도 되도록 만들었다. 율법 자체에 문제가 있는 것이 아니라 율법을 지키려는 목적 때문에 율법적이라고 하는 것이다. 율법주의는 자신이 율법을 지킴으로써 스스로 거룩해지고 의로워질 수 있다고 착각하는 태도의 문제이지 율법이 문제가 아니다.

이로 보건대 율법은 거룩하고 계명도 거룩하고 의로우며 선하도다 그런즉 선한 것이 내게 사망이 되었느냐 그럴 수 없느니라 오직 죄가 죄로 드러나기 위하여 선한 그것으로 말미암아 나를 죽게 만들었으니 이

는 계명으로 말미암아 죄로 심히 죄 되게 하려 함이라 롬 7:12,13

그러나 우리는 율법 뒤에 숨어서 "그렇게까지 하라는 말씀은 아닐 거야. 너무 율법적인 것은 좋지 않아"라고 이야기하며 오늘 할 일을 다음으로 미루기도 한다. 금식을 하겠다고 결정해놓고는 조금만 배가 고프면 얼른 마음을 바꿔서 "이런 건 금식이 아니야. 그런데도 금식을 하겠다는 것은 너무 율법적이지"라고 이야기하며 합리화한다. 이런 태도는 하나님 앞에서 믿음을 지키며 살고자 하는 우리에게 합당하지 않다.

네게 있는 믿음을 하나님 앞에서 스스로 가지고 있으라 자기가 옳다 하는 바로 자기를 정죄하지 아니하는 자는 복이 있도다 롬 14:22

우리에게 있는 믿음을 하나님 앞에서 스스로 가지고 있으라고 하신다. 좀 더 그리스도인다운 삶을 살기 위해 사람들 앞이나 자신의 만족을 위해서가 아니라 하나님 앞에서 믿음을 가지라고 말씀하시는 것이다. 그것으로 자신을 정죄하지 않는 자는 복이 있다.

기준을 세워놓지 않으면 무엇이 잘못되었는지 알 수가 없다. 만약 아침 7시에 일어나겠다는 약속이 없으면 몇 시에 일어나든지 상관이 없고, 늦은 것인지 빠른 것인지 알 수가 없다. 우리가 누군가를 만날 때 약속 시간을 정하듯이 시간을 정하고 나면 그 시간을 기준으로 빠른지 늦는지 알 수 있다. 그 기준으로 빠르면 여유롭게 준비하고 다른 것을 누릴 수 있고, 반대로 늦었다면 좀 더 빨리 준비하도록 자신을 재촉해서 시간을 맞추려고 한다. 이와 같이 우리의 삶 가운데 말씀을 기준으로 세우고 그 기준에 맞지 않는 태도라면 합리화와 변명을 버려야 한다. 그 기준을 맞추기 위해서 때로는 우리를 재촉할 때가 있고, 때로는 여유를 누릴 수 있는 것이다.

하나님 앞에서 원칙을 세우는 동안 다른 일에는 계획과 기준을 세우면서 우리의 삶과 신앙에는 기준이 없는 무질서한 신앙이었음을 발견했다. 생활, 관계, 재정의 영역에 원칙을 세우는 것은 우리가 그만큼 대단해서가 아니라 확실한 기준이 없을 때 우리의 삶이 무너지는 경험을 해보았기 때문이다. 그래서 공동체에 자신의 연약함과 원칙을 공유하고 나눔으로써 도움을 요청하고, 이때 공동체는 그 지체의 연약함을 판단하고 정죄하는 것이 아니라 그 지체를 품고 기도해주며 하나님 앞에 세운 원칙을 지킬 수 있도록 돕는다. 공동체에서 원하는 사람으로 만들려고 하는 것이 아니라 자기 자신이 말씀 앞에서 부족한 부분을 도와달라고 요청한 것이기 때문에 공동체는 권면하고 독려할 수 있는 명분이 생긴다. 이처럼 공동체가 믿음으로 함께 세워져갈 때 하나님의 뜻이 공동체 안에 이루어질 수 있다.

실제로 우리가 이 영역을 공유하고 나누었을 때 지체들이 서로 관심을 가지고 도와주었다. 원칙을 기준으로 강요하고 정죄하고 판단하는 것이 아니라 그 기준을 통해서 지금 우리의 태도가 하나님의 말씀 앞에 합당한 태도인지 확인하는 것이다.

그렇기에 이 부분에서는 절대 "이런 원칙을 세워라"라고 강요할 수가 없다. 감 놔라 배 놔라 지시하거나 권면할 수 없다. 자원하는 마음으로 적극적이고 능동적으로 말씀 앞에서 기준을 세우는 것이기 때문에 자발적으로 하나님 앞에서 원칙을 세우도록 돕는다.

그리고 이 원칙은 보다 구체적이어야 한다. 생활 영역에서 원칙을 세울 때 "아침에 일찍 일어난다"가 아니라 "아침 6시에 기상한다"로 실행 가능한 기준을 확실히 정한다. 실제로 이 원칙을 세우고 공유했을 때 나 혼자 지키는 것이 아니라 지체들이 돕는 것을 볼 수 있었다.

관계의 원칙

나는 개인적으로 관계의 영역에서 원칙이 있다. 특별히 이성(異姓)을 대할 때 조심한다.

1. 상담이 목적이더라도 이성과는 단 둘이 만나지 않는다

자매와 상담할 때 공동체 안이 아닌 사석에서는 단 둘이 만나지 않는다. 이런 원칙이 있다 보니까 다른 지체들이 자신들의 일정을 조정하면서까지 동행해주어서 원칙을 지킬 수 있도록 도와준다.

2. 이성을 상담할 때는 공개적으로 한다

공동체 지체일지라도 이성이면 상담을 할 때 문을 열어놓고 사람들이 오가며 볼 수 있는 환경에서 교제한다. 이 원칙을 지키려고 하니까 이제는 내가 이야기하지 않아도 자매들이 상담을 하러 사무실에 올 때면 문을 활짝 열고 들어온다. 이를 통해서 사람들의 시선을 신경 쓰고 조심하는 태도를 갖게 되었다. 내가 아무리 다른 의도가 없어도 오해받을 만한 상황을 만들지 않겠다는 것이다. 이것은 내가 원칙을 잘 지키는 사람이어서가 아니라 상황과 조건만 갖춰지면 무슨 짓이든 할 수 있는 연약한 사람임을 나 스스로 너무나 잘 알기 때문이다. 실제로 결혼 전에 이런 원칙이 없을 때는 이성들과 틈을 많이 주고받았다. 그렇기 때문에 이러한 기준이 더욱 필요하다는 것을 알게 되었다.

3. 이성과 단 둘이 사진을 찍지 않는다

아무리 여러 명이 같이 찍는 사진이더라도 동성이 한 명도 없다면 사진을 같이 찍지 않는다. 강의를 하러 다니면서 이 원칙 때문에 난감할 때가 참 많았다. 그리고 이런 원칙을 이야기했을 때 의아한 반응을 보이기도 했다. 사실 거절하기 어려울 때가 많다. 그럼에도 다른 사람 때문이 아니라 내가 하나님 앞에서 혹 틈이 생기고 괜한 오해와 싸움이 있을까봐 정하게 된 원칙이다. 그래서 이런 상황이 올 때마다 공동체 형제들이 내가 사진을 찍는 무리에 들어와 같이 사진을 찍어준다.

4. 운전할 때 다른 이성을 조수석에 태우지 않는다

내가 운전할 때 아내와 가족이 아닌 다른 이성은 조수석에 절대 태우지 않는다. 이 부분은 상황에 따라 원칙대로가 아닌 융통성으로 넘어갈 위험이 많다. 예를 들어 다 같이 이동해야 하는데 조수석에 앉지 못해서 뒷자리에 여러 명이 타거나 자리가 모자랄 때도 있기 때문이다. 가끔은 불편해 보이는 지체들을 보면서 그냥 앞에 타라고 이야기하고 싶을 때도 있지만 원칙을 지키기 위해 애쓰고 있다. 그리고 원칙을 세운 후에 딱 한 번 수련회에 갈 때 한 자리가 모자르는 바람에 태웠던 일 외에는 공동체가 함께 지켜주고 있다.

이 원칙 때문에 공동체 자매들은 내 옆자리를 극도로 싫어한다. 자신들의 불편함을 감수하면서 뒷자리에 타곤 한다. 그럼에도 공동체에서 이 원칙을 지키겠다고 했을 때 누구도 불편하다고 불평하거나 융통성이 없다며 비난하지 않았다. 묵묵히 이 원칙을 지킬 수 있도록 도와준 공동체가 있어서 가능한 일이다. 늘 공동체의 보호를 받으며 이 믿음이 연약한 자를 함께 품어주고 싸워주어서 얼마나 감사한지 모른다. 종종 밥을 먹을 때도 내 옆자리를 피하는 모습을 보면 이렇게까지 해야 하나 싶지만 나를 위해서 함께 싸워주고 보호해주는 지체들에게 늘 감사한 마음이다.

이 원칙들은 내가 고결하고 깨끗하다는 이야기가 아니다. 너무 연약해서 이런 원칙이 없으면 무너지고 넘어지기 때문에 필요한 것이다. 또 원칙이 없으면 이런저런 변명과 합리화로 기준 없이 내 원함대로 해왔던 습관들과 연약함이 나오기 때문이다. 이 원칙들을 공동체가 함께 품고 도와주고 세워주기 때문에 지킬 수 있다는 것도 안다. 그리고 이러한 원칙들을 지체들과 공동체 전체에 적용하기 시작했다.

재정의 원칙

우리 공동체의 재정 원칙은 이러하다. 우리가 너무 연약해서 재정에 무너지고 하나님이 아닌 사람을 의지하게 될까봐 공식적으로 표명하고 함께 지키는 것이다.

1. 정기적인 후원을 받지 않는다

이 원칙을 세운 이유는 정기적인 후원이 들어왔을 때 매달 채우실 하나님을 기대하며 기도하기보다는 재정이 들어올 날짜를 계산하고 있는 모습을 보게 되었기 때문이다. 정기적으로 후원해주시는 분들이 계시기는 하지만 우리의 원칙을 아시고 정해진 날짜가 아니라 공동체를 위해 기도하다가 때때로 보내주신다. 정기 후원을 받는 것이 잘못이라는 말이 아니라, 우리 공동체는 이러한 훈련을 목적으로 하기 때문에 이런 원칙을 세운 것이다.

2. 후원 계좌를 미리 공개하지 않는다

홈페이지를 포함한 우리의 사역을 소개하는 모든 곳에 후원 계좌를 공개하지 않고 있다. 공동체에서 진행하는 훈련학교의 아웃리치 기간에도 재정 훈련을 하기 위해서 기도로 싸우고 모든 재정이 채워지고 난 다음에 일정을 알리기 위해 sns에 공개한다. 그리고 후원 요청이 들어오면 아무리 작은 금액이라도 소중한 헌금이기에 최소 일주일 이상 리더십들과 함께 기도한다. 이 헌금이 지금 필요한 상황인지, 헌금을 헌금답게 쓸 준비가 되어 있는지 함께 살피고 기도하는 시간을 갖는 것이다.

필요 이상의 재정이 들어왔을 때 헌금이 과하게 지출되는 것을 보았고, 다른 곳에 눈을 돌리게 되거나 이미 허락해주신 것에 대한 감사를 잃는 것 같았다. 그리고 우리 공동체에 주신 헌금을 헌금답게 잘 사용하는 것이 헌금을 해주신 분들에게 감사하는 태도라고 생각했다. 그래서 후원을 하시려는 분들이 계좌를 물어보실 때 바로 알려드리지 않고 일주일 이상 기도해보고 우리 안에 분별이 되었을 때 알려드려도 괜찮은지 정중하게 묻고 기도한다. 대부분의 동역자분들께서는 이 가치에 동의해주셨고, 일주일 때로는 한 달이 넘는 시간 동안 마음에 품고 함께 기도해주신다.

3. 사역의 필요를 먼저 외부로 알리지 않는다

우리의 필요를 먼저 하나님께 구한다. 단체에서 외부 사역을 진행할 때가 있는데 이때 단체에 필요한 것들을 먼저 외부로 알리지 않고 기도에 힘쓴다(장소 추천과 물품 구입 시 전문가의 의견은 묻는다).

계속해서 강조하지만 이렇게 하는 것만이 믿음이라고 생각하지 않는다. 다만 내가 속한 공동체의 목적이 이러한 훈련을 받는 것이기에 좀 더 철저하게 하나님 앞에 서고자 하는 것이다. 이런 원칙을 세우고 지키려다 보니까 종종 재정난을 겪기도 한다. 그래서 허락해주신 헌금을 감사함으로 헌금답게 쓰려고 더욱 몸부림치게 된다.

한번은 공동체가 재정적으로 어려운 상황에 있었다. 그런데 어떤 분께서 우리에게 꽤 많은 헌금을 하고 싶다는 연락을 해오셨다. 그 순간 절차를 무시하고 급한 불을 끄고 싶은 마음이 들었다. 그러나 원칙대로 절차에 대해서 정중히 말씀드렸더니 그 후에 다시 연락이 닿지 않았다. 아무래도 공동체를 이끌어가야 하는 내 마음 안에서는 '그냥 필요하다고 이야기할까?', '필요한 것을 필요하다고 이야기하는데 뭐가 잘못된 거야?' 하는 마음이 올라올 때가 있다. 물론 잘못된 것은 아니지만 다른 것은 몰라도 하나님의 살아 계심과 이렇게 사는 삶이 가장 안전하다는 것을 증명하고 싶어서 시작한 이 일에 적당히 넘어가며 타협하고 싶지는 않았다.

지금도 안정적인 삶을 꿈꾸고 안주하고 싶은 마음이 자주 찾아들지만, 때마다 공동체가 함께 이 고백을 지켜나가기 위해 몸부림치고 있다. 하나님 앞에서 세운 이 원칙들을 공동체가 같이 지켜나가려고 할 때 한마음 한뜻으로 믿음의 삶을 격려하고 함께 걷는 진정한 동역자로 세워져갈 것이다.

chapter 11

소중한 것을 내려놓을 때
비로소 깨닫는 것

하나님께서 우리에게 주시는 은혜는 우리의 지성과 상식을 뛰어넘는 순종을 통하여 누릴 수 있다고 믿는다. 이해할 수 없고 납득되지 않아도 하나님을 경험할 수 있는 자리에 뛰어드는 순종은 결코 무모함이 아닌 하나님께서 우리에게 주시는 은혜를 누릴 중요한 열쇠라는 마음을 주셨다.

하나님은 우리를 말로만 사랑하신 것이 아니라 상식적으로 도저히 이해할 수 없는 결정, 곧 예수 그리스도의 피 흘림을 통해서 우리를 향한 사랑을 나타내셨다. 우리가 하나님의 마음을 알아야 더 깊은 은혜를 누리며 믿음 안에서 자라갈 수 있고, 안심하고 이 믿음의 걸음을 걸을 수 있게 된다.

공감의 형성

두 인격체가 깊이 교제하려면 둘 사이에 공감이 있어야 한다. 공감이란 남의 감정, 의견, 주장에 대하여 자기도 그렇다고 느끼거나 그렇게 느끼는 기분을 말한다. 단지 지식적으로 "알았다", "동의한다"의 수준이 아니라 그 사람의 감정과 생각을 고스란히 느끼는 것이다.

공감이 형성되지 않으면 관계를 이어가기가 참으로 어렵다. 대화할 주제가 없다. 남녀 갈등도 그렇다. 남자는 한 번도 여자인 적이 없었고, 여자는 한 번도 남자인 적이 없었다. 서로의 상황을 경험하지 못한 데서 비롯되는 남녀 갈등이 존재한다. 형제들과 자매들이 교제하는 방법은 많이 다르다. 나도 형제인지라 자매들을 보면 정말 신기할 때가 있다. 자매들끼리 만나면 할 이야기가 뭐가 그렇게 많은지 카페에서 몇 시간 동안 이야기를 나누다 헤어지면서 "중요한 얘기는 통화로 해"라고 이야기한다. 그리고 밤새 전화하다가 끊을 때 "못 다한 얘기는 내일 만나서 해"라고 말하기도 한다. 실로 충격이었다. 이에 반해 형제들의 교제 방법은 굉장히 단순하다. 문자로 단 몇 마디면 피시방에서 만나서 각자 자리에서 한마디도 하지 않고 밤새도록 게임을 하고 집에 돌아올 수도 있다.

이렇게 전혀 다른 남녀가 연애를 한다고 생각해보자. 자매는 이런저런 이야기를 함께 나누고 상대가 자신의 이야기에 관심을 가져주고 공감해주기를 기대한다. 조금 어려운 일이 생기면 투정부리며 이야기하고 싶어 한다. 적절한 리액션으로 반응해주기를 기대하는 것이다. 그런데 형제들은 그 이야기를 공감해주기보다 어떻게든 합리적인 방법과 설명으로 그 문제를 해결해주려고 한다. 그래서 관계로 힘들다는 자매의 이야기를 한참 듣다가 한마디를 던진다.

"음⋯. 내가 생각할 때는 너도 좀 문제가 있어. 이 문제는 쌍방의 문제야."

공감은 어려운 일만 공감한다고 되는 것이 아니다. 슬플 때 함께 울고 기쁠 때 함께 웃을 수 있어야 한다. 만약 바라던 회사에 취직을 해서 함께 기뻐해주기를 바라며 이야기를 했다고 치자. 그런데 상대방이 "정신 차려. 이제부터가 시작이야"라고 하면서 기쁨을 함께해주지 못한다면 그 사람과 더 이상 대화를 이어가기가 어렵다. 나의 어려움과 기쁨을 함께 공감해주지 못하는 상대와는 친밀해지기가 힘들다.

공감은 노력해서 되는 것이 아니라 그 일을 겪어본 적이 있으면 쉽게 형성된다. 내 아내는 다른 사람에게 먼저 다가가서 친근하게 이야기하는 스타일이 아닌데 같은 아이 엄마를 만나면 어느 때보다 적극적이다. 처음 본 사람과도 육아 경험담을 공유하며 시간 가는 줄 모르고 이야기를 나누곤 한다.

남자들끼리 모이면 빠지지 않는 것이 군대 이야기이다. 군대 이야기는 끝없이 할 수 있지만, 군대를 경험해보지 못한 자매들을 난감하게 하는 주제이기도 하다. 처음 봤는데 같은 학교 동창이라면 공감대가 형성되어 학창 시절 이야기를 나눌 수도 있다. 이처럼 공감이라는 것은 두 인격이 교제하고 관계를 이어나가는 데 굉장히 중요한 역할을 한다.

몸이 아파본 사람은 아픈 사람의 마음을 공감한다. 건강한 사람은 아무리 설명해도 그 아픔을 잘 모른다. 나는 운동을 꽤나 좋아하는데 잘하지는 못해서 운동을 하고 오면 여기저기 다치기 일쑤였다. 그중 축구를 하다가 갈비뼈가 부러졌을 때가 가장 고통스러웠다. 충격적인 통증이었다. 갈비뼈 골절에는 깁스를 할 수가 없어서 고통은 더했다. 숨을 쉴 때마다 늑골이 움직여서 거의 한 달이 넘도록 제대로 눕지도 못하고, 앉지도, 서지도 못했다. 이 고통은 경험해본 사람이 아니면 절대 알 수가 없다. 아무리 그 통증에 대해서 설명한다고 해도 공감할 수가 없다.

그때 우연히 이 고통을 아는 사람을 만났다. 그와의 만남을 지금도 잊을 수가 없다. 내가 많이 아파 보였는지 그가 먼저 말을 걸어왔다. 나는 대단한 설명도 없이 갈비뼈가 부러졌다고만 이야기했는데, 그 형제가 다른 말을 하지 않고 그 고통을 아는 듯한 표정을 지었다. 자기도 갈비뼈가 부러진 적이 있다고 했다. 그리고 일면식도 없는 사람과 그렇게 많은 이야기를 나눠보기는 처음이었다.

공감 연습

이번에는 책을 읽는 당신의 공감을 한번 이끌어보겠다. 잠시 '피식' 하고 웃음이 나온다면 아마도 한 번쯤은 경험해본 일일 것이다.

• 여드름이 굉장히 아프게 날 때가 있다. 여드름이 목 뒤쪽이나 머리 안 쪽에 날 때가 있는데 간지러워서 건드리면 굉장히 아프다. 그러다 실수

로 핵을 건드리면 굉장한 통증을 느끼게 된다. 그리고 인중에 날 때면 고름이 잘 빠지지 않고 아프다. 이때 자매들은 어떻게 처리하는지 모르겠지만 형제들은 다른 것이 필요 없다. 휴지 한 칸과 손가락, 그리고 굳은 결심만 있으면 된다. 그런데 힘껏 짜내도 고름이 나오지 않아서 인중에 벌겋게 손톱자국만 남겨놓은 채 처참히 패배해본 경험이 있는가?

• 횡단보도 앞에서 신호를 기다리고 서 있다. 저 반대편에서 누군가 나를 향해 환하게 웃으며 손을 흔들고 있다. 나도 따라서 반갑게 손을 흔들었다. 그런데 신호가 바뀌고 나서 보니까 내가 아니라 옆 사람을 향해 손을 흔든 것이었다. 그래서 나도 다른 사람에게 손을 흔드는 것처럼 계속 흔들며 지나쳐본 경험이 있는가?

• 밥을 먹다가 사레가 걸려서 "캑" 했는데 밥풀이 목뒤로 연결된 코로 들어간 적이 있는가? 그래서 하루 종일 캑캑거리면서 다니다가 밥풀이 겨우 빠져나왔다. 그런데 다시 사레가 걸려서 또다시 코로 들어간 경험을 해봤는가?

• 이를 뽑고 나서 며칠이 지나면 적당히 아무는데 밥을 먹으면 꼭 그 자리에 밥풀이 낀다. 하루 종일 혀로 어떻게든 빼내려는 데 잘 빠지지 않는다. 겨우 몇 시간 만에 뺐는데 바로 저녁시간이다. 그러면 저녁을 먹고 또 음식물이 끼는 경험을 해본 적이 있는가?

• 예전에는 집 안에 있는 문턱이 좀 높았다. 양말을 신고 다닐 때는 안 그러는데 꼭 욕실에서 씻고 나와서 맨발로 방에 들어가다가 문지방에 엄지발가락을 찧은 적이 있는가? 모든 신경이 발가락에 집중되고 온몸이 오그라드는 고통을 경험한 적이 있는가?

이중에 한 가지라도 경험해본 사람은 그 민망함과 괴로움을 알 것이다. 같은 일을 겪었을 때 그 마음과 생각과 느낌이 생생하게 전달되는 것이다. 이것이 바로 공감이다. 거창한 설명과 말이 필요하지 않다. 이 공감이 두 인격체 사이에 형성된다면 더 깊은 교제가 가능하다.

그러니 인격이신 하나님과 교제하고 하나님의 말씀을 이해하고 순종하는 데도 공감이 중요한 역할을 한다. 만약 인격이신 하나님과 교제하는데 공감이 중요하다면 그야말로 큰일이다. 하나님과 인간은 절대 공감할 수 없는 대상이다. 하나님은 무한하시고 우리는 유한하며, 하나님은 전능하시고 우리는 연약하기 때문이다. 절대 공감할 수 없는 두 인격체인 것이다. 생각해보라. 우리가 만약 주님을 따르는 삶이 너무 힘들어서 하나님 앞에 나아가 "주님, 너무 힘이 듭니다"라고 하는데 전능하신 하나님이 우리가 연약해서 겪는 어려움을 전혀 공감하지 못하신다면 어떨까? "아니, 도대체 뭐가 힘들어? 정신 차려!"라고 우리를 채찍질하신다면 어떻게 하나님과 동행할 수 있겠는가?

절대 공감이 불가능한 하나님과 우리가 어떻게 서로를 알아가고 공감할 수 있겠느냐는 말이다. 그런데 놀랍게도 주님은 우리가 믿음으로 살아보려고 몸부림치다가 더 나아갈 힘이 없어서 털썩 주저앉아서

"주님!" 하고 부르면 그 안에 담긴 의미를 아신다. 주님이 다 아신다.

도대체 어떻게 전능하신 하나님께서 우리가 연약해서 겪는 어려움을 공감하실 수 있다는 말인가? 하나님은 하실 수 있다. 하나님은 우리와 교제하시기 위해 하나님의 전능하심으로 인간이 되기로 하셨다. 그분의 아들 예수 그리스도가 인간의 몸을 입고 이 땅에 오신 것이다.

나는 하나님이 전능하시다는 것을 믿지만 그 전능하심으로 인간이 되실 거라고는 상상하지 못했다. 도대체 얼마나 사랑하면 하늘의 영광을 버리고 이 낮고 천한 인간의 몸을 입고 오신다는 말인가. 예수님은 인간이 되어 이 땅에 오셔서 육체를 입고 겪는 어려움을 직접 경험해보셨다. 그래서 예수님이 우리의 마음을 다 아시는 것이다.

> 그가 시험을 받아 고난을 당하셨은즉 시험받는 자들을 능히 도우실 수 있느니라 히 2:18

주님은 인간의 몸을 입고 이 땅에서 인간이 죽음 앞에서 느끼는 두려움을 직접 경험해보셨다. 예수님은 겟세마네에서 기도하실 때 할 수 있다면 이 잔을 내게서 옮겨달라고 구하셨다(눅 22:42). 배고픔과 목마름을 느끼셨고, 십자가에 달리셔서 "내가 목마르다"(요 19:28)라고 외치기도 하셨다. 살가죽이 너덜너덜해지도록 채찍과 매를 맞으심으로써 인간이 느낄 수 있는 육체적 고통을 느껴보셨고, 가시 면류관을 쓰고 침뱉음을 당하고 벌거벗겨져서 십자가에 달리는 수치와 수모도 겪으셨다. 그래서 예수님은 시험받는 자들의 마음을 공감하시며 그들을 능히 도울 수 있으신 것이다.

그러면 반대로 우리는 어떻게 예수님의 마음을 공감할 수 있는가? 하나님은 전능하셔서 가능하셨지만 우리가 하나님이 될 방법은 없다. 그러나 역설적이게도 하나님의 마음을 공감해서 그 마음을 알게 되었을 때 말씀에 순종하는 것이 아니라 하나님의 말씀에 먼저 순종해서 주님이 서신 자리에 서보면 알게 된다. 우리가 이해하고 상식적으로 동의가 되어서 가는 것이 아니라 말씀하신 자리, 예수님이 이미 서셨던 자리에 우리가 서고 나면 그 자리에서 예수님의 마음을 알고 공감할 수 있는 것이다. 이와 같이 우리가 정말 용서할 수 없는 사람을 용서하고 사랑하게 되면 우리가 아직 죄인 되었을 때 사랑하신 하나님의 사랑을 알게 되는 것이다.

우리에게 가장 값지고 소중한 것을 누군가를 위해 내어주고 포기하는 자를 위해 서보면 하나님이 세상을 이처럼 사랑해서 아들을 주셨다는 말씀이 마음으로 느껴진다(요 3:16). 우리가 가진 것 중에 예수님이라는 가치와 비교할 것이 무엇이 있겠는가? 그러나 우리의 마음이 가 있는 것을 내려놓았을 때 우리에게 아들을 보내신 하나님의 마음을 조금이나마 알 수 있지 않겠는가? 그 마음을 알고 나면 우리가 받은 은혜의 가치를 좀 더 알게 될 것이다.

하나님께서는 사랑하는 종들에게 하나님에 관한 정보를 주시기보다는 그들과 더 깊은 관계를 맺기 위해 그들이 하나님을 경험으로 알고 하나님의 마음을 깨닫게 하셨다. 하나님의 마음을 알 수 있는 자리에 세우신 것이다.

아들을 바치는 아버지의 마음

아마도 성경에서 독생자 예수님을 보내신 하나님의 마음을 가장 공감할 수 있는 사람이 있다면 아브라함일 것이다. 하나님은 아브라함에게 하나님 아버지의 마음을 가르쳐주고자 하셨다.

> 아브라함이 아침에 일찍이 일어나 나귀에 안장을 지우고 두 종과 그의 아들 이삭을 데리고 번제에 쓸 나무를 쪼개어 가지고 떠나 하나님이 자기에게 일러주신 곳으로 가더니 제삼일에 아브라함이 눈을 들어 그 곳을 멀리 바라본지라 이에 아브라함이 종들에게 이르되 너희는 나귀와 함께 여기서 기다리라 내가 아이와 함께 저기 가서 예배하고 우리가 너희에게로 돌아오리라 하고 창 22:3-5

하나님께서는 아브라함에게 하나밖에 없는 독자 이삭을 제물로 바치라고 명령하셨다. 이삭은 아브라함에게 전부와도 같은 아들이었다. 그때 아브라함에게 자식이 이삭만 있던 것은 아니었다. 하갈을 통해 얻은 이스마엘과 양자로 삼은 다메섹 사람 엘리에셀이 있었다. 그런데 하나님이 이삭을 아브라함의 독자라고 하신 것은 약속의 아들이라는 개념도 있겠지만 아브라함의 마음이 이삭에게 향해 있었다는 뜻이다. 그런 눈에 넣어도 아프지 않은 아들을 제물로 바치라고 명령하신 것이다.

사실 아브라함이 이 명령 앞에 섰을 때 아들 이삭을 제물로 바치지 않아도 될 합리적인 명분과 이유가 있었다. 하나님은 인신제사를 싫어하신다. 그런 하나님께서 인신제사를 바치라고 명령하시는 것은 부당하다고 항변할 수 있었다. 또 하나 이삭은 하나님의 약속이었다. 그 약속을 어기시는 하나님을 이해할 수 없다고 거절할 수 있었다. 그러나 아브라함은 그 명령 앞에서 어떠한 항변도 하지 않는다. 상식적으로 이해되지 않고 마음으로 받아들여지지 않았지만 아침에 일찍 일어나 아들 이삭을 바쳐야 하는 모리아산으로 올라갈 채비를 한다. 소중한 아들 이삭을 제물로 바쳐야 하는 아브라함의 마음이 어땠겠는가? 수차례 제사를 지내보았지만 제물은 완전히 난도질당해 흔적도 남지 않는다. 목을 따고 피를 빼고 가죽을 벗기고 각을 뜨고 내장을 꺼내어 물로 씻고 불로 태우는 이 제사를 자신의 아들을 제물 삼아 하나님 앞에 올려야 하는 것이다. 도저히 이해할 수 없는 명령 앞에서 아브라함은 아들 이삭을 데리고 올라갔다. 이해되지 않아도 하나님이 말씀하셨으니까.

그리고 산 중턱 즈음부터 이삭과 둘이서만 올라간다. 한참을 말없이 걷던 아브라함에게 이삭이 묻는다.

> 이삭이 이르되 불과 나무는 있거니와 번제할 어린 양은 어디 있나이까
> 창 22:7

제사를 드리러 올라가는 것인데 하나님께 드릴 제물은 어디 있느냐고 물은 것이다. 아마 나라면 이쯤 됐으면 아들더러 도망가라고 했을 것 같은데 아브라함은 하나님이 친히 예비해두셨다고 말한다(창 22:8).

마침내 모리아산 정상에 이르자 아브라함이 아들 이삭에게 다가가 벌벌 떨리는 손으로 이삭의 두 손을 묶기 시작한다. 이쯤 되면 이삭도 눈치를 챘을 것이다. 차라리 왜 그러느냐고 밀치고 도망이라도 갔으면 좋겠는데 순종밖에 모르는 아들 이삭이 아버지의 손에 가만히 묶이고 있다. 이런 아들을 도대체 어떻게 제물로 바치겠는가? 그런데 다른 말을 할 수가 없었다. 내 감정과 상식으로 도저히 용납이 되지 않고 이해되지는 않지만 아들을 제단에 눕혔다. 그리고 칼을 들어 아들을 향해 내리쳤었다. 이때 하나님이 아브라함을 급히 말리신다.

"아브라함아, 됐다. 이제야 네가 나를 경외하는 줄 알았다."

아브라함은 이해되지 않는 그 자리에 하나님이 말씀하셨다는 이유 하나만으로 서보았더니 그곳에서 여호와 이레를 보게 되었다. 여호와께서 준비하셨다. 그리고 수풀에 걸려 있는 양을 끌고 와서 하나님께 제사를 드릴 때 아브라함은 어떤 마음이 들었을까? 보통의 제사 같지 않았을 것이다. 누워 있는 숫양이 자신의 아들 이삭과 겹쳐져 양의 목을 따면서 이삭의 목을 따는 것 같고 가죽을 벗기고 각을 뜨고 내장을 꺼내고 물로 씻고 불로 태울 때 이삭이 보였을 것이다. 아브라함에게는 가장 힘든 제사였을 것이다.

성경에는 나와 있지 않지만 만약 이때 하나님께서 아브라함에게 나타나셔서 "아브라함아, 많이 힘들었지? 내가 원망스럽기도 했을 거야. 그런데 내 얘기 좀 들어볼래? 내가 훗날 너의 자손을 통해서 내 아들을 너희에게 보낼 거야. 그러면 내 아들은 사람들에게 버림받고 매 맞고 벌거벗겨져서 십자가에 매달리게 될 거야. 그 십자가에서 모든 물과 피를 흘리며 죽게 될 거야"라며 아브라함에게 요한복음 3장 16절을 말씀하셨다면 아브라함이 그 이야기를 듣고 아무렇지 않게 "감사하네요. 너무 좋은 말씀입니다"라고 반응할 수 있었을까? 아들을 제물로 드리려고 했던 아버지의 입장으로 하나님 아버지의 마음이 공감되지 않았을까? 아브라함은 하나님 앞에 드리는 것이라는 명분이라도 있었지만 죄인들을 위해 자신의 하나밖에 없는 아들을 바친다니 이게 무슨 말이냐고 함께 울지 않았을까?

주님이 서신 자리, 이미 걸어가신 그 자리에 내 감정이 동의하고 상식적으로 납득이 되는지 상관없이 서보면 하나님의 마음을 알게 된다.

"다른 사람은 다 용서해도 저 사람만큼은 안 돼요."

"다른 일은 다 할 수 있어도 그 일만큼은 못해요."

"다른 데는 다 갈 수 있어도 그곳만큼은 못 가요."

"다른 것은 다 내려놓아도 그것만큼은 못 내려놓아요."

도저히 할 수 없는 일을 하나님의 마음을 더 알고 싶다는 소망함을 가지고 그 자리에 서보면 알게 될 것이다. 다른 사람은 다 용서해도 가장 용서할 수 없는 나를 용서하신 그분의 용서, 다른 일은 다 해도 절대 할 수 없는 십자가를 지신 그분의 희생, 다른 데는 다 갈 수 있어도 하늘 영광을 버리고 올 수 없는 이 땅에 우리를 위해 오신 헌신, 아들 예수님을 우리를 위해 기꺼이 보내신 하나님의 사랑을 다는 아니더라도 조금은 알 수 있지 않겠는가? 우리가 그 마음과 은혜를 조금이라도 알게 되었다면 주님이 가셨던 길을 따를 수 있지 않겠는가?

소중한 것을 내려놓을 때 알게 되는 것

고생길 공동체에서는 하나님의 그 마음을 너무도 알고 싶었다. 억만 분의 1만큼이라도 하나님의 마음을 헤아려서 이 길을 걷고 싶었다. 그래서 가장 무식한 방법을 택했다. 지체들과 함께 우리가 가진 것 중에서 가장 소중하고 값진 것을 흘려보내기로 했다. 처음에는 다들 그러겠다고 하더니 집으로 돌아가 약 2주 동안 자신에게 가장 값지고 소중한 것을 정말 내어놓을 생각을 하니까 치열한 싸움이 시작되었다.

'꼭 이렇게까지 해야 하나?', '이런다고 뭐 알게 되겠어?'

말로는 얼마든지 "주님을 위해 드릴 수 있어요"라고 이야기했지만 실제로 그 일이 닥치고 나니까 도저히 드릴 자신이 없어지는 것이다. 어떤 지체는 이렇게는 못하겠다면서 포기하려고 했다. 내가 생각해도 참으로 무모한 결정이었다. 치열한 싸움에 여기저기서 한숨이 터져 나왔다. 중간 점검을 하는데 누가 봐도 아닌 것을 가져와서 가장 소중한 것이라고 꼼수를 쓰는 지체들도 있었다. 한 지체는 신발에 대한 애착이 컸는데 수십 켤레 중에 딱 한 켤레만 가져와서 이것이 가장 소중한 것이라고 했고, 또 어떤 지체는 통기타를 칠 줄도 모르면서 자신에게 소중하다며 가져왔다.

공동체의 존재 목적상 '적당히', '나름대로'의 기준은 허용되지 않기에 이대로는 안 되겠다 싶었다. 그래서 함께 지내온 지체들의 마음이 있을 만한 것들을 지정해서 가져오자고 제안했다.

신발을 가져오겠다고 했던 지체에게는 한 켤레만 두고 나머지 신발을 다 가져오라고 했고, 음악을 하던 지체에게는 통기타 말고 전공 기타를 가져오라고 했다. 또 다른 지체에게는 아끼는 기타를 전부 가져오라고 제안했다. 다시 치열한 싸움이 시작되었다. 어떤 지체는 그때 나를 치고 싶은 충동이 일었다고 뒤늦게 고백하기도 했다.

그리고 마침내 모이기로 한 날 아침이 밝았다. 하나둘 자신의 소중한 물건들을 들고 모였다. 하나같이 얼굴 표정이 좋지 않았다. 그러나 지체들이 양보하지 않고 그 물건들을 가져왔다. 그 모습을 보는 것만으로 은혜가 되고 감동이 되었다. 진짜 이렇게 하면서까지 하나님의 마음을 알고자 하는 소망함, 이런 태도로 선다면 하나님께서 그 마음을 정말 가르쳐주시지 않을까 하는 확신이 들었다.

신발이 너무 소중해서 비가 오면 신발에 비닐까지 씌우고 다녔다는 지체는 운동화 한 켤레만 남기고 18켤레를 전부 손빨래해서 가져왔다. 그 많은 신발을 하나씩 빨면서 무슨 생각을 했을까. 음악을 전공할 때 쓰던 값비싼 기타 두 대를 들고 온 지체, 또 한 지체는 더 이상 유학을 보내줄 수 없었던 아버지가 미안한 마음에 사주신 맥북을 들고 왔다.

나는 가져온 물건들을 전부 내어놓고 지체들에게 함께 무릎을 꿇고 기도하자고 했다. 이 일을 영상으로도 남겼는데, 그날 기도한 기도문을 그대로 옮겨본다.

"하나님, 받으십시오. 저 여기 있습니다. 하나님, 저 여기 있습니다. 감히 제가 가진 무엇으로 아들 예수 그리스도와 비교할 수 있겠냐마는 하나님 앞에 내가 소중하게 생각하는 것을 내려놓고 보았더니 이제야 하나님의 마음을 조금 알 것 같습니다. 하나님께서도 이렇게 힘드셨겠구나. 이렇게 아프셨겠구나. 아들 예수 그리스도가 십자가에 달리실 때 이렇게 가슴 아프셨겠구나. 나를 위해 이렇게 기꺼이 내어놓으셨구나. 소망이 우리를 부끄럽게 하지 아니함은 하나님께서 우리에게 주신 성령으로 말미암아 하나님의 사랑이 우리 마음에 부은 바 됨이니. 하나님, 이것을 받으시고 하나님의 마음을 우리 가운데 부어주십시오. 마음껏 부어주십시오. 하나님, 결코 이해할 수 없는 그 일을 우리를 사랑하기 때문에 기꺼이 하셨던 주님의 마음을 우리 가운데 부어주십시오. 그리고 우리가 말씀을 붙들고 이 길을 걸어갈 때 사람들이 이해해주지 않아도 내가 아니까, 내가 주님을 사랑하니까, 나는 그 마음을 알고 있으니까 걸을 수 있겠습니다.

하나님, 그토록 말씀을 못 알아듣고 하나님의 마음을 그토록 몰랐던 내가 하나님의 마음을 알고 싶어서 이 자리에 무릎을 꿇었습니다. 우리가 가지고 나온 것들을 받으시고 하나님의 마음을 우리 가운데 부어주십시오. 그냥 아는 것 말고 지식적으로 동의하는 것 말고 실제로 우리의 심령 가운데 부어주십시오. 만약 우리의 마음이 너무 작아서 하나님의 마음을 다 담을 수 없다면 넓혀주셔서 하나님의 마음을 담게 해주십시오."

기도를 마친 후 요한복음 3장 16절 말씀이 담긴 액자를 지체들에게 선물로 주었다. 우리가 잘 아는 이 구절에 어떤 의미가 담겨 있는지 깨닫는 시간이었다. 지체들 중에서 자신이 가져온 물건을 아까워하는 지체들이 없었다. 그리고 손바닥만 한 액자 안에 담긴 말씀을 붙들고 한동안 함께 울었다.

하나님이 세상을 이처럼 사랑하사 독생자를 주셨으니 이는 그를 믿는 자마다 멸망하지 않고 영생을 얻게 하려 하심이라 요 3:16

이 일을 통해 이 짧은 구절을 우리에게 주시려고 하나님께서 선택하신 결정과 그 결정을 하신 하나님의 마음을 조금이나마 알 수 있었다.

그리고 말씀의 원리대로 아브라함이 아들 이삭을 돌려받았듯이 지체들이 가져온 물건들을 다시 돌려주었다. 사실 이 일은 내가 지체들 몰래 기획한 일이었다. 아브라함은 그 일을 통하여 아들 이삭을 볼 때마다 하나님의 마음이 떠올랐을 것이다. 지체들이 그 물건을 다시 볼 때마다 하나님의 마음을 알게 되기를 소망했다. 하나님은 무엇이 부족하셔서 우리의 것을 빼앗으시는 분이 아니다. 주님은 하나님을 향한 우리의 마음을 보고 싶으신 것이다. 이해되지 않아도 순종하여 그 자리까지 선 우리의 마음과 태도, 그것을 통하여 하나님의 마음을 우리에게 보여주고 싶으신 것이다.

고생질에서는 청년들을 성경 66권에 통달한 사람으로 만들어내는 것이 목적이 아니다. 단 한 구절이라도 삶으로 제대로 살아내는 사람을 키워내고 싶은 것이다. 그래서 하나님의 마음을 알 수 있는 더 깊은 자리로 함께 나아가고 싶다.

하나님은 사랑이시다

공동체로 함께 지내다보면 제일 많이 부딪히는 것은 역시 관계의 문제이다. 나와 잘 맞는 지체가 있고 완전히 상극인 지체도 있다. 사랑해야 하는 줄도 알고 사랑하려고도 해보지만 잘 되지 않는 자신을 발견한다. 그러고는 낙심하며 찾아와 그 지체 때문에 힘든 것보다 지체를 사랑하지 못하는 자신 때문에 너무 괴롭다고 이야기한다. 자신에게 사랑이 없다는 것이 너무 힘든 것이다. 이런 고민을 해본 적이 있을 것이다. 별것도 아닌 일에 혼자 어려워하고 있는 자신, 빨래 때문에, 양말을 뒤집어놓은 것 때문에, 설거지 때문에…. 사실 몇 번은 괜찮지만 계속 반복이 되면 그 사람 얼굴도 보기 싫고, 하는 짓마다 마음에 들지 않는다. 하지만 사실 이것은 공동체 생활에서만 얻을 수 있는 축복이다. 밖에서는 마음에 안 들면 안 보면 되고, 정해진 시간 외에는 그 사람을 위해 더 애쓰지 않아도 된다. 그런데 공동체에서 하루 종일 붙어 있다 보니까 피하기도 쉽지 않고 힘든 것이다.

사랑하는 것이 옳은 것인 줄도 알고 그렇게 해야 하는 것이 맞다는 것에 동의하지만 사실 우리는 사랑의 원리도 잘 모르고 무엇이 사랑인지도 모르는 경우가 많다. 사랑을 오해하는 것이다. 우리가 사랑을 이해할 때 연애 감정쯤으로 생각하는 경우가 많다. 그 사람이 좋고 설레는 감정을 사랑이라고 생각하는 것이다. 그런데 성경에서 이야기하는 사랑은 우리가 생각하는 사랑과 사뭇 다르다.

> 사랑하지 아니하는 자는 하나님을 알지 못하나니 이는 하나님은 사랑이심이라 요일 4:8

하나님이 우리를 사랑하시는 사랑을 우리가 알고 믿었노니 하나님은 사랑이시라 사랑 안에 거하는 자는 하나님 안에 거하고 하나님도 그의 안에 거하시느니라 요일 4:16

사랑의 사도라고 불리는 요한은 '하나님은 사랑'이시라고 한다. 하나님께서 사랑 그 자체이시라는 것이다. 사랑은 감정의 반응 정도가 아니라 그 자체로 완전한 속성이다. 사랑은 진리이다. 그런데 우리가 감정으로 대하고 반응했기 때문에 그만 한 감정이 없으면 사랑이 아니라고 여긴 것이다. 사랑은 감정의 반응과 상관없이 완전한 진리이기 때문에 사랑을 대하는 우리의 태도는 완전한 진리인 사랑이라는 속성에 우리를 드리는 태도로 대해야만 한다. 그러나 선을 사랑하지 않고 옳은 것을 따르고자 하지 않는 죄 된 본성과 습관이 그 사랑을 가로막았다. 우리는 완전한 진리인 사랑을 제대로 할 수가 없다. 감정이 있을 때는 사랑하는 것 같으나 마음이 식어버리면 그 사랑도 쉬이 사라지기 때문이다.

사랑은 가장 완전하신 하나님의 성품이자 속성이다. 이 사랑은 오직 내 안에 계신 예수 그리스도만이 하실 수 있다. 그래서 우리는 사랑을 나타내는 자리에 감정과 관계없이 서는 것이다.

성경에서 사랑을 이야기할 때 우리가 아는 대로 따뜻하고 설레는 것이라고 표현하지 않는다. 성경은 사랑에 대해서 이렇게 이야기한다.

사랑은 오래 참고 사랑은 온유하며 시기하지 아니하며 사랑은 자랑하지 아니하며 교만하지 아니하며… 모든 것을 참으며 모든 것을 믿으며 모든 것을 바라며 모든 것을 견디느니라 고전 13:4,7

고린도전서 13장에서 이야기하는 사랑의 속성을 살펴보면 마치 사랑은 사랑할 수 없는 대상을 사랑하라고 이야기하는 것 같다. 사랑은 "오래 참고"로 시작해서 "모든 것을 견디느니라"로 끝난다. 사랑할 수 없는 대상을 사랑할 때 비로소 완전하며 확증된 사랑이라고 말하는 것이다. 사랑은 오래 참는 것이다. 시기하지 않고 존중하며 자랑하지 않고 섬기려 하고 교만하지 않고 낮아지고자 하는 태도를 가지라는 것이다. 즉, 내 본성으로는 절대 안 되지만 예수 그리스도로 새 생명을 받고 예수님이 서신 그 자리에 서는 것을 의미한다(롬 5:8). 하나님의 거룩한 성품으로는 절대 사랑할 수 없는 죄인인 우리를 그리스도께서 우리를 위해 죽으시는 자리를 선택하심으로 사랑을 확증하셨다고 이야기한다.

우리의 죄 된 습관과 본성을 거슬러 감정이 따라오지 않더라도 예수님이 서셨던 자리에 먼저 서보라. 그 자리에 서면 우리를 향하신 예수 그리스도의 사랑을 가르쳐주시고 알려주실 것이다. 우리의 본성을 거슬러 오래 참고 모든 것을 견디는 것이다. 사랑이 불가능한 것이 아니라 우리가 우리의 감정과 상관없이 사랑이 요구하는 자리에 서기를 싫어했기 때문인지도 모른다. 어떤 사람은 "이게 무슨 사랑이야"라고 말할 수도 있다. 그러나 그 자리에 서는 선택 또한 사랑이 아니고서는 불가능하다. 미워하는 사람에게 커피 한 잔이라도 사줄 수 있는가? 정말 싫은 사람에게 말이라도 "사랑한다"라고 말할 수 있겠는가? 우리의 본성에 충실해서는 절대 할 수 없는 일들이다.

우리가 만약 사랑이라는 진리가 요구하는 자리에 서기로 결정한다면, 그 자리에서 오래 참고 모든 것을 견디고자 한다면, 가장 완전한 사랑이신 하나님의 사랑을 우리 가운데 부어주실 것이다.

> 인내는 연단을, 연단은 소망을 이루는 줄 앎이로다 소망이 우리를 부끄럽게 하지 아니함은 우리에게 주신 성령으로 말미암아 하나님의 사랑이 우리 마음에 부은 바 됨이니 우리가 아직 연약할 때에 기약대로 그리스도께서 경건하지 않은 자를 위하여 죽으셨도다 의인을 위하여 죽는 자가 쉽지 않고 선인을 위하여 용감히 죽는 자가 혹 있거니와 우리가 아직 죄인 되었을 때에 그리스도께서 우리를 위하여 죽으심으로 하나님께서 우리에 대한 자기의 사랑을 확증하셨느니라 롬 5:4-8

참고 견디는 인내를 통하여 우리를 연단하시고 그 연단을 통하여 우리로 하여금 가장 완전한 사랑을 소망하게 하신다. 그 소망은 우리의 마음 안에 하나님의 사랑을 가득 담아내시는 것이다.

인내를 배우는 사랑의 행군

고생길에서는 이 말씀을 붙들고 가장 완전한 사랑을 알아가며 그 사랑으로 사랑해야 하는 율법의 제일 된 계명 앞에 서기 위해 그 사랑을 배우기로 했다.

"사랑은 오래 참고 모든 것을 견디느니라."

먼저 우리의 본성을 거슬러 진리를 붙들고 견디는 인내를 배워야 했다. 어떻게 하면 사랑이라는 완전한 속성을 알기 위해 인내를 배울 수 있을까 고민하다가 40킬로미터 행군을 하기로 결정했다. "에이, 그게 뭐야"라고 할 수 있겠지만 참고 인내하고 가르쳐주신 길을 묵묵하게 걷는 행군이 인내의 원리를 가장 잘 배울 수 있다는 마음이 들었다. 하나님의 사랑을 알고 싶었고, 온전한 사랑이 무엇인지 배우고 싶었다. 내 감정에 따라 변하는 사랑 말고 변하지 않는 가장 완전한 사랑을 배우기 위해 시도해보기로 결정했다.

군대에서 40킬로미터 행군을 해본 적이 있지만 그때와는 전혀 다른 목적을 가지고 행군을 하게 된 것이다. 살면서 다시 행군을 할 거라고는 상상도 해보지 않았다. 진리를 알기 위한 행군을 하게 된 것이다. 형제들은 행군을 준비하며 흥분을 감추지 못했다. 자매들도 행군을 해봐야 한다면서 즐거워하기도 했다. 인천에 있는 아라뱃길을 따라 걷기로 하고 저녁 7시부터 행군을 시작했다. 시간이 흐를수록 다리가 아파오고 어깨도 결렸지만 그만큼 사랑을 배우고 싶었다. 오래 참고 견디는 것이 무엇인지 알고 싶어서 걷고 또 걸었다. 그리고 반환점을 돌아서 다시 걸었다. 계획한 40킬로미터에는 완전히 미치지는 못했지만 인내를 배우는 시간이었다. 그만큼 힘들었다. 그런데 자매들도 걸어봐야 한다고 했던 형제들이 먼저 방전되고, 자매들은 "더 걸어도 되겠는데요?"라는 말로 자매들의 저력을 확인시켜주었다.

인내하고 견디는 것이 무엇인지, 말씀을 잠시나마 몸으로 배우는 시간이었다. 그것이 사랑과 무슨 상관이 있느냐고 생각할 수 있지만, 사랑에는 인내와 견딤이 반드시 필요하다. 사랑할 수 없는 사람을 사랑하기 위해 그 자리에 내 감정의 반응과 상관없이 뛰어들고자 할 때, 그리고 그 사랑하는 자리를 지키며 견딜 때 내 안에 계신 예수 그리스도께서 그를 사랑하게 하시는 것이다.

PART 4

말씀에
목숨을걸라

고민하고 생각하고 질문하자

chapter 12

말씀이
왜 답인가?

성경은 줄곧 하나님에 대해서 이야기하지만 우리를 향한 하나님의 마음을 담은 책이라고 할 수 있다. 실로 과학적이고 논리적이면서도 섬세한 연애편지와 같다. 그럼에도 성경이 비논리적이고 상식에 어긋난다고 생각하는 이유는 실제 성경이 그래서가 아니라 성경을 대하는 사람들의 태도 때문이다. 모든 책에는 전하고자 하는 메시지가 있고, 책을 읽는 사람들 또한 저마다 목적이 있다. 그래서 종종 이야기하려는 목적과 다르게 해석될 우려가 있다.

어떻게 하면 성경을 올바른 관점으로 보고 하나님이 하시는 말씀을 들을 수 있을까? 사람들은 자신에게 꼭 필요한 정보라면 그것을 얻기 위해서 수단과 방법을 가리지 않는다. 더구나 절박한 일이라면 더욱 그럴 것이다. 생사를 오가는 문제라면 말할 것도 없다. 나를 살릴 수 있는 책이라면 단순히 연구하고 분석하는 것이 아니라 살기 위해서 그

책을 붙들게 된다. 성경이 우리의 생사를 다룬 책이라면 정말 간절히 붙들어야 하지 않을까?

성경은 단순히 지구상에서 가장 많이 팔린 베스트셀러라거나 이스라엘의 역사책이나 옛 성인(聖人)들의 위인전이 아니다. 성경은 지금 내게 필요한, 살아 계신 하나님께서 오늘 내게 하시는 말씀으로 붙들어야 한다. 이것이 성경을 대하는 올바른 태도이다.

그런데 성경을 단지 연구 대상으로 삼거나 성경에 대한 두려움 때문에 아예 펼칠 생각조차 하지 않는 것이 문제이다. 하나님을 더 알기 위한 성경 연구와 분석은 분명히 필요하지만, 성경을 시대주의적 관점과 인본주의적 관점으로 분석하려는 태도를 경계해야 한다.

우리가 성경을 펼칠 때 가장 소망 없는 죄인에게 살길을 알려주시는 하나님의 마음이 담긴 책이라는 것을 알게 된다면 성경을 대하는 태도가 달라지지 않을까. 그런 마음으로 성경을 펼친다면 오늘 나를 살게 하시는 말씀이 우리에게 부어져서 그 말씀은 수천 년 전에 기록된 역사책이 아니라 오늘 나를 살게 하는 실제적인 말씀으로 다가올 것이다.

우리에게 신학적 지식이 부족해서 성경을 이해하지 못하고 말씀을 듣지 못하는 것이 아니다. 말씀을 대하는 우리의 태도 때문이다. 인본주의적인 생각과 더 이상 알려고 하지 않는 무관심이 우리를 더 깊이 나아가지 못하게 막는다. 신학적 지식과 학문적인 연구는 앞으로 계속 해나가야겠지만 전문적인 교육을 받지 못했다는 변명 뒤에 숨어서 말씀을 더 알려고 하지 않는다면 그것은 두려움을 가장한 게으름에 불과하다. 이미 훌륭한 신학자들과 믿음의 선진들이 후세를 위해 남겨둔 자료와 정보가 있는데도(이단의 자료도 많이 있다. 어느 정도 분별할 필요가 있다) 성경을 혼자서는 못 보는 것이다.

두려워하지 말자. 하나님께서 주신 성경은 우리를 살게 하시기 위함이다. 오가는 모든 세대 가운데 가장 필요한 것이다. 성경은 하나님의 마음을 가르쳐주시기 위해 쓰인 것이니 남녀노소 누구나 말씀 앞에 합당한 태도로 나아간다면 성경의 원래 목적대로 우리에게 하시는 말씀을 알아들을 수 있을 것이다.

성령님이 도와주신다!

제씨 펜 루이스의 《십자가의 도》(좋은씨앗)에 나오는 일화이다.

한번은 큰 집회에 강사로 간 적이 있는데, 다른 강사들이 나에게 성경의 어떤 구절에 대한 의미를 질문했다. 그때 나는 이렇게 대답했다. 나는 헬라어는 잘 모릅니다. 그러나 성령님은 아십니다!

나는 비록 헬라어 전문가는 아니지만 성령께서 영적인 비밀을 내 안에 직접 계시해주실 때, 그 깨달은 진리의 내용이 원어의 본래 의미와 일치하는 놀라운 체험을 여러 번 경험했다. 이러한 체험들은 내게 용기를 불어넣어주었고, 더욱더 성령님을 의지하며 성경을 해석하기 원하는 열망을 갖게 했다. 또한 이로 인하여 성령의 분명한 조명이 있기까지는 "이 구절의 의미는 이것입니다. 저것입니다"라고 함부로 말하지 않는 조심성도 배웠다.

참으로 성령께서 조명해주셔서 깨달은 진리는 헬라어에 정통한 학자들이 해석한 말씀과도 모순되지 않는다. 진정 성령님이 열어서 보여주신 진리라면 혹 학적으로 모순이 된다 할지라도 그 진리는 헬라어에 정통한 학자들이 해석한 말씀과도 모순이 되지 않는다. 그 진리는 변치 않을 것이다. 그래서 나는 성경의 원어를 이해할 수 있도록 모든 자료를 수집하여 성령을 조심스럽게 상소하는 태도를 배우게 되었다.

오늘날 성경을 깨닫기 위해 필요한 도구들과 자료는 수없이 많다. 만일 우리가 진실하게 하나님의 말씀을 알려고 노력하고, 또 인본주의적인 관점으로 성경을 보는 오류에서 벗어나려고 노력한다면 성령님은 꼭 가르쳐주실 것이다! 필히 도와주실 것이다!

이처럼 하나님의 말씀을 더 깊이 알고자 하는 소망함으로 나아간다면 성령께서 반드시 도와주실 것이다. 우리는 올바른 태도로 나아가기만 하면 된다. 가르쳐주시고 깨닫게 하시는 것은 성령님이 하실 일이다.

보혜사 곧 아버지께서 내 이름으로 보내실 성령 그가 너희에게 모든 것을 가르치고 내가 너희에게 말한 모든 것을 생각나게 하리라 요 14:26

언젠가 나도 이런 경험을 한 적이 있다. 히브리어와 헬라어를 1년간 진득하게 배울 기회가 있었는데, 평소 공부와 담을 쌓고 지내다가 주말도 없이 일주일 내내 공부하는 환경은 그리 녹녹하지 않았다. 공부를 잘하지는 못했지만 1년 동안 지속적으로 듣다보니까 말을 알아들을 정도는 되었다. 그런데 히브리어 원문에 관한 강의를 듣다가 나 역시 놀라운 경험을 했다. 히브리어를 하나도 모르던 때에 내가 묵상한 내용과 원어를 풀어낸 내용이 정확히 일치했다. 그것도 여러 번 경험했다. 원어를 알지 못해도 성령님이 말씀을 조명해주신 것이다. 그러고 나니까 성경을 보는 것이 두렵지 않았다. 하나님의 말씀을 듣고자 소망하며 나아갔을 때 가르쳐주시는 것을 깨닫게 되니까 말씀 앞에 나아가는 일이 즐겁고 말씀을 더 알고 싶어졌다.

말씀하실 때까지 기다리자

그런데 문제는 성경이 너무 어렵다는 것이다. 마음먹고 성경을 읽기 시작했을 때 창세기는 그래도 이야기 중심이고 귀에 익은 인물들이 등장하기 때문에 그럭저럭 읽을 만하다. 출애굽기도 드라마틱한 스토리가 있어서 읽는 데 큰 부담이 없다. 하지만 레위기부터 도대체 무슨 이야기를 하는지 파악하기가 어렵다. 내용이 계속 반복되는 것 같고 왜 이렇게 재미가 없고 흥미가 생기지 않는지…. 그래서 성경통독을 결단한 후에 반복적으로 중단되는 마의 구간이 레위기이다. 대부분 여기서 많이 무너진다. 레위기를 간신히 넘어가더라도 이어지는 열왕기에 처음 들어보는 왕들의 이름이 무수히 등장해서 혼란스럽다. 그다음 선지서에는 선지자들의 예언을 통한 하나님의 엄위한 심판의 메시지가 쏟아진다. 구약성경과 가까워지기가 여간 힘든 것이 아니다.

그래도 신약성경은 예수님의 이야기가 주를 이루고 서신서에서 신학적으로 풀어주기 때문에 크게 어렵지는 않다. 초대교회의 특성과 그 당시 상황, 지역의 특성을 조금만 이해하면 신약은 읽을 만하다. 그런데 구약은 아무리 정을 붙이려고 해도 어렵고 난해하다.

고생질 공동체에서는 성경을 매일 하루에 한 장씩 묵상한다. 창세기부터 하루도 빼먹지 않고 한 장씩 묵상하면 약 3년 6개월이면 성경 66권을 통독할 수 있다. 고생질 지체들도 구약성경을 묵상할 때 가장 힘들어 한다. 아침 예배시간에 스토리가 있는 본문을 묵상할 때는 묵상이 풍성한데 레위기, 열왕기, 선지서 차례가 오면 다들 고개를 숙인다. 그럴 때면 내가 있는 사무실에 찾아와서 묻는 지체들이 많다.

"도대체 무슨 말씀인지 모르겠어요", "선교사님, 이건 무슨 의미인가요?"

그렇게 낙심하며 찾아오는데 나는 이 모습이 참 흐뭇하고 기분이 좋다. 말씀을 붙들다가 모른다고 그냥 넘어가는 것이 아니라 제대로 알고 싶은 소망함으로 고민하고 질문하기 때문이다. 나는 그 모습이 너무나 좋다. 그래서 어려운 본문이 나올 때는 신학적 자료와 주석, 본문의 개요와 역사적 자료들을 준비해놓고 지체들을 기다린다. 그런 질문들 때문에 나도 같이 공부하고 성장할 수 있기 때문이다. 지체들의 질문이 너무 기다려진다. 질문을 하러 오지 않으면 괜히 주변을 어슬렁거리며 만나는 지체마다 "질문 없어요?"라고 묻기도 한다.

말씀이 알고 싶어서 고민하게 되면 자연스럽게 질문이 생긴다. 그 질문은 말씀을 다시 찾아보게 만드는 선순환을 일으킨다. 말씀에 관심이 없으면 궁금한 것도 없다. 말씀 앞에서 고민하다가 얼굴에 다크서클이 내려온 상태로 질문을 해오면 나는 그들의 감정은 고려하지 않고 이렇게 말한다.

"지금이 제일 좋은 상태이다. 이제 말씀이 더 궁금하고 알고 싶지 않을까?"

그러고는 동문서답하듯이 권면한다.

"말씀하실 때까지, 알아들을 때까지 기다리자. 말씀을 보고 연구하고 공부는 하지만 그 자체가 말씀이 아니라 이스라엘의 역사를 통하여 오늘 내게 말씀하실 때까지 기다리자."

고생질에 커리큘럼이 없는 이유는 나에게 말씀하실 때까지 머물러야 하는데 다른 일정에 치이다보면 중요한 것을 놓칠 수 있기 때문이다. 그래서 오늘의 말씀이 그날 하루의 일과가 되어 말씀 앞에서 고민하고 생각하고 질문한다. 그저 원하는 답을 기다리는 것이 아니라 하나님이 그의 인생을 살피시고 그에게 꼭 필요한 말씀을 주실 때까지 기다린다.

이런 태도로 주님 앞에 서면 주님이 우리에게 성경을 풀어서 가르쳐 주실 것이다. 우리 공동체에 주신 가르침은, 성경이 죄인에게는 살길이고 의인에게는 살아갈 길이라는 것이다. 이 고백은 성경 말씀이 우리 삶에 실제로 적용 가능한 현실적인 말씀이라는 것이다. 이런 결론을 알고도 구약성경은 참 어렵고 멀게 느껴진다. 그렇기 때문에 무엇보다 구약을 기록하신 하나님의 마음과 뜻을 알아야 한다.

오늘 나를 살릴 말씀

성경은 이스라엘이라는 객관적인 역사를 통해서 오늘날 나에게 주관적으로 하시는 말씀이다. 이스라엘의 역사를 들어 쓰심으로써 역사 이야기나 하나님의 어떠하심만 나타내시는 것이 아니라 오늘 성경을 읽는 나에게 말씀하고 싶으신 것이다. 구약을 통해 하나님이 우리에게 하고 싶으신 말씀은 사형 선고가 결정된 죄인이 살 수 있는 유일한 길은 예수 그리스도라는 것이다. 그리고 그 은혜로 예수 그리스도의 생명을 받은 그리스도인으로서 살아가게 하시는 예수 그리스도에 대한 이야기이다.

이르시되 미련하고 선지자들이 말한 모든 것을 마음에 더디 믿는 자들이여 그리스도가 이런 고난을 받고 자기의 영광에 들어가야 할 것이 아니냐 하시고 이에 모세와 모든 선지자의 글로 시작하여 모든 성경에 쓴 바 자기에 관한 것을 자세히 설명하시니라 눅 24:25-27

또 이르시되 내가 너희와 함께 있을 때에 너희에게 말한 바 곧 모세의 율법과 선지자의 글과 시편에 나를 가리켜 기록된 모든 것이 이루어져야 하리라 한 말이 이것이라 하시고 이에 그들의 마음을 열어 성경을 깨닫게 하시고 또 이르시되 이같이 그리스도가 고난을 받고 제삼일에 죽은 자 가운데서 살아날 것과 또 그의 이름으로 죄 사함을 받게 하는 회개가 예루살렘에서 시작하여 모든 족속에게 전파될 것이 기록되었으니 눅 24:44-47

예수님은 성경이 "모세의 율법과 선지자의 글과 시편에 나를 가리켜 기록된 모든 것"이라고 말씀하셨다. 모세의 율법과 선지자의 글과 시편은 구약성경 전체를 아우른다. 이는 구약 전체가 예수님이 그리스도이시며 구원자이심을 이야기하는 것이라고 밝히신 것이다.

구약이 예수님에 대한 이야기를 한다고 해서 그것이 나와 무슨 상관일까. 이스라엘 민족의 탄생, 출애굽, 가나안, 사사시대, 왕정시대 등 역사 가운데서 이야기하는 것이 예수 그리스도이고, 그 가운데 인간의 실상과 죄인 됨을 여실히 드러내서 우리에게 메시아가 필요하고, 그 메시아가 바로 예수 그리스도이심을 말씀하는 것이다. 예수 그리스도를 가리켜 기록된 책이 구약이고, 신약은 온통 예수 그리스도에 대한 이야기이다. 우리가 어떤 절박한 상황에 있을지라도 죄인이라는 문제보다 더 심각한 문제는 없다. 죄인의 문제를 해결할 방법이 우리에게 없다는 것 또한 가장 절망스러운 상황이다. 이 문제를 해결할 방법이 없다면 아무리 좋은 환경에 있더라도 그것은 무의미하다. 그렇기 때문에 이 시대에 죄인 된 문제에서 자유로워지는 유일한 길이신 예수 그리스도가 필요하다.

죄의 문제에서 벗어날 길이 열렸는데 만약 몰라서 누리지 못한다면 그것만큼 불쌍한 인생이 어디 있겠는가? 성경을 보고도 그 은혜를 누릴 수 없다면 정말 안타까운 일이다. 죄인이 살 수 있는 길을 예비해놓으시고 말씀을 통해 우리에게 알려주셨는데 제대로 알지 못해서 누리지 못한다면 누구를 탓하겠는가.

대안 없는 위로는 의미가 없다

사람들은 각자 자신이 처한 상황과 환경 가운데 바라는 것들이 있다. 그 원함과 필요를 충족하기 위해 수많은 시도를 하게 된다. 그런데 그 필요와 원함을 가지고 기독교라는 종교를 만나면 다른 종교와 다를 것이 없다. 문제 해결과 소원 성취를 위한 기도는 절에서도 하고, 천국에 가기 위한 헌신과 희생은 무슬림들이 더 하기 때문이다.

만약 우리가 성경의 목적을 제대로 알지 못한 채 문제 해결을 바라고 성경을 보기 시작하면 무슨 일이 일어나겠는가? 성경은 단지 이 땅에서 복을 받으라고 이야기해주는 마음의 위안용 책이 될 뿐이다. 하지만 대안 없는 위로가 위로인가? 대책 없는 격려가 격려인가? 이 땅에서 힘든 삶을 살아가는 우리에게 위로나 격려가 필요 없다는 말이 아니라 근본적인 문제를 해결하지 못하는 위로는 결코 위로가 되지 않는다는 것이다.

언젠가 미국에서 말씀을 전할 기회가 있었다. 가기 전부터 이민 사회가 굉장히 힘들고 어려워서 위로가 많이 필요하다는 말을 들었다. 실제로 현장에 가서 이야기를 들으니까 정말 치열하고 어려운 삶을 사는 분들이 많았다. 그래서 위로가 되는 말씀을 전하려고 준비했다가 그 분들과 개인적으로 교제하면서 생각이 바뀌었다. 그 분들이 정말 원하는 것은 지금의 어려운 상황에 대한 대책 없는 위로가 아니라 정말 간절히 붙들 무언가가 필요하다는 마음이 들었기 때문이다. 그 마음이 전달되기를 바라는 마음으로 말씀을 다시 준비해서 담대히 전했다.

"이 치열함 가운데 우리에게 가장 필요한 것은 어려운 지금의 상황을 바꿔줄 예수님이 아니라 그 무엇으로도 채울 수 없는 우리의 목마름을 해결하시는 예수 그리스도이십니다! 문제를 해결해줄 예수님이 필요한 것이 아니라 그 무엇으로도 만족할 수 없는 우리의 공허한 심령을 채우시는 예수 그리스도이십니다! 우리가 공허하고 목이 마른 이유는 당면한 문제나 상황 때문이 아니라 소망 없는 죄인이기 때문입니다. 죄인들에게 살길을 열어 보이신 예수 그리스도께서 우리의 진정한 소망이 되십니다! 물론 우리가 겪는 어려운 문제와 상황을 해결해주시기를 원하고, 그렇게 구하기도 합니다. 그러나 그리 아니하실지라도 우리의 가장 근본적인 문제를 해결하신 예수 그리스도의 은혜로 오늘 우리는 기뻐할 수 있습니다."

그날 말씀을 듣고 오히려 힘을 얻었다는 교민들이 많았다.

우리의 상태와 환경에만 집중해서 성경을 읽으면 성경이 잘 이해되지 않는다. 하나님께서는 말씀을 통해 우리의 문제를 해결해주시려는 것이 아니라 복음을 들려주고 싶으신 것이다. 그것은 우리가 그토록 원하는 복 자체이신 하나님께 나아갈 수조차 없는 존재적 죄인의 문제를 예수 그리스도를 통하여 완전히 해결하셨다는 복음이다.

내가 애타게 해결되기를 바라는 문제가 있다면 하나님께서 주려고 하시는 것을 온전히 받을 수 있겠는가? 그 말씀을 온전히 받으려면 먼저 나의 원함과 기대를 내려놓아야 한다. 그러나 나를 포함한 많은 사람들이 하나님의 살아 계심을 자신의 필요와 원함을 충족시켜주는 것으로 확인받고 싶어 한다.

말씀을 취사선택하는 문제

종종 식당에 가면 성경구절이 액자에 걸려 있는 것을 볼 수 있다. 그런데 단 한 번도 이런 구절은 보지 못했다.

그리스도를 위하여 너희에게 은혜를 주신 것은 다만 그를 믿을 뿐 아니라 또한 그를 위하여 고난도 받게 하려 하심이라 빌 1:29

자녀이면 또한 상속자 곧 하나님의 상속자요 그리스도와 함께한 상속자니 우리가 그와 함께 영광을 받기 위하여 고난도 함께 받아야 할 것이니라 롬 8:17

대부분 이런 말씀이 걸려 있다.

내가 너로 큰 민족을 이루고 네게 복을 주어 네 이름을 창대하게 하리니 너는 복이 될지라 창 12:2

야베스가 이스라엘 하나님께 아뢰어 이르되 주께서 내게 복을 주시려거든 나의 지역을 넓히시고 주의 손으로 나를 도우사 나로 환난을 벗어나 내게 근심이 없게 하옵소서 하였더니 하나님이 그가 구하는 것을 허락하셨더라 대상 4:10

고난에 대한 이야기는 없고 대부분 복을 주신다는 말씀이다. 야베

스라는 인물을 아는가? 야베스는 성경 66권 중에 딱 두 절 등장하지만 '야베스의 기도'로 잘 알려져 있고 관련 책도 많다. 물론 성경적이고 복음적이라서 그럴 수도 있겠지만 우리의 원함과 너무도 일치하는 기도문을 올려드리고 구한 대로 다 응답받은 인물이라서 더 마음이 가는 것은 아닐까?

신명기 28장에는 들어가도 복을 받고 나가도 복을 받는다는 말씀이 나온다. 너무나 좋은 말씀이지만 그 복을 받으려면 반드시 1절부터 보아야 한다. 1,2절 말씀이다.

> 네가 네 하나님 여호와의 말씀을 삼가 듣고 내가 오늘 네게 명령하는 그의 모든 명령을 지켜 행하면 네 하나님 여호와께서 너를 세계 모든 민족 위에 뛰어나게 하실 것이라 네가 네 하나님 여호와의 말씀을 청종하면 이 모든 복이 네게 임하며 네게 이르리니 신 28:1,2

그 복이 임하는 데 "하나님의 말씀을 듣고 모든 명령을 지켜 행하고 하나님의 말씀을 청종하면"이라는 전제가 붙어 있다. 그런데 우리는 보통 1,2절을 건너뛰고 복 이야기가 나오는 3절부터 보는 경향이 있다. 어느 음식점에서도 확인할 수 있었다. 물론 이런 성경 말씀을 사업장에 붙여두고 소망하는 것이 잘못은 아니다.

나는 예수님을 믿으면 복을 받는다고 생각한다. 그리고 실제로 상황이 해결되고 문제가 해결될 수 있다고도 생각한다. 그런데 예수님을 통해 복을 받았으면 동일하게 예수님과 함께 고난도 받을 수 있어야 균형 잡힌 신앙생활이 아닐까? 고난이 좋고 아픔과 고통을 즐기는 사람이 어디 있겠는가. 하지만 예수님 자체가 복이시니 그분과 함께 부요함도 누리고 고난도 받을 수 있어야 한다고 믿는다.

이처럼 나의 원함을 가지고 내가 원하는 말씀만 취사선택하기 시작하면 문제가 해결되기 어렵다. 또 그 어려움이 해결되지 않으면 성경에 대한 신뢰도 깨지게 된다. 이것이 반복되다 보면 성경에 오류가 있다고 믿게 되고, 자신이 문제가 아니라 성경이 문제라고 인식하게 된다.

우리가 말씀을 듣지 못하는 이유는 하나님이 우리에게 말씀하시지 않아서가 아니라 나의 원함과 필요가 앞서 있어서 우리에게 말씀하시는 하나님의 말씀을 들을 수가 없었던 것이다. 그렇다면 우리가 원하고 바라는 대로 하나님이 다 들어주시면 우리는 더 이상 고민하지 않을까? 더 이상의 어려움이 없을까? 그러나 나의 바람, 기대, 원함이 충족되고 상황이 바뀌고 환경이 개선되는 것으로는 절대 만족할 수 없다.

상황의 변화나 환경의 개선이 나의 근본적인 필요를 충족시킬 수 없다. 나의 바람대로 되어도 만족할 수 없다면 내게 진짜 필요한 것이 상황의 변화가 아니었음을 알게 된다. 우리 인생에 진정으로 필요한 것이 무엇인지 알고 있는가? 우리의 유한한 인생에 진짜 충족되어야 할 것이 무엇인지 알고 싶은가? 우리에게 진정 필요한 것이 무엇인지 성경은 말하고 있다.

그들이 이르되 주여 이 떡을 항상 우리에게 주소서 예수께서 이르시되 나는 생명의 떡이니 내게 오는 자는 결코 주리지 아니할 터이요 나를

믿는 자는 영원히 목마르지 아니하리라 요 6:34,35

　오병이어의 기적을 보고 달려온 자들이 떡을 달라고 소리칠 때 예수님은 동문서답하시듯이 "너희에게 필요한 것은 떡이 아니라 바로 나야"라고 말씀하신다. 예수님의 말씀을 전혀 이해하지 못한 사람들은 예수님이 자신들의 원함을 들어줄 것 같지 않자 금세 비난하며 떠나버린다.

　우리에게 정말 필요한 것은 다른 것이 아니라 예수 그리스도이시다. 그렇다면 우리에게 무엇이 필요한지 가장 잘 아시는 하나님께서 우리의 인생에 답이 되어주시려고 말씀을 주신다면 그 말씀에 무엇을 기록해놓으셨겠는가? 바로 예수 그리스도이시다! 그래서 하나님께서 내게 하실 말씀을 기대하는 마음으로 말씀 앞에 설 때 예수 그리스도가 절대적으로 필요한 존재임을 드러내신다.

　예수께서 들으시고 그들에게 이르시되 건강한 자에게는 의사가 쓸 데 없고 병든 자에게라야 쓸 데 있느니라 나는 의인을 부르러 온 것이 아니요 죄인을 부르러 왔노라 하시니라 막 2:17

　의사는 병든 자에게 필요하다. 건강하면 의사를 찾지 않는다. 자신이 병든 것을 모르고 스스로 건강하다고 생각하면 병원에서 의사를 찾지 않듯이 예수 그리스도는 죄인에게 필요하다. 그런데 우리가 스스로 의인이라 착각하며(죄인임을 인정하지 않든 죄인인 줄 모르든) 죄인이 살 수 있는 길에 대해 전혀 관심이 없다면 우리는 예수님을 단지 내가 필요할 때만 찾는 요술 램프의 지니 같은 해결사로 여기게 된다.

그러므로 우리에게 예수 그리스도가 필요한 만큼 소망 없는 죄인이라는 것을 드러내실 때 그것을 깨달아 아는 것이 무엇보다 중요하다. 그래야 성경의 모든 이야기가 복음으로 다가올 수 있기 때문이다. 그래서 말씀 앞에 설수록 우리가 잘하고 발전하는 모습을 발견하는 것이 아니라 주님이 아니고서는 소망 없는 죄인임이 여실히 드러난다고 했던 것이다.

성경에 나오는 이스라엘 백성들을 보라. 이스라엘 백성들만큼 그들이 바라는 대로 드라마틱하게 상황을 바꿔주시고 환경을 개선해주셨던 나라가 어디 있는가? 노예생활을 하던 애굽에서 나와 홍해를 건너고, 광야에서는 하늘의 만나와 메추라기를 주시고 반석에서 솟아나는 물을 마셨다. 그렇게 상황이 바뀌고 환경이 개선되었지만 여전히 죄인이었기에 틈만 나면 우상을 숭배하고 하나님을 반역했다. 상황과 환경이 바뀐다고 해결될 일이 아니었다. 인간은 결코 상황과 환경이 기적적으로 개선된다고 해서 바뀔 존재가 아니다. 그것은 이스라엘의 역사뿐만 아니라 전 세계 역사를 통해 증명되었다. 오죽했으면 모세도 이렇게 말했을까.

이스라엘이여 너는 행복한 사람이로다 여호와의 구원을 너같이 얻은 백성이 누구냐 신 33:29

이스라엘 백성들처럼 하나님의 살아 계심을 본 자들이 없다는 것이다. 그럼에도 가나안에 들어가서 전쟁을 마치자마자 이스라엘의 암흑기라고 하는 사사 시대가 펼쳐진다. 인간이라는 존재는 상황을 바꾼다고 해서 될 일이 아니라 존재가 바뀌어야 한다. 존재가 바뀌고 나면 주어진 상황과 환경을 바라보는 관점 자체가 바뀌기 때문이다. 그런데 존재를 바꾸는 일은 우리가 무엇 하나 바꾼다고 해서 되는 것이 아니라 오직 예수 그리스도만이 하실 수 있는 일이다.

예수님을 만나면 일어나는 변화

나는 질풍노도의 청소년기를 보냈다. 반항이 극에 달했을 때 온 가족이 인천에 있는 신도라는 섬으로 이사를 가게 되었다. 부모님이 속한 공동체 전체가 그 섬 폐교에서 지내기로 했기 때문이다. 처음 목격한 현장은 충격 그 자체였다. 여기서 어떻게 사람이 살까 싶은 그런 곳이었다. 지금 다시 주님이 그곳에 가라고 말씀하신다면 가야겠지만 마음의 준비가 많이 필요할 것 같다. 사람 손이 몇 년간 닿지 않은 폐교에서 산다고 생각해보라. 더구나 한겨울에 화장실은 동파되었고, 밥을 먹을 때도 칼바람에 펄럭거리는 천막 안에서 오들오들 떨면서 간신히 밥을 먹어야 했다. 인적이 드문 곳이어서 고라니가 당당하게 들어올 정도였다.

많이 힘들고 어려운 환경이었다. 하나님이 너무 원망스러웠다. 그런데 그 열악한 환경에서 주님을 인격적으로 만나는 놀라운 일이 일어났다. 주님은 누가복음 15장 돌아온 탕자 말씀으로 나를 만나주셨다.

나를 힘들게 하는 환경은 그대로였지만 예수님을 만나고 나서 나 자신이 바뀌자 그 환경이 더 이상 어려움으로 다가오지 않았다. 결국 환경이 문제가 아니라 존재와 마음의 문제였다.

존재가 바뀌지 않으면 아무것도 바뀌지 않는다. 예수님이 이 땅에 오셔서 계속 강조하신 것은 우리에게 필요한 것이 상황의 변화나 환경의 개선이 아니라 바로 예수님 자신이라는 사실이다. 이런 이야기를 들은 유대인들은 자신의 존재를 변화시킬 메시아가 아니라 상황을 바꾸고 환경을 개선해줄 메시아를 필요로 했다. 병든 것을 고치고 먹을 것을 주고 정치적으로는 로마의 압제로부터 자유롭게 해주고 나라를 부강하게 만들어줄 다윗과 같은 메시아를 기대했다. 그런데 그 필요가 예수님을 통해서 충족되지 않자 그분을 십자가에 못 박아버린 것이다.

> 너희가 성경에서 영생을 얻는 줄 생각하고 성경을 연구하거니와 이 성경이 곧 내게 대하여 증언하는 것이니라 그러나 너희가 영생을 얻기 위하여 내게 오기를 원하지 아니하는도다 요 5:39,40

그러나 유대인들은 자신들에게 필요한 것이 무엇인지 알지 못했다. 그것을 인정하지 않고 자신의 기대와 원함을 내려놓지 않았다. 그래서 우리 인간에게 가장 근본적인 필요를 충족시켜주실 예수님을 눈앞에서 보고도 그분을 십자가에 못 박아버렸다. 우리의 진정한 필요가 무엇인지 안다면 다른 것을 구할 생각을 하지 않는다. 성경을 통하여 자신의 죄인 됨을 해결하실 수 있는 유일한 분, 오직 예수 그리스도의 십자가 은혜를 보게 되는 것이다.

이런 관점으로 구약을 보면 창세기부터 예수 그리스도의 복음을 예표하는 사건들로 가득하다. 창세기에서 범죄한 직후의 언약들부터 노아의 방주, 아브라함과 이삭, 출애굽기의 유월절, 레위기의 제사 제도, 이해 안 되는 족보, 선지자들의 예언들, 이 모든 것이 예수 그리스도로 꿰어진다. 신약의 서신서에서도 구약의 예언을 인용해서 예수님의 이야기를 풀어냈다. 우리는 이제 성경을 펴들고 성경 전체가 말하는 예수 그리스도와 그분이 이루신 십자가의 복음을 볼 수 있어야 한다.

지금 우리에게 이 복음이 가장 필요하다. 복음에 전부를 걸고 말씀을 붙들어야 우리가 살 수 있다. 이 은혜가 필요한 존재임을 잊은 채 성경을 읽으면 성경은 그저 남의 나라 이야기, 전혀 현실성 없는 책에 불과하다.

말씀 앞에 서면 우리가 예수 그리스도의 복음이 필요한 죄인임을 발견한다고 했다. 고통스럽고 어려운 시간이 될 것이다. 그러나 나의 죄인 됨을 발견하는 것은 은혜이다. 왜냐하면 그것을 발견할 때마다 하나님께서 아들 예수 그리스도를 보내시고 십자가에서 이루신 은혜를 볼 수 있기 때문이다. 그러니 예수 그리스도와, 예수 그리스도께서 이루신 복음으로 말씀 앞에 나아가자.

이 비밀은 만세와 만대로부터 감추어졌던 것인데 이제는 그의 성도들에게 나타났고 하나님이 그들로 하여금 이 비밀의 영광이 이방인 가운데 얼마나 풍성한지를 알게 하려 하심이라 이 비밀은 너희 안에 계신 그리

스도시니 곧 영광의 소망이니라 골 1:26,27

말씀을 통해 자신의 죄인 됨을 보았다면 성경에 기록된 모든 내용은 복음 그 자체이다.

숨은 예수님 찾기

고생질에서는 죄인인 우리의 유일한 소망이자 성경 전체가 이야기하는 예수 그리스도를 찾아보기로 했다. 우리가 죄인인 것은 어렵지 않게 발견할 수 있다. 생활 가운데 반응하는 나의 모습, 관계 속에서 반응하는 나의 모습, 하나님의 말씀에 합당하지 않은 자신의 모습을 보는 것은 어려운 일이 아니다. 또 매일의 묵상 가운데 나의 소망 없음을 드러내신다. 타락한 이스라엘 백성들의 모습이 어찌나 나와 닮았는지 쉽게 발견할 수 있다. 그런데 거기서 멈추면 안 된다. 우리의 절망을 통해 소망이 되시는 예수님을 발견해야 한다.

그래서 우리는 말씀 가운데서 소망 없는 우리의 소망이 되시는 예수 그리스도를 찾으려고 몸부림치고 있다. 그중에 '구약에 숨은 예수님 찾기'라는 훈련이 있다. 구약의 느헤미야서, 에스라서, 호세아서, 미가서 등 한 권씩 묵상할 때마다 선지자들에게 주신 예언과 환상 그리고 상황을 통하여 우리에게 어떻게 예수 그리스도를 예표하고 말씀하시는지를 찾는 훈련이다. 지체들이 함께 모여서 성경을 연구하고 자료를 취합한 뒤 개인의 묵상을 담아 성경 곳곳에 나타난 우리의 소망이 되시는 예수 그리스도를 찾는 것이다.

창세기 노아의 방주를 통해 예표된 예수 그리스도, 아브라함이 아들 이삭을 제물로 바치는 사건에서 나타난 예수 그리스도, 출애굽을 통해 나타난 예수 그리스도, 레위기 제사 제도를 통해 예표된 예수 그리스도, 룻기에 나타난 예수 그리스도, 호세아서에 나타난 예수 그리스도…. 지체들이 함께 찾은 것을 정리하고 연구해서 발표하기도 하고 연극으로 만들어보기도 한다.

또한 한 주 동안 묵상한 범위 안에서 성경의 핵심을 알 수 있는 문제를 지체들이 직접 선별해서 성경 퀴즈를 내기도 한다. 문제를 풀 때만이 아니라 문제를 출제하면서 말씀을 더 깊이 고민하고 연구할 수 있기 때문이다. 성경 퀴즈를 준비하고 문제를 풀면서 지난 한 주간의 묵상을 돌아볼 기회를 갖는다. 이를 통해 하나님을 더욱 알아간다.

이 시간들을 통해서 성경을 우리에게 주신 이유가 다른 것이 아니라 소망 없는 죄인에게 주신 하나님의 은혜임을 알아간다. 더불어 이 은혜를 주시고자 기록하신 성경을 더 알고 싶고, 더 깊이 연구하고 싶은 소망함을 우리 가운데 불러일으켜주셨다.

우리가 이러한 마음과 태도로 성경을 연구하고 알아간다면 소망 없는 죄인들이 살아가는 이 세상에 유일한 소망이신 예수 그리스도를 제대로 알려줄 수 있지 않을까. 나 같은 죄인을 살리신 그 은혜가 나타날 수밖에 없다고 믿는다. 성경은 단지 연구 대상이 아니라 죄인들이 생명을 다해서 지키고 붙들어야 하는 것이다.

chapter 13

내 뜻인가,
하나님 뜻인가

세상을 살면서 수없이 많은 선택의 기로 앞에 선다. 인생은 선택의 연속이라고 해도 과언이 아니다. 그런데 이 선택의 갈림길 앞에서 무엇을 선택해야 할지 몰라서 당황할 때가 있다. 선택지 앞에서 망설이며 고민하는 이유는 오늘의 선택이 다가올 미래에 직접적인 영향을 미치기 때문이다. 사람은 자신이 알지 못하는 미래에 대한 두려움이 있다. 어떤 일이 펼쳐질지 몰라서 불안한 것은 어찌 보면 당연하다. 그래서 어떤 선택을 해야 나에게 가장 유리할까 고민하게 되는 것이다.

고생질에서 가장 중요하게 생각하는 훈련이 바로 이 '선택의 훈련'이다. 고생질의 훈련은 무기한이지만 평생은 아니기 때문에 언젠가 이 안전한 울타리를 떠나야 한다. 그리고 그 누구와 다를 바 없이 선택의 기로 앞에 서게 될 것이다. 사람은 인생을 살아가면서 필연적으로 선택을 해야 하고 그 선택에 책임을 져야 한다. 만약 실수로 잘못된 선택을 했다고 하더라도 그 대가는 치러야 한다. 잘못된 선택 한 번으로 인생을 망친 이야기는 어렵지 않게 들을 수 있다. 그렇기 때문에 이 땅을 살면서 무엇보다 신중하고 조심해서 결정해야 한다.

그리고 신앙에 대해서 진지하게 생각하는 사람들은 나의 원함대로 선택하기보다 하나님이 원하시는 길로 가기를 원하고 소망하는 마음이 있다. 그런데 그 선택의 순간에 내 뜻인지 아니면 하나님의 뜻인지 어떻게 분별할 수 있을까.

하나님이 가장 영화롭게 되시는 선택

매 순간 옳은 것을 택하고 싶은 소망은 누구에게나 있고, 이것이 과연 옳은 선택인지 의문이 들 때가 있다. 만약 A와 B가 진리냐 비진리냐의 선택이라면 고민할 필요가 없다. 그저 진리를 향해 분명한 태도를 보이면 된다. 그런데 A, B 둘 다 잘못이라고 할 수 없는 주제가 있다. A나 B라는 회사에서의 갈등이라든지 아니면 가족과 단체의 문제라든지 이런 식의 선택의 기로 앞에 서면 무엇이 옳은 것일까 고민하게된다.

언젠가 아버지가 이런 선택을 어떻게 해야 하는지에 대해서 가르쳐주신 적이 있다.

"A나 B를 선택해야 하는 선택의 기로 앞에 섰을 때는 진리와 비진리의 문제가 아니라면 지금까지 배운 범주 안에서 결정하면 된다. 현재네 수준을 넘어서는 분별력을 요구하지 않으시기 때문에 지금까지 배워온 진리 안에서 A든지 B든지 나의 원함을 제하고 하나님이 가장 영화롭게 되실 수 있는 길을 선택해라. 나도 좋고 주님도 좋은 것 말고 오직 주님만 높아지실 수 있는 자리, 되도록 주님이 아니면 선택할 이유가 없는 길을 택하는 것이 안전하다.

그래서 A를 선택했다고 해보자. 하나님이 가장 영화롭게 되시는 것이 A인 것 같아서 A를 선택했는데 알고 보니 B가 더 합리적이고 타당한 선택지였음을 알게 될 때가 있다. 이런 결론이 날까봐 두렵지? 그러나 걱정하지 말아라. 하나님이 영화롭게 되시는 것을 소망하는 마음으로 한 선택이라면 결과는 상관이 없다. 하나님은 전능하신 분이고, 네가 잘못 선택한 A를 B로도 바꾸실 수 있는 분이다. 그러니 걱정하지 말고 오늘의 선택지에서 나의 원함을 제하고 나도 좋고 하나님도 좋은 선택 말고 내가 아는 한 하나님이 가장 영화롭게 되시는 것을 선택해라."

이 원리는 오늘날까지 적용하려고 붙들고 싸우고 있다. 고생질 지체들에게도 동일하게 권면하면서 이 원리를 함께 배워나가고 있다. 하나님 편에서 우리의 선택지는 중요하지 않다. 그저 어떤 동기로 선택했는지가 중요하다. 그래서 무엇을 선택해야 하는 순간이 오면 가장 먼저 어떤 마음으로 그것을 결정했는지 점검하고 돌아보아야 한다.

우리는 선택해야 하는 순간에 "선택하고자 하는 길이 내 뜻인가? 하나님 뜻인가?"를 물을 때가 있다. 이것이 내 뜻인지 하나님의 뜻인지 분별되지 않을 때 가장 쉬운 방법은 그 질문 속에 아직도 '나'라는 사람이 존재하는지를 살펴보면 된다.

만일 우리가 그의 죽으심과 같은 모양으로 연합한 자가 되었으면 또
한 그의 부활과 같은 모양으로 연합한 자도 되리라 롬 6:5

우리가 그리스도와 함께 십자가에 못 박혀 죽었다면 더 이상 내가
사는 것이 아니라 오직 내 안에 그리스도께서 사시는 것이다(갈 2:20).
이 결론에 확실하게 도장을 찍었다면 더는 내 뜻, 내 원함, 내 생각이
존재하지 않는다는 것을 의미한다.

그리스도 예수의 사람들은 육체와 함께 그 정욕과 탐심을 십자가에 못
박았느니라 갈 5:24

이전에 죄와 연합된 존재였던 나는 이미 죽었다는 선언이다. 만약
이 진리의 결론대로 내가 죽었다면 나에게 하나님의 뜻만 남지 않겠는
가? 이 질문 앞에서 먼저 내 원함과 정욕과 육체에 대하여 십자가에 못
박았다는 이 진리를 확실하게 믿는지 점검하고 믿음으로 확실하게 선
포해야 한다. 이 진리를 확실히 믿는다면 망설일 이유가 없다.

이 진리가 결론이 되어야만 "내 뜻인가? 하나님 뜻인가?"라는 헤어
날 수 없는 질문에서 벗어날 수 있다. 그러면 우리의 태도가 A든 B든
전혀 상관이 없다. 우리의 관심은 무엇이 더 하나님을 영화롭게 하는
가에 집중되기 때문이다.

하나님의 선택은 더 나은 방법과 더 나은 사람이 아니다. 하나님은
우리의 외모를 보지 않으시고 마음의 중심, 즉 동기를 살피신다(삼상

16:7). 우리가 마음의 중심으로 하나님을 택하는 결정을 한다면 우리가 어떤 선택을 하든지 가장 선한 길로 이끄시고 완전한 하나님의 계획 속에 두실 것이다.

우리는 부족하지만 하나님께서 완전하시기에 그분의 부르심을 입은 자들이 잘못된 선택을 할지라도 실패한 삶을 살게 하지 않으신다. 그 정도의 확신과 믿음이 있어야 이 믿음의 삶을 살 수 있지 않겠는가. 믿음의 삶은 위태로운 외줄 타기가 아니다. 가장 안전한 길을 가는 것이다. 그 길에 들어서기 전에는 너무 좁고 협착해 보이지만 분명한 하나의 길로 갈 수 있어서 삶이 단순하고 명확해진다.

> 우리가 알거니와 하나님을 사랑하는 자 곧 그의 뜻대로 부르심을 입은 자들에게는 모든 것이 합력하여 선을 이루느니라 롬 8:28

내 뜻이 아닌 오직 하나님의 뜻대로 인생을 사는 자는 무계획이 아니라 가장 완전한 계획이 있는 것이다.

한 걸음 한 걸음씩

그러면 선택한 것을 어떻게 점검하고 확인할 수 있을까?

> 여호와께서 아브람에게 이르시되 너는 너의 고향과 친척과 아버지의 집을 떠나 내가 네게 보여줄 땅으로 가라 창 12:1

하나님께서 약속의 조상 아브라함을 부르시는 장면이다. 이때 하나님께서는 아브라함에게 "내가 네게 보여줄 땅으로 가라"라고 하셨다. 하나님께서는 내가 '보여준 땅'이라고 하지 않으시고 '보여줄 땅'이라고 하셨다. 아브라함이 하나님 부르심을 받고 따라나설 때 앞으로 갈 길을 미리 알고 따라나선 것이 아니다. 딱 한 걸음만 보여주셨다. 우리는 우리 앞에 펼쳐질 일들을 알고 싶어 한다. 그래서 하나님께 앞으로의 걸음을 미리 가르쳐달라고 구하기도 한다. 나 역시 하나님께 그렇게 구한 적이 있다. 그만큼 막막하고 답답한 시기였다. 앞으로의 길을 알려달라고 구하던 어느 날 하나님께서 깨닫게 해주신 것이 있다. "선교야, 내가 너의 삶에 계획한 것들과 뜻을 다 알려주면 알아들을 수는 있니?" "아…, 그렇지." 그냥 모르고 한 걸음씩만 걷기로 했다.

신도라는 섬에서 살 때 일이다. 서해안이라 조수 간만의 차 때문에 물이 빠지면 배를 타고 왔어도 저 밑에서부터 올라가야 했다. 한 아주머니가 배에 실었던 1톤 트럭을 타고 오르막을 오르려고 하는데 경사가 심하고 차들이 많아서 가다 서다를 반복했다. 이제 아주머니 차례가 되어서 출발하는데 갑자기 시동이 꺼지더니 차가 뒤로 밀렸다. 당황한 아주머니가 운전대를 붙들고 "어머, 어머, 어머"만 외쳤다. 그리고 시동을 켰다가 끄기를 여러 번 반복하다가 더는 내려가면 안 되는 바닷물 근처까지 내려오고야 말았다. 사태의 심각성을 깨달은 아주머니가 그제야 주위에 도와달라고 소리를 질렀다.

"어떡해요! 저 좀 도와주세요!"

그러자 이런 일을 많이 겪어본 듯한 선착장 직원이 그쪽으로 설렁설렁 걸어갔다. 그리고 아주머니에게 "잘 들으세요! 브레이크를 잘 잡고 기어를 1단으로 넣고 있다가 클러치를 떼면서 액셀을 밟으시면 돼요"라고는 이야기하지 않았다. 그걸 알아들었으면 벌써 올라가고도 남았기 때문이다. 알아도 할 능력이 없는 아주머니에게 딱 한마디를 했다.

"아줌마, 내려요!"

아주머니에게 아무리 설명을 해도 안 되니까 대신 해주겠다는 것이었다. 그러면 딱 하나 차에 사이드를 채워놓고 내리기만 하면 된다. 그리고 그 직원이 트럭을 운전해서 안전한 곳까지 올려다주었다.

이 모습을 보면서 깊은 묵상이 되었다. 우리는 우리의 미래를 다 안다고 해도 제대로 살 능력이 없다. 그걸 알고 있다면 가장 확실하신 하나님의 손에 맡겨드리면 된다. 그런데 운전대는 놓지 않으면서 도와달라고만 하는 아주머니의 모습이 꼭 우리의 모습 같다는 생각이 들었다. 내 손으로 할 능력이 없으면 운전대를 놓고 내려오자. 그러면 베스트 드라이버이신 하나님께서 우리의 걸음을 책임지고 이끄실 것이다.

하나님께서 아브라함에게 "지시할 땅으로 가라"라고 말씀하신 것은 앞으로 계속 알려주시겠다는 뜻이다. 이 부르심은 하나님이 아브라함에게 하신 약속도 포함되어 있다. 앞으로 계속 말씀하시겠다는 약속이다. 이 삶이 얼마나 안전한가? 미리 다 말씀해놓으시고 "다 알려줬으니까 네가 알아서 와라"라고 말씀하셨으면 어쩔 뻔했는가? 이 약속은 우리의 한 걸음 한 걸음을 유심히 지켜보시며 이끄시겠다는 하나님의 가장 선한 약속이다. 하나님께서는 우리가 괴로워하는 모습을 보시며 즐기시는 분이 아니다.

앞으로 모든 걸음마다 하나님께서 친히 개입하시겠다는 약속이자, 계속 그 걸음을 이끄시고 말씀하시겠다는 약속인 것이다. 이 약속이야말로 다른 무엇보다 안전하다. 이후 그 부르심을 따라나선 아브라함의 걸음을 매 순간 이끌어가신다. 아브라함은 어디로 가고 무엇을 하는 것으로 부르심을 받은 것이 아니라 하나님의 말씀에 부르심을 받았고, 그 말씀을 따라 한 걸음씩 걸었다. 하나님께서는 우리에게 약속하신대로 말씀하신다. 다만 우리가 들을 준비가 되지 않았고, 들었어도 이것저것 재느라 그 말씀대로 이끄시는 하나님을 경험하지 못했는지도 모른다.

말씀을 분별하는 태도

우리의 걸음을 신실하게 인도하시고 이끄시는 하나님의 말씀을 분별하는 가장 좋은 태도는 무엇일까.

1. 결정된 마음(그렇게까지 할 마음)

아브라함이 처음 이 부르심을 받고 따라나셨을 때 그는 마음을 결정하고 따라야 했다. 안전한 울타리를 떠나면 자신을 지켜줄 어떠한 안전장치도 남아 있지 않은 상황이었다. 치안이 좋은 것도 아니었다. 언제 죽어도 이상하지 않았다. 만약 앞으로 벌어질 일들에 대해 이것저것 재고 계산기를 두드렸다면 절대 말씀을 따라나설 수 없었을 것이다.

말씀을 따르겠다는 결정된 마음이 있어야 우리가 하나님의 말씀을 분별해도 의미가 있다. 앞으로 보여주시는 땅이 내가 기대한 대로든지 아니면 상상도 못한 길이든지 상관없이 보여주시는 땅이라면 간다는 태도, 말씀하시면 '무조건 한다'는 태도가 있어야 한다. 하나님의 뜻을 분별할 때 아직도 내 뜻이 제해지지 않은 것 같아서 혼란스럽다면 이 질문 앞에 서야 한다.

"나는 주님이 나에게 분명하게 말씀하셨고 그 말씀이 분별되었다면 그 자리가 어디든 지금 당장 갈 준비가 되었는가? 설령 그 자리가 내가 원하는 자리가 아닐지라도 그런가?"

이 결정이 되지 않은 채 하나님의 뜻을 분별하면 무슨 의미가 있겠는가.

"하나님, 한번 이야기해보세요. 들어보고 결정할게요."

이런 태도로 분별할 수 있겠는가? 그렇게 분별이 되었다 한들 내 마음에 들지 않으면 바로 돌아서고 말 것이다.

이에 아브람이 여호와의 말씀을 따라갔고 롯도 그와 함께 갔으며 창 12:4

우리가 분별하고자 할 때 태도를 분명히 하면 분별하게 하신다는 마음가짐이 필요하다.

이스라엘의 마지막 사사 사무엘은 어머니 한나의 기도로 어려서부터 여호와의 전에서 살면서 하나님을 섬겼다. 어느 날 하나님께서 사무엘을 부르셨는데 잠에서 깬 사무엘은 정신이 없었다. 엘리 제사장이 자신을 부르는 소리인 줄 알았지만 아니었다.

"사무엘아, 사무엘아."

또다시 음성이 들렸다. 이번에도 엘리 제사장을 찾아갔으나 허탕이었다. 사무엘은 그 음성을 들을 때마다 엘리 제사장을 찾아갔다. 하나님이 사무엘을 부르시는데 이렇게 못 알아들으면 "사무엘아, 나야. 나! 하나님이야. 내가 지금 너한테 얘기하는 거야!"라고 이야기하시면 될 텐데 무엇을 기다리시는지 이름만 계속 부르신다. 아마도 사무엘이 어떻게 반응하는지 기다리시는 것 같다. 그러다 엘리 제사장이 하나님께서 사무엘을 부르시는 것을 깨닫고 자신을 찾아온 사무엘에게 말해 준다.

그가 너를 부르시거든 네가 말하기를 여호와여 말씀하옵소서 주의 종이 듣겠나이다 하라 삼상 3:9

여기서 "여호와여 말씀하옵소서 주의 종이 듣겠나이다"라는 표현은 "여호와 하나님, 하나님은 저의 주인이십니다. 저는 주님의 종입니다. 말씀하시면 그대로 하겠습니다. 말씀하십시오"라는 의미이다. 그리고 다시 그 음성이 들렸을 때 이번에는 사무엘이 제대로 대답한다.

여호와께서 임하여 서서 전과 같이 사무엘아 사무엘아 부르시는지라 사무엘이 이르되 말씀하옵소서 주의 종이 듣겠나이다 하니 삼상 3:10

그때부터 하나님께서 사무엘에게 하고자 하시는 말씀을 들려주셨다. 우리가 제대로 분별하지 못하는 이유는 정함 없이 하나님의 말씀을 먼저 분별하고 선택은 나중에 하려는 태도로 들었기 때문이다. 분별이 되었어도 확신할 수가 없었던 것이다. 만약 우리가 "말씀하시면 한다"라는 태도로 나아간다면 하나님께서 분명히 가르쳐주실 것이다. "말씀하시면 한다"라는 말에는 더 중요한 의미가 담겨 있다. 그것은 바로 "말씀하실 때까지 기다린다"라는 의미이다. 말씀하실 때까지 기다리는 인내는 말씀하시면 바로 순종하는 담력과 같다. 우리에게도 상황에 흔들리지 않고 기다릴 수 있는 담력이 있어야 한다.

우리가 어떤 말씀이든 순종하는 삶을 살기로 결정한다면 우리의 삶은 아주 단순해질 것이다. 삶이 단순 명확해진다. 말씀하시면 어디든 가고, 뭐든지 할 수 있다면 좀 더 창조적인 고민과 발상으로 하나님을 영화롭게 하기 위해 뛰어들 것이다. 또 말씀하실 때까지 인내하며 맡겨주신 자리에서 견딜 수 있을 것이다. 말씀하시면 간다. 말씀하실 때까지 기다린다. 이 결정된 태도가 말씀하시겠다고 약속하신 하나님의 말씀 앞에 서는 합당한 태도이다.

2. 상황이 아닌 말씀으로

그 땅에 기근이 들었으므로 아브람이 애굽에 거류하려고 그리로 내려 갔으니 이는 그 땅에 기근이 심하였음이라 창 12:10

말씀을 따라나선 아브람이 애굽에 내려간 이유가 기근이 심해서라고 한다. 말씀하셔서 내려간 것이 아니라 기근이 심해서 내려갔다는 것이다. 말씀을 따라나선 지 얼마 되지 않았는데 말이다.

주님은 때로 상황의 변화를 통해서 말씀하시기도 한다. 그러나 상황 자체가 말씀이라고 단정 짓기에는 이르다. 우리는 때때로 말씀을 가볍게 대할 때가 있다. 이를테면 어디를 가려고 하는데 비가 오면 "오, 가지 말라는 사인인가 보다!"라고 말하는 것이다. 하지만 그런 식으로 말하다보면 말씀이 가벼워지고 우리의 인생을 맡겨야 하는 순간에 신뢰하기가 어렵다. 상황의 변화를 통해 말씀하시는 것이 맞을 수도 있지만 농담이라도 "말씀하시나보다"라고 하다보면 하나님의 말씀을 분별하기가 더 어려워진다.

나는 개인적으로 연애 상담을 좋아하지 않지만 크리스천다운 연애가 무엇인지 묻는 청년들이 많아서 생각해보게 된다. 성경에서는 성경적인 연애에 대해서 언급하지 않는다. 다만 결혼을 통한 예수 그리스도와의 연합을 가르치신다. 연애는 결혼을 전제로 할 때 안전하고 책임감 있는 관계가 가능하고, 이성과의 관계를 통해서 성경의 진리를 배울 수 있다고 생각한다. 그리고 연애할 때는 혼인서약을 하기 전까지 절대 하나님의 이름을 끼워 맞추지 말라고 이야기한다.

"하나님이 만나게 해주셨어요", "하나님이 허락해주신 사람이에요."

맞을 수도 있지만 아닐 때도 많다. 하나님 때문에 만났으면 헤어질 때도 하나님 때문에 헤어지는 것인가? 만날 때는 하나님 때문에 만났다고 해놓고 하나님의 이름을 걸었으면 그만큼 책임을 져야 하는

데 너무도 쉽게 관계를 정리한다. 정리할 때도 말씀 때문에 정리한 것인가? 그러면 다음 만난 사람에게도 하나님이 허락하신 사람이라고 이야기할 것 아닌가? 자꾸 그런 식으로 분별되지 않은 말씀을 상황과 감정에 의해 내뱉다보면 말씀에 대한 신뢰가 떨어지게 된다.

말은 상황에 맞게 써야지 가볍게 남발하다보면 본래의 의미가 퇴색되어버린다. 우리가 "힘들어죽겠다, 어려워죽겠다, 배고파죽겠다"라는 말을 하도 써서 진짜 죽을 것 같을 때 써도 그 의미가 전달되지 않는 것처럼 말이다. 상황이 말씀을 설명하는 것이 아니라 말씀이 상황을 설명해야 한다. 상황이 급변해도 입술을 질끈 깨물고 말씀으로 한번 더 검증을 받아야 한다.

다윗 역시 말씀을 따라 걸은 사람이다. 그는 하나님의 부르심을 의심하지 않고 약속하신 대로 이끄실 하나님을 신뢰했다. 그래서 조급한 마음으로 하나님께 "왜입니까?"라고 묻지 않았다. 순간순간마다 이끄실 하나님께 겸손히 여쭈었다. 블레셋 사람들이 그일라에 쳐들어왔을 때 그 급박한 상황에서 다윗은 하나님께 여쭈었다(삼상 23장 참조). 하나님이 가서 블레셋 사람을 치라고 말씀하셨지만 사람들은 우리도 무서운데 누구를 구원하겠느냐고 이야기한다. 그때 다윗은 여호와께 다시 물었다. 혹시나 화를 입을까 말리는 사람들을 뒤로하고 다윗은 그 상황을 분석하기보다 하나님께 다시 여쭈었다.

상황에 이끌려서 결정하지 말라. 말씀이 상황을 다스리게 하라. 하나님께서 인간을 창조하실 때 지으신 모든 것을 통치하고 다스리라고 말씀하셨다. 우리를 상황 위에 두셨다. 예수 그리스도의 생명으로 우리가 아들의 권세를 받았다면 상황에 끌려다닐 존재가 아니다. 급박하게 몰아치는 상황보다 말씀이 위에 있다.

물론 주님은 상황을 통해서 충분히 말씀하실 수 있는 분이다. 그러나 내가 움직이고 결정하는 이유가 상황 때문이어서는 안 된다는 이야기를 하고 싶은 것이다. 기다려라! 상황은 상황으로, 결론은 말씀으로!

한번은 나도 이런 뼈아픈 실수를 했다. 상황에 이끌려 제대로 기도하고 분별하지 않은 채 "하나님이 말씀하셨다"라는 말을 한 것이다. 처음에 고생질 지체들이 사무실로 출퇴근을 하면서 지낼 때 공동체로 모여 살기를 바라는 마음이 있었고, 그렇게 기도하고 있었다. 그러던 어느 날 그 일을 허락하시는 것 같아 보이는 사인이 있었다. 좀 더 기도하고 분별했어야 하는데 급한 마음에 이 정도면 맞다고 확정을 지어버렸다. 그리고 지체들에게 선포했다.

"하나님께서 말씀하셨고 허락해주셨습니다. 우리 3월에 다 같이 이사 갑니다."

2018년 1월, 선포한 날짜는 두 달이 채 남지 않은 상황이었다. 하지만 가능하리라고 생각했던 일이 무산되었고 "하나님께서 말씀하셨다"라는 말이 무색하게 되었다. 상황에 따라 결정하지 말고 결론은 말씀으로 하라고 그토록 지체들을 나무랐던 말이 부메랑처럼 돌아와 나를 정죄하기 시작했다.

당시 다윗의 열쇠는 교회 건물 4층에 보증금 없이 월세 40만 원에 지내고 있었다. 그나마 월세도 기도하며 간신히 내고 있었는데 10명

가까이 함께 살 공간을 찾는 것은 말이 되지 않았다. 준비한 보증금이나 모아둔 재정도 없었다. 내가 너무 괴로워하는 것이 지체들에게 보였는지 회계를 담당하던 간사가 와서 "선교사님, 괜찮아요. 저희는 선교사님이 말씀을 가볍게 여겨서 하신 말이라고 생각하지 않아요. 지금 재정 상황도 좋지 않습니다"라고 나를 위로했다. 하지만 전혀 위로가 되지 않았다. 제대로 분별하지 않고 말을 내뱉은 나 스스로가 너무 미웠다. 나만 욕을 먹으면 괜찮겠는데 하나님의 이름을 걸고 이야기했기에 하나님을 욕되게 하는 것 같아서 더 괴로웠다. 그 괴로움 가운데 하나님 앞에 기도하다가 이런 기도를 올려드렸다.

"하나님, 제가 잘못했습니다. 깊이 분별하지 못하고 움직였습니다. 정말 죄송합니다. 그런데 하나님, 저희 고생질입니다. 하나님의 말씀을 붙들고 말씀하시면 그대로 하자고 모였습니다. 이 상황을 그냥 넘어간다면 저희가 존재할 이유가 없지 않겠습니까? 분명히 제가 실수했고 잘못 분별했지만, 제가 부끄러워서가 아니라 하나님의 이름을 걸고 한 약속을 책임지고 지킬 수 있도록 기회를 주십시오. 하나님이 말씀하셨다는 이야기가 무색해지지 않도록 우리 믿음의 고백을 증명할 수 있도록 도와주십시오."

그렇게 기도를 하고 나서 나는 지체들을 모아놓고 믿음으로 다시 선포했다.

"우리가 하나님의 이름을 걸고 선포했던 대로 3월에 이사 갑니다. 사무실을 옮기는 수준이 아니라 공동체로 함께 살 공간으로 이사 갑니다. 지금보다 더 좋지 않은 환경이어도 갈 겁니다."

가만히 있으면 좋은 조건의 사무실에서 계속 하던 일을 할 수 있었다. 그런데 우리가 모인 이유는 말씀을 증명하기 위함이었다. 옮길 곳이 정해지지 않았고 후원자도 없었지만 이사를 가기로 했다. 우리가 움직이지 않아도 누구도 뭐라 할 사람이 없었다. 그런데 적어도 하나님의 말씀을 그렇게라도 해서 붙들어보자고 모인 우리에게 우리의 모든 안정감을 박차고 나올 만큼 가치 있는 말씀이 되기를 바랐다. 그리고 우리를 통해 하나님의 말씀과 주신 은혜가 높임받기를 원했다.

그때 아내가 만삭이었다. 한 달 뒤가 출산 예정이었고, 재정도 넉넉하지 않았다. 이 상황에서 떠나는 것이 두려웠다. 그러나 그대로 포기할 수는 없었다. 그래서 지체들에게 "제게 2주의 시간을 주십시오. 당분간 사무실로 출근하지 않고 제 실수를 하나님 앞에서 책임지겠습니다"라고 선포해놓고 2주 동안 인천, 경기 지역에 있는 교회 상가 건물을 찾아다녔다. 그런데 10명의 인원이 함께 모여 살 곳을 찾을 수가 없었다. 약속한 날짜는 점점 다가오고 나는 점점 지쳐갔다. 두 번째 고백이라도 안 했으면 괜찮았을 텐데 두 번째 고백마저 지키지 못하게 될까봐 너무 괴로웠다.

그러던 어느 날 인터넷에서 요양원으로 사용하던 한 상가 건물을 발견했다. 나는 가볼 여력이 없어서 지체들을 보내 확인해달라고 부탁했다. 그때까지는 별다른 기대가 없었다. 다녀온 지체들의 반응도 시원치 않아서 아닌가 보다 하다가 지푸라기라도 잡는 심정으로 직접 가보기로 했다. 그런데 가서 보고 입이 다물어지지 않았다. 지하는 교회였고 2층부터 원룸이었는데 요양원으로 쓰던 건물이라 샤워실과 주방 시설도 구비되어 있었고, 바닥 난방도 가능했다. 게다가 주차장도 마련된, 그야말로 우리에게 딱 맞는 곳이었다.

너무 흥분한 나머지 집 주인에게 가격을 물어보았다가 바로 낙심이 되고 말았다. 보증금 1,600만 원에 권리금 2,300만 원, 그리고 월세는 상대적으로 저렴한 60만 원이었다. 전에 쓰던 사무실의 월세도 간신히 내고 살았는데 보증금과 권리금은 턱없는 금액이었다. 게다가 자매들까지 들어오려면 원룸도 필요했다. 조용히 알겠다고 하고 나오려다가 혹시나 해서 "사장님, 혹시 보증금은 1,000만 원까지 어떻게 안 될까요?"라고 물었다. 그랬더니 집주인 할아버지께서 "그려, 그럼. 월세 10만 원 올려"라고 하셨다.

그리고 그 건물을 나와서 가는 길에 이전 세입자에게 연락이 왔다. 아마도 그 건물이 나가지 않아서 사용하지 않는데도 월세를 내고 있었던 모양이다. 그 분이 나에게 "결정하셨나요?"라고 물으셔서 아무래도 쉽지 않을 것 같다고 솔직히 말했다. 왜냐고 묻기에 권리금이 너무 세서 어려울 것 같다고 이야기했다. 그 분이 잠깐 말없이 고민을 하시더니 "혹시 뭐하시는 분들이세요?"라고 물으셨다. 간단히 고생질 공동체에 대해서 설명을 해드렸다. 그 이야기를 듣고 나서 "흠…. 그럼 저도 거저 받은 것 거저 드리겠습니다. 권리금을 받지 않겠습니다"라고 이야기하셨다. 너무 놀랐다.

그런데 한 번 실수를 했기에 기도해보겠다고 이야기하고 돌아왔다. 여러 말씀과 상황으로 분별하게 해주셨는데도 망설이는 내 모습을 발견했다. 그 이유는 더 분명하게 분별하려는 마음보다는 보증금

1,000만 원이 없어서였다는 것을 알게 되었다. 그리고 지체들에게 가서 자초지종을 설명했다. 그 이야기를 듣던 한 지체가 "어? 주님이 벌써 600만 원 허락해주셨네요?"라고 이야기를 하는 것이 아닌가. 내가 집주인에게 부탁해서 깎은 보증금을 주님이 주신 600만 원이라고 고백하는 거였다. 처음에는 '아닌데? 내가 깎았는데' 하는 생각이 들다가 '왜 나는 그런 믿음이 없지?' 하는 마음이 들어 부끄러웠다.

그리고 말도 안 되는 방법으로 보증금도 채워주시고 인도해주셨다. 처음에 "우리 3월에 이사 갑니다. 하나님이 말씀하셨습니다"라는 고백을 지킬 수 있도록 도와주셔서 2018년 3월 21일, 그곳에서 공동체 생활을 시작하게 되었다. 나의 조급함 때문에 잘못 분별하고 실수했지만 하나님의 말씀을 지켜보고자 몸부림친 것을 격려해주시는 듯했다. 너무 좋은 공간에서 함께 살며 마음껏 예배하고 기도할 수 있도록 허락해주셨다. 마침 1층이 호프집이어서 음악을 크게 틀어놓는 바람에 아무리 크게 기도해도 괜찮았다.

하나님께서는 말씀을 따라 걷는 걸음을 축복하신다. 좋은 건물로 들어가게 된 것이 축복이라는 말이 아니다. 우리의 걸음을 세밀하게 살피시고 이끄시는 것을 경험하게 된 것이 축복이었다. 더 좋은 환경으로 들어갔다는 결론이 아니어도, 더 좋지 않은 환경일지라도 말씀하시면 간다. 말씀을 따라 걷는 자들을 하나님이 책임지시기 때문이다.

3. 매 순간 하나님을 선택하는 태도

하나님을 선택하려는 사람은 어디에서 무엇을 하느냐가 중요하지 않다. 우리가 가는 길이 여기여도 상관이 없고 저기여도 상관이 없다는 것이다. 이것은 될 대로 되라는 무책임한 말이 아니다.

아브람과 롯이 많은 재산으로 말미암아 서로 다투게 되었다. 아브람은 각자 갈 길을 가기로 결정하고 롯에게 "네가 좌하면 나는 우하고 네가 우하면 나는 좌하리라"(창 13:9)라고 말했다. 만약 아브람에게 자신의 계획과 뜻과 원함이 있었다면 이런 이야기를 할 수 있었을까? 그런데 아브람은 정말 상관이 없었다. 좌로 가는 것이나 우로 가는 것이 그의 부르심에 전혀 영향을 미치지 않았다는 말이다. 아브람은 좌로나 우로 가는 방향을 선택한 것이 아니라 어디로 가고 무엇을 하든지 나와 함께하시는 하나님을 선택했다.

롯은 자기 눈에 좋아 보이는 곳을 택해서 떠났다. 만약 롯이 처음 따라나설 때처럼 아브람이 말씀을 따라 가고 있었다면 재산을 다 넘기는 한이 있어도 아브람 곁에 꼭 붙어 있어야 했다. 그런데 평안하고 살만해지니까 말씀 없이 아브람을 떠나서 간 곳이 소돔과 고모라였다. 알다시피 소돔과 고모라는 후에 심판을 받아 멸망하고 만다.

만약 롯이 소돔과 고모라가 아닌 다른 길을 택했다면 아브람이 소돔과 고모라로 향했을 텐데 그러면 어떻게 되었을까 묵상해본 적이 있다. 그때 깨달은 것은 아브람이 좋아 보이는 곳을 따라간 것이 아니라 하나님을 선택해서 간 곳이 소돔과 고모라였다면 그곳에서도 아브람은 말씀을 따라 순종하는 삶을 살았을 것이라 믿는다. 어디로 가느냐는 중요하지 않다. 그렇다고 무책임하게 가고 싶은 곳을 고르라는 것이 아니라 매 순간 주님을 선택하려는 결정과 태도가 필요하다는 뜻이다.

우리가 하나님의 뜻이 무엇인지 묻기 전에 말씀하실 하나님 앞에 우리의 태도를 점검하고 교정하여 선다면 하나님께서는 우리의 한 걸음한 걸음을 이끄시고 신실하게 붙들어주실 것이다.

우리는 때때로 내가 원하고 이루고 싶은 것들을 정해놓고 내가 계획한 대로 이뤄달라고 허락을 구한다.

"하나님, 저 이렇게 살고 싶고 이것으로 하나님께 영광을 돌리고 싶어요. 이런 일을 하고 싶으니 허락해주세요. 여기에 사인하세요."

하지만 이런 태도는 결국 나에게 필요한 하나님만 찾게 된다. 하나님께서 우리에게 말씀하신 대로 살 수가 없다. 하나님의 말씀을 따라 살고 싶다면 우리는 백지를 준비해야 한다. 서명할 곳에 우리가 먼저 사인을 해야 한다. 그리고 고백하는 것이다. "하나님, 쓰십시오! 이곳에 저를 향한 하나님의 계획과 뜻을 쓰십시오! 그대로 하겠습니다. 저는 하나님을 선택합니다!"라고 말이다.

이 고백을 고생질 지체들과 함께 실제로 올려드렸다. 원래 아무런 대책 없이 살았다면 하나님께서 계획하신 대로 이끌어달라는 말이 어렵지 않다. 하지만 대부분 우리는 인생의 계획을 가지고 있다. 우리는 우리 인생에 원하고 이루어지길 기대했던, 하나님을 위해서라고 이야기했지만 결국은 나도 좋고 하나님도 좋은 길을 찾던 계획들을 종이에 써내려가기 시작했다. 아주 구체적으로 인생 계획표를 작성해보았다. 앞으로 정말 되기를 원했고, 하고 싶었던 일들을 구체적으로 쓰고 이야기를 나눴다. 각자의 인생 계획표를 진지하게 작성하다보니까 자신의 마음에 숨겨진 부분들이 드러나기 시작했다.

우리는 지체들과 함께 각자 세운 계획들을 하나씩 허물기로 했다. 그 계획들이 잘못이라는 말이 아니라 하나님 없이 세운 계획들이 이루어진들 우리의 인생에 무엇이 남겠느냐는 것이다. 우리의 인생에 주님만 남는다면 가장 영광스러운 삶을 산 것이라고 믿는다. 우리가 세워 놓은 모든 계획을 허물고 내 인생이라는 백지를 주님 앞에 내어드렸다. 그리고 하나님이 우리 인생에 바라시는 하나님의 계획을 이루시라는 믿음의 고백을 함께 올려드렸다.

chapter 14

붙들 것이 말씀밖에,
지킬 것은 마음밖에

때때로 마음을 다른 곳에 빼앗겨 이리저리 휘둘려본 경험이 있을 것이다. 우리가 믿음으로 살기 위해서는 무엇보다 마음을 지켜야 한다.

모든 지킬 만한 것 중에 더욱 네 마음을 지키라 생명의 근원이 이에서 남이니라 잠 4:23

정직하게 말씀 앞에 섰다면 다른 무엇보다 우리의 마음을 지키는 데 힘써야 한다. 하나님께서는 우리의 능력이나 실력이 아니라 마음의 중심을 보시기 때문이다. 유혹이 될 만한 상황에서 마음이 휘둘린다고 어려워하지 말고 마음을 더욱 순전히 지키기 위해 말씀밖에 붙들 것이 없는 상황으로 과감히 내던지자. 가진 것이 많을 때가 아니라 없을 때 하나님 앞에서 겸손히 구하며 엎드리기가 쉽기 때문이다.

하나님을 향한 다윗의 마음 중심

다윗이 기름부음을 받을 당시 나이는 10대였다. 다윗은 왕이 될 만한 마땅한 능력을 갖추지 못했다. 대를 이을 장남도 아니었고 체격이 좋지도 않았다. 싸움을 잘하는 것도, 지혜가 뛰어난 것도 아니었다. 그에게 있는 것은 오직 하나님을 향한 마음뿐이었다. 그런데 하나님은 그 마음 하나면 충분하다고 생각하셨다. 하나님께서는 그의 능력과 실력을 보지 않으시고 하나님을 향한 마음 하나를 보시고 다윗을 왕으로 세우기로 결정하셨다. 그리고 건장한 이새의 아들을 보고 마음이 흔들렸던 사무엘에게 이렇게 말씀하셨다.

> 여호와께서 사무엘에게 이르시되 그의 용모와 키를 보지 말라 내가 이미 그를 버렸노라 내가 보는 것은 사람과 같지 아니하니 사람은 외모를 보거니와 나 여호와는 중심을 보느니라 하시더라 삼상 16:7

하나님의 기준으로 선택한 사람이 다윗이었다. 하나님이 그의 중심을 보신 것이다. 마음의 중심이 올바른 자는 하나님께서 그를 부르심에 합당한 자로 훈련하는 자리에 자신을 내어드리기 때문에 실력보다 먼저 마음을 보신 것이다.

기름부음을 받은 다윗은 얼마 지나지 않아서 골리앗을 물맷돌로 쓰러뜨린 일로 왕이 되는 부르심이 펼쳐지는 듯했다. 왕의 가장 가까운 자리까지 올라갔고 백성들에게 가장 인정받는 사람이 되었다. 다윗의 마음 안에서도 왕의 자리에 오르는 것이 머지않았다는 생각이 들었을지 모른다. 다윗이 마음의 준비가 되지 않았다면 그다음 상황을 견딜 수 없었을 것이다. 아예 가능성이 없으면 차라리 나은데 될 듯하다가 안 되면 더 힘들기 때문이다.

만약 다윗이 자신의 인생을 계획했다면 갑자기 주권적으로 삶의 방향을 트시는 하나님의 계획을 의심하거나 어려워했을 것이다. 그래서 인생의 백지화가 중요하다. 다윗은 부르심의 목적이 왕이 아니라 부르심의 주체가 되시는 하나님을 향해 있었다. 마음이 어려울 법도 한데 묵묵히 하나님의 인도하심을 따라 걷는다. 다윗은 자신의 처지나 상황이 중요하지 않았다. 하나님이 자신을 부르실 때 처지나 상황을 보고 부르신 것이 아니라 하나님을 향한 마음을 보셨기 때문이다. 다윗은 때마다 하나님이 자신을 보시는 유일한 기준인 마음을 더욱 지키는 데 힘썼다. 그 어두운 터널을 지나는 동안 다윗이 붙들 것은 약속하신 말씀뿐이었다. 다윗은 그 약속의 말씀을 붙들고 마음을 지키는 데만 힘썼다. 왕이 되기 위한 다른 시도는 하지 않았다. 왕과는 거리가 먼 삶이었다.

약속하신 말씀의 성취

하나님께서는 다윗의 마음을 더욱 순전하게 하시기 위해 의지할 데가 하나님밖에 없고, 붙들 것이 약속하신 말씀밖에 없는 상황으로 그를 내모셨다. 다윗은 죽음의 위협을 피해서 홀로 도망을 다녀야 했다. 언제 끝날지 모르는 도망자 생활을 시작한 것이다. 블레셋으로, 아둘람 굴로, 유다 광야로 가는 동안 이스라엘의 왕이라는 거창한 비전과는 점점 멀어졌다.

이때 다윗이 붙들 것은 오직 자신을 왕으로 세우실 하나님의 약속의 말씀이었다. 그가 블레셋으로 도망할 때에도, 아둘람 굴에 피할 때에도, 유다 광야로 도망할 때에도 붙들 것은 말씀뿐이었다. 아무것도 보이지 않는 막막함 속에서 붙들 것은 오직 약속의 말씀뿐이었다. 그저 약속하신 말씀을 붙들고 자신의 마음을 지키고 견딜 수밖에 없었다. 다윗은 수십 년 간의 부랑자 생활 동안 마음의 중심을 놓치지 않기 위해 몸부림쳤다. 그렇게 몸부림친 흔적들이 성경 여기저기에서 발견된다. 왕의 자리에 앉을 기회가 여러 번 있었으나 그의 자리를 탐내지 않고 하나님의 방법으로 이루실 것을 기대하며 그 기회를 내려놓았다.

첫 번째 기회를 포기하고 두 번째 기회가 왔을 때는 정말 하나님으로부터 온 기회라고 믿을 만한 상황이었다. 그러나 상황이 결론이 될 수는 없었다. 이것이 설령 하나님이 주신 기회일지라도 하나님 앞에서 마음을 지키기 위해 이 기회를 포기한다면 하나님께서는 그 마음을 받으시고 반드시 하나님의 방법으로 이루실 거라는 확신이 다윗에게 있었다. 그래서 왕이 될 절호의 기회를 버리고 하나님 앞에서 마음을 지키기로 결정한다.

다윗은 하나님의 방법으로 약속하신 말씀이 반드시 성취되는 것을 보았다. 말씀을 붙들고 견디는 자는 약속하신 하나님의 말씀이 성취되는 것을 보는 복이 있다. 다윗은 지름길을 찾지 않고 자신의 모든 에너지를 하나님이 약속하신 말씀을 붙들고 마음을 지키는 것에 집중했다. 그리고 그 하나님의 약속은 다윗의 계획보다 더 완전하고 안전하게 성취되었다. 그렇게 다윗은 왕이 되었다. 그가 뛰어나서 왕이 된 것이 아니라 약속의 말씀 때문이었다. 다윗의 마음의 중심은 여전히 하나님을 향해 있었다.

그런 다윗의 마음을 흔들어놓은 것은 엄청난 고난이나 환난이 아니었다. 이스라엘을 통일하고 주변 적국에 뒤지지 않는 군사력과 경제적인 안정을 누리던 그의 마음을 흔들어놓은 것은 바로 풍족함과 안락함에서 나오는 여유였다. 늘 앞장서서 전쟁을 진두지휘하던 그가 나서지 않아도 될 만큼 수많은 장수를 거느린 왕이 되었고, 이제는 편안하게 쉴 수 있는 환경이 되었다. 그것이 잘못이라고 할 수 있을까. 쉴 수도 있다. 하지만 여유로우면 긴장의 끈도 풀린다. 무엇보다 마음을 지키기 위해 힘썼던 다윗도 마음이 느슨해졌고, 그 틈을 타서 그의 마음을 뒤흔드는 일이 일어난다.

마음의 중심을 놓쳤을 때

실로 다윗이 한 일이 맞을까 싶을 정도로 야비하고 잔악한 일을 저지른 것이다. 전쟁에 나가지 않고 옥상을 거닐다 샤워를 하고 있는 여인을 발견한다. 그 여인은 자신의 충직한 종 우리야의 아내 밧세바였다. 그 사실을 알면서도 그녀를 범하고 이 일을 은폐하기 위해서 충직한 종 우리야를 죽게 만든다. 이 사건은 하나님이 보시기에 참으로 악했다. 그리고 하나님께서는 나단 선지자를 보내 그를 책망하셨다. 하나님은 그가 가장 어려울 때에도 끝까지 붙들었으나 지금은 놓쳐버린 마음의 중심을 점검하시며 호되게 책망하신다.

다윗은 자신이 왕이 된 것은 자신의 어떠함 때문이 아니라 하나님 앞에 선 마음의 중심 때문임을 알고 있었다. 그런데 지금 자신이 하나님 앞에서 그 마음을 잃어버린 것을 보게 되었다. 다윗은 억장이 무너져 내렸다. 마음의 중심을 보시는 하나님 앞에서 그 마음을 잃었다면 자신에게 남은 것이 아무것도 없었기 때문이다. 자신이 이룬 업적을 하나님 앞에 내세울 수 없었다. 다윗은 하나님 앞에 완전히 엎드렸고, 시편 51편에서 이렇게 고백한다.

하나님이여 내 속에 정한 마음을 창조하시고 내 안에 정직한 영을 새롭게 하소서 나를 주 앞에서 쫓아내지 마시며 주의 성령을 내게서 거두지 마소서 주의 구원의 즐거움을 내게 회복시켜주시고 자원하는 심령을 주사 나를 붙드소서 시 51:10-12

다윗은 자신이 잃어버린 마음을 통회하며 자복한다. 이 일 후에 아들 압살롬이 반역을 일으켰다. 아무리 압살롬이 백성들의 마음을 자신에게로 돌렸어도 다윗의 영향력을 무시할 수는 없었다. 다윗이 싸우려고 했다면 해볼 만한 전투였다. 그러나 자신의 아들이 일으킨 반역이었고, 자신이 하나님 앞에서 마음을 놓쳐서 벌어진 사건들도 생각이 났을 것이다. 그는 다시 도망자가 되기로 한다. 차마 죽일 수 없는 적으로부터 쫓기게 된 것이다. 다윗이 도망을 하다가 자신을 저주하고 비난하는 자를 만났을 때에도 그저 저주하게 두라고 말한다(삼하 16:7-12). 다윗은 처음 도망자가 되어 붙들 것이 말씀밖에 없고, 지킬 것이 마음밖에 없던 그때가 떠올랐을 것이다. 그는 어떤 복수도 하지 않고 다시 마음을 지키는 결정을 한다.

하나님의 질문

하나님이 내게도 "마음을 잘 지키고 있는가?"라고 물으신 적이 있다. 사실 그때 해주신 말씀이 너무 뚜렷했고 분별이 되었다. 하지만 순종하고 싶지 않은 마음 때문에 주저하고 있었다. 어렵게 이사한 곳은 우리에게 알맞은 공간이었고, 그곳에서 잘 지내고 있었기 때문이다. 사람도 웬만큼 모이고 우리의 걸음을 인정해주고 지지해주는 사람들도 있었다.

그런데 언제부터인가 내 마음의 안정감을 사람들의 인정과 안정적인 상황에 두고 있다는 것을 보게 해주셨다. 이 질문 앞에서 몇 달을 고민했다. 우리가 어떤 부르심을 받았는지 너무도 잘 알고 있었다. 이런 기회를 주신 것이 내가 잘나서도 아니고 우리가 대단한 사역을 해서도 아니었다. 하나님의 말씀 앞에서 그렇게라도 해보고 싶어 하는 마음 하나를 보시고 주님이 우리를 여기까지 이끌어주셨는데 어느새 나의 안정감을 약속하신 말씀에 두는 것이 아니라 안정적인 상황과 사람에게 두고 있었던 것이다.

첫 마음을 잃어버리고 안정적인 사역을 좇아가려는 내 속마음을 들

취내주셨다. 그 말씀을 받고나서 수많은 공격이 있었다. 혼자 사무실에 앉아 있으면 "지금 문제가 될 만한 것이 있나?", "또 터를 옮기면 애들은 어떻게 할래?", "네가 그 아이들 인생을 책임질 수 있어?" 등 갖가지 공격에 시달리자 마음이 너덜너덜해졌다.

내가 다윗의 열쇠라는 단체를 처음 시작할 때 실력이 있어서 그 자리에 나를 세우신 것이 아니라 그렇게라도 해보고 싶은 보잘것없는 마음 하나를 보신 거였고, 고생질 프로젝트를 시작할 때도 그 마음으로 부딪혀보자는 것뿐이었다. 그런데 만약 우리가 이 마음을 잃어버린다면 사역이 성공적인들 무슨 의미가 있고 지금의 안정감이 무슨 의미가 있을까 싶었다. 우리에게 있는 것은 뛰어난 실력도 아니요 대단한 사역도 아니라 그저 약속하신 말씀을 붙들고 견디는 마음뿐이었다. 우리에게는 말씀밖에 남은 것이 없었다. 우리가 이 말씀을 떠나면 어디로 간다는 말인가. 그 첫 마음을 회복하라는 마음을 주셨다.

그리고 지체들에게 다시 붙들 것이 말씀밖에 없는 상황으로 뛰어들자는 이야기를 하려고 모이라고 했다. 모임 직전에 한 사모님이 우리 공동체에 찾아오셨다. 정성스런 반찬과 먹을 것을 잔뜩 챙겨주시고는 바로 가신다기에 배웅을 하러 나갔는데 사모님이 자동차 창문을 내리고 두려워 떨고 있는 나에게 말씀하셨다.

"선교사님, 힘내세요! 선교사님 때문에 저희가 위로를 받고 있어요. 다윗의 열쇠와 고생질 공동체를 통해서 저희가 살아요."

이 말을 남기고 떠나셨다. 마치 하나님께서 다시 붙들 것이 말씀밖에 없는 상황으로 뛰어들겠다는 결정을 격려해주시는 듯했다. 그 말에 용기를 얻어서 지체들에게 조심스레 이야기를 꺼냈다.

"몇 달 전부터 주님이 제 마음 가운데 주신 말씀인데 저도 두려워서 계속 못 들은 척했습니다. 사랑하는 우리 지체들이 고생할까봐, 이러다 정말 죽도 밥도 안 될까봐 두려웠습니다. 지체들에게는 너무 미안한 이야기이지만 우리가 가진 것이 이 말씀밖에 없습니다. 그리고 주님께 보여드릴 것이 그 말씀을 붙들려고 몸부림치는 우리의 마음밖에 없습니다. 우리가 말씀을 떠나서 어디로 가겠습니까? 다시 첫 마음으로 돌아갑시다. 내가 지체들에게 고생질 훈련을 받고 나면 성공이 있다는 약속은 못합니다. 사람들이 우리를 알아봐줄 거라고는 말 못하겠습니다. 먹고살 것을 보장해주겠다는 약속도 못하겠습니다. 그러나 한 가지는 약속할 수 있습니다. 하나님께서 우리에게 약속하신 말씀을 붙들고 마음을 지켜 말씀하신 자리에 선다면 그 약속의 말씀이 성취되는 것은 볼 수 있습니다. 쉽지 않은 길로 뛰어들려고 합니다. 그래도 함께 가시겠습니까?"

두려움에 떨며 던지는 나의 질문에 고생질 지체들은 함께 울면서 "아멘"이라고 화답해주었다. 그리고 우리가 가지고 있던 재정을 다시 0으로 만들었다. 넉넉하지도 않았지만 다시 하나님 앞에서 처음과 같은 마음으로 서고 싶었다.

하나님이 이끄시는 손길

며칠 후 회계를 맡은 간사가 나를 찾아왔다.

"선교사님, 어떤 분이 저희에게 십일조를 하고 싶다고 하시는데요. 액수가 좀 되네요."

160만 원 정도 되는 큰 금액이었다. 우리에게는 굉장히 많은 헌금이었다. 순간 마음이 흔들렸고 합리화할 명분을 찾았다. 속으로 생각했어야 했는데 마음의 소리가 그대로 튀어나왔다.

"그래도 털자고 이야기한 다음에 들어온 재정이니까 받을까?"

회계 담당 간사는 아무 말도 하지 않았다. 분명 아무 말도 하지 않았는데 눈으로 말하고 있었다. 내가 다시 이야기했다.

"그래요. 마저 텁시다."

공동체의 재정을 다시 0으로 만들었다. 그리고 1년 만에 안정된 거처를 떠나기로 결정했다. 우리가 지내던 곳은 전에 살던 사람이 방을 내놓고도 7개월이나 나가지 않을 만큼 빼기가 쉽지 않은 공간이었다. 아직 계약 기간도 1년이나 남아 있었고 그곳에서 지내는 동안 식구가 늘어 위층 원룸을 3개나 사용하고 있었다. 이 문제를 다 처리해야 했다. 다시 지체들에게 선포했다. 3월에 이사 갑니다! 이 선언을 한 것도 불과 두 달 정도 남았을 때였다. 두 달 안에 살던 곳을 정리하지 않으면 보증금을 다 날릴 상황이었다.

믿음으로 결정해놓고 또 두려워서 걱정이 앞서기 시작했다. 발품을 팔며 어떻게든 건물을 빼려고 애를 썼다. 그 사이 이사할 곳이 정해졌고, 3월 21일까지 들어가기로 했다. 말씀에 순종하기로 결정했을 때 기도로 예비해주신 곳이었다. 정확히 1년 만에 다시 이사를 가야 하는 상황이 된 것이다. 아무리 애를 써도 다음 사람은 올 기미가 보이지 않았고 시간은 기어코 흘러 3월 17일이 되었다. 이사하기로 한 21일까지 방을 빼지 못하면 이중으로 월세를 내야 했다. 그때부터 두려움이 엄습하기 시작했다. 당장 계약을 한다고 해도 적어도 한 달은 시간을 두고 들어오려고 할 텐데 3일 남은 시점에서 인간적인 계산으로는 도저히 기한을 맞추기가 어려웠다. 주말에도 집에 있을 수가 없어서 다른 지역 부동산까지 돌아다니며 집을 내놓았다. 그러다 어느 한 곳에서 집을 보고 싶다는 연락이 왔다. 내가 발품을 팔며 다닌 부동산이 아니었다.

마침 내가 밖에 나와 있어서 지체들이 손님들을 맞게 되었다. 지체들의 전언에 의하면 부동산 사장님이 성령님인 줄 알았다고 했다. 마치 이 집을 어떻게든 빼주기 위해 힘쓰고 계신다는 느낌이 들었다고 했다. 집을 보고 간 사람들이 결정을 안 하고 돌아서서 큰 기대는 없었다. 오후 늦게 부동산 사장님으로부터 연락이 왔다.

"선생님, 그 분들 계약하신데요."

너무 기쁜 마음에 그만 소리를 질러버렸다. 일단 부동산으로 와보라고 했다. 그런데 또 두려운 마음이 들었다. 계약은 하는데 기한을 어떻게 맞추나 걱정이 되었다. 도대체 한 시간도 제대로 못 믿는 믿음 없는 나였다. 도착해서 계약서를 작성하고 일정을 조율하려는데 들어오는 분들이 내게 먼저 물어왔다.

"언제까지 빼주실 수 있나요?"

농담 반 진담 반으로 "허허, 저희야 뭐 당장 내일이라도 나가면 좋지요"라고 했더니 그 분들이 우리가 어떤 이야기도 하지 않았는데 "그러면 저희가 21일까지 들어갈 수 있게 빼주실 수 있나요?"라고 묻는 것이 아닌가. 약속 기한을 3일 앞둔 시점에 3일 만에 들어오겠다는 것이었다.

"당연하죠. 다 비워드리고 청소도 해드립니다!"

나는 신이 나서 이야기했다. 이 정도면 진짜 믿고 기뻐해야 하는데 '나머지 원룸은 어떻게 하지?' 하는 고민이 또 찾아왔다. 정말 인간에게 염려는 거의 사명 수준이다. 한번 제대로 보여주시려고 주님이 작정하셨는지 그날 저녁에 한 통의 전화가 걸려왔다.

"선생님, 아까 건물 계약한 사람입니다. 저희가 창업을 하는데 외국인 노동자들이 있어서 가까운 곳에 방을 얻으려고 하는데 선생님이 쓰셨던 원룸 3개를 저희가 쓸 수 있을까요?"

이때는 거의 충격이어서 감격의 눈물을 흘리고야 말았다. 나의 믿음을 지키시는 하나님, 나의 믿음과 나의 마음은 내가 지키는 것이 아니라 하나님께서 지켜주시는 것임을 절절하게 깨닫는 순간이었다. 이틀 만에 짐을 정리하고 약속한 기한인 3월 21일 들어오기로 한 지금의 장소에 이사할 수 있었다.

그러고 나서 한 가지 자신감이 생겼다. 그것은 우리에 대한 자신감이 아니다. 이 믿음을 지키시는 하나님을 향한 자신감이었다. 말씀하시면 한다는 것은 우리의 의지로 할 수 있는 일이 아니다. 믿음의 고백을 지키시는 하나님이 우리를 붙드시기 때문에 가능하다.

여호와께서 사람의 걸음을 정하시고 그의 길을 기뻐하시나니 그는 넘

어지나 아주 엎드러지지 아니함은 여호와께서 그의 손으로 붙드심이로 다 시 37:23,24

우리는 이 일을 기념해서 분기별로 붙들 것이 말씀밖에 없는 상황으로 우리를 내몰기로 했다. 고생질 지체들은 분기별로 언제 출발해서 언제 돌아올지 모르는 무전여행을 떠난다. 어느 날 갑자기 사이렌이 울리면 10분 안에 간단하게 싸둔 짐을 들고 뛰쳐나온다. 그리고 언제 끝날지 모르는 무전여행을 떠난다. 늘 이 마음을 잊지 않기 위해서 해 놓은 안전장치이다. 떠나는 것이 두렵고 또 무슨 일이 벌어질지 몰라서 답답하기도 하지만, 우리를 이끄시고 붙드시는 하나님이 계시기에 보이지 않는 이 길을 오늘도 걷는다.

chapter 15

말씀에
목숨을 걸겠는가?

말씀을 전하러 다니면서 좀처럼 이해되지 않는 마음이 들 때가 있다.
"하나님께서 절대 사랑할 수 없는 죄인인 우리를 사랑하셨다"라는 이
야기를 전하는 데에는 큰 부담이나 어려움이 없는데 왜 "우리가 주님
을 마음과 뜻과 정성과 목숨을 다하여 사랑하자"라는 이야기를 할 때
는 부담이 되고 괜스레 눈치가 보일까.

　말씀을 준비하면서 이 마음이 이해되지 않았다. 사실 내가 어떤 존
재이고 우리가 이런 사랑을 받았다는 이야기를 하는 것이 원래 더 염
치없고 어려워야 하는 것이 아닌가? 그런데 희한하게도 목숨을 걸고
사랑을 주신 하나님의 사랑을 이야기할 때는 거부감이 없는데, 그 사
랑을 받은 우리가 하나님을 그렇게 사랑하자고 말하는 것은 왜 부담
스럽고 어려운지 알 수가 없었다. 그러다 문득 깨닫게 되었다. 하나님
을 전심으로 사랑하자는 이야기하기가 부담스럽고 꺼려진 이유는 딱

하나였다. 사람들이 내가 하는 이야기를 싫어할까봐, 부담스러워할까봐였다.

물론 우리가 받은 모든 은혜에 보답해야 하고 꼭 그렇게 해야만 믿음은 아니다. 그러나 우리에게 주신 은혜가 정말 값지고 가치 있는 것이라면 그 은혜를 주신 하나님께 우리의 전부를 드리자는 이야기가 믿는 우리에게 왜 부담스럽고, 그 헌신이 어찌 과하다고 이야기할 수 있겠는가?

말도 안 되는 정서였다. 나는 우리 모두가 주님을 위해 "진짜 목숨을 걸어야 한다"라고 말하고 싶은 것이 아니다. 우리가 먼저 목숨을 걸어보겠다는 것이다. 나도 쉽게 이야기하는 것은 아니다. 두렵고 떨리지만 생명은 주님께 달려 있기 때문에 하나님께 맡기는 것이 가장 안전하다고 믿는다.

승리가 보장된 싸움

이렇게 치열한 영적 전쟁의 한복판에 서 있는 우리에게 주시는 말씀이 있었다.

책임자들은 또 백성에게 말하여 이르기를 두려워서 마음이 허약한 자가 있느냐 그는 집으로 돌아갈지니 그의 형제들의 마음도 그의 마음과 같이 낙심될까 하노라 하고 신 20:8

신명기 20장에는 전쟁에 참전할 때 어떻게 해야 하는지가 나와 있다. 전쟁은 세력과 세력 간의 다툼이다. 그런데 우리가 싸울 싸움은 이미 예수 그리스도께서 다 이루신 싸움이다. 성경은 이미 이긴 싸움이라는 전제를 깔고 시작한다.

이스라엘아 들으라 너희가 오늘 너희의 대적과 싸우려고 나아왔으니 마음에 겁내지 말며 두려워하지 말며 떨지 말며 그들로 말미암아 놀라지 말라 너희 하나님 여호와는 너희와 함께 행하시며 너희를 위하여 너희 적군과 싸우시고 구원하실 것이라 신 20:3,4

이것을 너희에게 이르는 것은 너희로 내 안에서 평안을 누리게 하려 함이라 세상에서는 너희가 환난을 당하나 담대하라 내가 세상을 이기었노라 요 16:33

《믿음은 분투다》에서도 짧게 다룬 내용이지만 이미 이긴 싸움을 왜 싸우는가? 승리의 기쁨을 가장 크게 누릴 수 있는 사람은 전쟁에 참여한 사람이다. 주님이 우리에게 함께 싸워서 승리의 기쁨을 맛보라고 허락하신 것이다. 승리가 보장된 싸움, 우리의 대장 되신 예수 그리스도를 따르는 자는 결코 패배할 수 없는 전쟁이다.

그런데 한 가지 잊지 말아야 할 것이 있다.

너희가 죄와 싸우되 아직 피 흘리기까지는 대항하지 아니하고 히 12:4

우리가 죄와 싸우고 있지만 아직 피 흘리기까지 싸우지는 않았다고 하신다. 성경에서 피는 생명을 이야기한다. 그것은 목숨을 걸고 싸우지 않았다는 뜻이다. "세상을 이기었노라"라고 말씀하신 승리는 십자가의 죽음, 즉 목숨을 걸고 이뤄내신 승리이다. 다시 말해, 이 승리를 우리가 누리기 위해서는 목숨을 걸지 않으면 안 된다는 의미이다. 우리 앞에 펼쳐진 전쟁의 양상은 치열하다. 이미 이긴 싸움이라고 해서 나태해서는 안 된다. 주님은 목숨 걸고 참전할 자를 부르신다. 어떤 일이든 매사에 목숨을 거는 사람은 막을 길이 없기 때문이다.

죽음의 두려움을 이길 힘

인간의 최종적인 두려움은 죽음이다. 죽음이 두렵다면 그를 죽음 앞에 세워서 막을 수 있다. 그러나 "죽기밖에 더해?"라고 목숨을 걸고 달려드는 사람은 어떤 것으로도 막을 수가 없다. 사탄이 가진 권세는 사망 권세이다. 우리를 죽음의 두려움 앞에 세워서 우리가 가려는 좁은 길을 선택하지 못하게 한다. 사탄이 우리를 죽음의 두려움 앞에 세우기 때문에 그 길로 가려면 목숨을 건 결단이 아니고서는 갈 수가 없다. 그런데 만약 우리가 죽음의 두려움에 사로잡혀 있지 않다면 사탄이 어찌 해볼 방도가 없는 것이다.

요즘 보이스 피싱 사기가 기승을 부리고 있다. 사람을 정말 교묘하게 속여서 돈을 갈취한다. 이때 "협박을 하든 뭘 하든 마음대로 하쇼" 이런 태도로 나오는 사람에게는 더 이상의 협박은 의미가 없다. 그대로 포기하고 만다. 우리가 만약 죽음의 권세를 잡은 사탄의 협박과 교묘한 속임 가운데서 "죽기밖에 더해?"라고 달려든다면 사탄 편에서는 우리를 어찌 해볼 수가 없는 것이다.

> 자녀들은 혈과 육에 속하였으매 그도 또한 같은 모양으로 혈과 육을 함께 지니심은 죽음을 통하여 죽음의 세력을 잡은 자 곧 마귀를 멸하시며 또 죽기를 무서워하므로 한평생 매여 종노릇하는 모든 자들을 놓아주려 하심이니 히 2:14,15

죽음의 두려움에 사로잡혀 한평생 종노릇할 수밖에 없던 우리를 예수 그리스도께서 자유롭게 해주셨다. 더 이상 죽음의 두려움에 사로잡혀 끌려다니지 않게 된 것이다. 예수 그리스도께서 가신 그 길을 당당히 따라나설 수 있는 자격과 담력을 갖게 되었다는 뜻이다. 이제 죽음의 두려움을 가지고 장난치는 사탄의 장난에 놀아날 필요가 없다. 우리는 주님을 따르는 길을 목숨 걸고 갈 수 있다. 그렇게 가는 걸음을 누구도 막을 수 없다. 우리가 이미 죽음의 두려움으로부터 자유롭게 하셨다는 결론을 알지 못한다면 모를까, 알게 되었다면 결코 그 두려움에 매여 있을 필요가 없다.

십자가 복음

어느 목사님의 설교에서 들은 이야기이다.

대한민국은 1910년부터 1945년까지 35년간 일제강점기를 겪었다. 우리나라의 정체성을 없애기 위해 이름부터 두발, 말까지 일일이 간섭했다. 그것을 따르지 않으면 온갖 고문도 서슴지 않았다. 그리고 일본의 신토(神道) 신앙을 바탕으로 만든 종교 시설 신사에 참배하는 종교 의식을 강요했다. 그래서 수많은 사람들과 교회마저 두려움 때문에 동방요배를 했다. 그러한 수모를 겪은 대한민국이 마침내 광복을 맞았다. 그런데 산골짜기에 살고 있는 사람들에게는 아직까지 광복의 소식이 전해지지 않았다. 그 사람들은 계속해서 동방요배를 하고 있었다. 이를 본 사람들은 그를 매국노라고 비난했을까? 아마도 그것을 본 사람들은 그들을 설득하며 더 이상 신사참배를 하지 않아도 된다고 광복이 된 사실을 알려주었을 것이다. 그들이 신사참배를 하고 있었던 것은 아직 광복이 이루어지지 않아서 불이익을 당할지 모른다는 두려움 때문이었다. 그런데 이제 더 이상 일본의 식민지가 아니고 광복을 맞이했다는 것을 알게 되면 동방요배를 할 필요가 없어지는 것이다.

이와 같이 우리가 이미 승리하신 예수 그리스도의 복음을 모른다면 이해가 가지만 이미 다 이루시고 승리하신 복음을 안다면 승리가 보장된 싸움에 목숨을 걸지 못할 이유가 없다. 죽음이 끝이라면 두려워 벌벌 떨 수 있겠으나 예수 그리스도의 복음을 믿는 자는 죽음이 끝이 아님을 너무도 분명하게 알고 있다. 십자가 복음은 죽음이 목적이 아니다. 부활 생명이다. 우리에게 부활 생명이 있기에 오늘 목숨 거는 일이 가능한 것이다.

그런데 우리가 목숨을 걸겠다고 하고 이 일에 목숨을 걸자고 이야기하면 너무 극단적이고 무모하다고 한다. 왜 그렇게까지 하느냐고 의문을 갖기도 한다. 목숨을 걸자는 말이 부담스러운 이유는 지금 우리의 상황이 목숨을 걸 만큼 긴박하거나 절박하지 않기 때문이다. 만약 우리의 현실과 상황이 목숨을 걸어야 할 만큼 긴박하다면 목숨을 걸자는 말이 무모하거나 극단적이라고 생각하지 않을 것이다.

전시 상황이라면 모두가 목숨을 내놓아야 하는 상황이기 때문에 목숨을 거는 것이 이상해보이지 않는다. 우리가 늘 기도하는 북한의 성도들을 보라. 우리는 북한의 성도들이 믿음을 지키기 위해서 수용소에 갇혀 모진 고난을 받고 순교하는 것을 보고 "왜 그렇게 극단적이야? 너무 무모한 거 아니야?"라고 이야기하지 않는다. 오히려 그 믿음을 동경하기도 한다.

그런데 왜 같은 예수를 믿고 같은 복음을 말하며 같은 성경을 보는 우리는 말씀과 복음을 위해 목숨을 걸자는 말이 왜 극단적이고 무모한 일이어야 하는가? 남이 그렇게 사는 것은 존경스럽지만 나더러 그렇게 살라고 하는 것은 무모하다고 한다면 우리의 신앙이 너무 모순된 것 아닌가? 나는 목숨을 걸 수 있다거나 자신이 있다는 이야기를 하고 싶은 것이 아니다. 나도 두렵고 무섭다. 그런 상황에서 믿음을 지킬 수 있을지 의문이고 나조차 나를 신뢰할 수 없다. 그러나 무모하고 극단적이라는 말로 적당히 사는 삶을 합리화하지 말자는 말이다.

말씀에 목숨을 걸자는 도전이 무모하고 극단적인 것처럼 보이는 이유는 우리의 상황이 목숨을 걸 만큼 절박하지 않기 때문이다. 그래서 그렇게 믿는다고 말하면 '이단스러워 보이는 것'이다. 전시 상황일 때는 모든 훈련이 곧 실전이기 때문에 전심으로 참여한다. 그런데 전시 상황이 아닌데 실전처럼 훈련을 받으면 너무 무리라는 생각이 드는 것이다. 실제로 예비군 훈련을 받는 이들이 이상하게 군복만 입으면 껄렁껄렁해지고 통제에 잘 따르지 않는다. 더 이상 자신들이 군인도 아니고 당장 전쟁에 나갈 일이 없기 때문이다.

그런데 우리가 놓치고 있는 것이 있다. 우리가 말씀과 복음에 목숨을 거는 것이 극단적으로 보이는 이유는 목숨을 걸만한 상황이 아니라고 판단해서인데 우리는 지금 영적 전쟁 중이다. 목숨을 걸지 않으면 안 되는 아주 절박한 싸움을 하고 있다. 상황이 편안하다고 해서 우리가 영적으로도 안전한 것은 아니라는 말이다.

우리가 지금 사는 곳이 어디인지 알고 있어야 한다. 우리는 하나님나라가 아닌 세상 한복판에서 하나님나라의 가치로 살려고 한다는 것을 잊지 말아야 한다.

신명기 20장에서는 적군과 싸울 때 어떤 군사가 필요한지 이야기하신다. 그전에 "이런 자는 돌려보내라"고 하신다. 그 사람들을 살펴보면 공통점이 있다. 전부 살아야 할 이유가 있는 사람들이다. 즉, 이 전쟁에 목숨을 걸 수 없는 사람들이었다. 살아야 할 이유가 있는 사람들을 집으로 돌아가게 해주신다. 그들이 잘못되었거나 나쁜 사람들이라고 말씀하지 않으시고 그냥 돌려보내라고만 말씀하신다. 목숨을 걸지 않는 사람이 있다고 해서 정죄하고 판단할 이유가 없는 것이다. 다만 이 전쟁에는 어울리지 않는 사람들인 것이다. 왜냐하면 이 전쟁은 목숨을 걸어야만 하는 전쟁이기 때문이다. 준비가 안 된 사람을 돌려보내는 것이 목적이 아니라 승리가 보장된 싸움에 목숨을 걸 군사만을 남겨놓으시는 것에 초점을 두신 것이다.

하나님의 군사가 될 수 없는 경우

하나님께서 이 땅에서 목숨을 건 군사를 부르시는 데 응답할 수 없는 이유들이 있다.

1. 지켜야 할 것이 너무 많아서

새 집을 건축하고 낙성식을 행하지 못한 자가 있느냐 그는 집으로 돌아갈지니 전사하면 타인이 낙성식을 행할까 하노라 포도원을 만들고 그 과실을 먹지 못한 자가 있느냐 그는 집으로 돌아갈지니 전사하면 타인이 그 과실을 먹을까 하노라 여자와 약혼하고 그와 결혼하지 못한 자가 있느냐 그는 집으로 돌아갈지니 전사하면 타인이 그를 데려갈까 하노라 신 20:5-7

내가 가진 것, 뭔가 이루고 싶은 욕심, 가까운 사람 등 이 전쟁에 목숨을 걸기에는 지켜야 할 것들이 너무 많다. 전쟁에서도 이기고 싶지만 내 것도 잃어버리고 싶지 않은 마음 때문이다. 지켜야 할 것이 너무 많아서 이 전쟁에 목숨을 걸지 못한다. 그러면 예수 그리스도께서 이루신 승리를 쟁취할 때까지 싸울 수 없고, 목숨을 걸어야 하는 순간이 오면 언제든지 돌아설 수 있다. 조금만 힘들고 어렵거나 내 이익과 원함이 충돌하면 너무도 쉽게 포기해버리는 것이다. 그렇게 힘들면 목숨 걸지 않아도 된다. 그러나 목숨 걸고 전쟁에 참여한 자만큼 승리의 기쁨을 누릴 수 없다는 것만 기억하자.

2. 승리의 약속을 믿지 못해서

네가 나가서 적군과 싸우려 할 때에 말과 병거와 백성이 너보다 많음을 볼지라도 그들을 두려워하지 말라 애굽 땅에서 너를 인도하여 내신 네 하나님 여호와께서 너와 함께하시느니라… 말하여 이르기를 이스라엘아 들으라 너희가 오늘 너희의 대적과 싸우려고 나아왔으니 마음에 겁내지 말며 두려워하지 말며 떨지 말며 그들로 말미암아 놀라지 말라 너희 하나님 여호와는 너희와 함께 행하시며 너희를 위하여 너희 적군과 싸우시고 구원하실 것이라 신 20:1,3,4

하나님은 승리를 약속하셨다. 이 전쟁은 나의 실력이나 능력에 달려 있는 것이 아니라 하나님의 손에 달려 있다. 그 하나님이 승리를 약속하셨는데도 말씀에 대한 확신이 없어서 두려운 것이다. 전쟁의 승패가 나의 어떠함에 달려 있다는 착각이다. 내가 잘 싸워야만, 내가 넘어지지 않고 잘 살아야만 이길 수 있다고 착각하는 것이다. '이 싸움을 과연 이길 수 있을까? 내가 잘할 수 있을까?' 하는 의심이 찾아오고 두렵다. 경험상 전에 넘어져봤으니 또 넘어질 것 같아서 두려운 것이다.

착각하지 말자. 이 전쟁의 승리는 나의 어떠함이 아닌 하나님께 속한 전쟁이다. 하나님의 말씀으로 승리가 보장되어 있다. 그것을 믿는 믿음으로 이 전쟁에 참여하는 것이지 내가 잘하고 못하고는 아무 의미가 없다. 적이 결코 내가 이길 수 없을 것처럼 커 보이고 흘러가는 전쟁의 양상이 내 눈에 어떻게 보이든 상관없이 승리를 약속하신 말씀을 붙들고 끝까지 견디는 자, 그 자리에 목숨 걸고 끝까지 서 있는 자, 그런 군인이 승리의 기쁨을 누리게 될 것이다.

우리가 목숨 걸고 싸워야 할 이유

두려워하지 말라. 우리에게 이 전쟁을 싸워서 이기라고 명령하신 적이 없다. 주님이 싸우시는 전쟁이다. 우리는 그저 앞서 싸우시는 예수 그리스도를 믿고 목숨 걸고 그 자리에서 따르기만 하면 된다.

영화 〈안시성〉은 어마어마한 당나라 군대가 고구려의 안시성에 쳐들어와서 치른 안시성 전투를 배경으로 한다. 도저히 전술과 병력으로 이길 수 없는 상황에서 안시성의 성주였던 양만춘 장군이 이런 대사를 날린다.

"어쩌겠냐. 내가 물러서는 법을 배우지 못한 걸. 나는 무릎 꿇는 법을 배우지 못했고, 항복이란 것을 배우지 못했다. 내가 배운 건 싸워야 할 때는 싸워야 한다는 거다. 어느 놈이 나의 소중한 것을 빼앗고 짓밟으려 할 때는 목숨을 걸고 싸워야 한다. 지금이 바로 그때다. 뒤를 보아라. 안시성 사람들, 우리에게 소중한 것은 바로 저들이다. 저들을 지키기 위해 싸우자."

전쟁의 양상은 그들을 낙심시키고 주저앉히기에 충분했고 포기하자, 항복하자는 의견도 많았다. 그러나 그들은 지켜야 할 것을 위해 목숨을 내놓고 이길 수 없을 것 같은 싸움에 뛰어들었다. 그리고 그 전쟁에서 놀랍게도 승리했다.

이 시대를 살아가는 그리스도인에게도 목숨 걸고 싸워야 할 이유가 있고, 싸워서 지켜야 할 것이 있다. 내가 원하는 바를 이루기 위해서가 아니라 하나님의 영광을 위해서, 하나님의 나라를 위해서, 그리고 잃어버린 영혼을 지키기 위해서 싸워야 한다. 우리에게는 뒤돌아설 길도, 가로질러 갈 지름길도 없다. 말씀을 따라가는 정도(正道)만 있을 뿐이다.

오늘 이 싸움에서 승리해야 내일이 있다. 오늘 이 싸움을 피하면 잠깐은 편안할지 모르겠지만 반드시 '그때 제대로 싸울 걸' 하는 후회가 남을 만큼 더한 공격력을 가지고 휘몰아칠 것이다. 오늘 싸워야 할 믿음의 분량은 오늘 싸워야 한다. 우리에게 내일은 없다!

인생을 걸 만한 복음의 가치

언젠가 북한 선교를 하시는 선교사님이 이런 이야기를 들려주셨다.

"북한 사람들은 성향 자체가 굉장히 전투적입니다. 암기하는 것부터 시작해서 운동경기를 해도 굉장히 전투적으로 합니다. 그래서 예수님의 복음을 받아들일 때에도 전투적으로 반응합니다. 목숨을 걸고 믿는 것입니다."

그 이야기를 듣고 나서 내 자신이 부끄럽기도 하고 나도 그렇게 믿을 수 있을까 하는 마음에 선교사님께 다시 여쭈었다.

"선교사님, 북한 성도들이 복음에 대하여 목숨 걸고 반응하는 것이 그들의 전투적인 성향 때문인가요, 아니면 그들에게 복음의 가치가 그 정도의 가치여서일까요? 그러면 지금 남한의 성도들이 복음에 대해서 무기력하고 소극적인 것은 남한 사람들의 성향 때문일까요, 아니면 우리가 복음을 그 정도로 취급하고 있어서일까요? 남한 성도들도 그렇게 믿는 것이 가능할까요?"

"참 어려운 질문이군요."

그 질문을 받으신 선교사님이 잠시 난감해하시다가 이내 확신에 차서 답해주셨다.

"선교 형제님, 복음이면 충분합니다!"

복음은 우리의 목숨을 걸 만한 가치가 있고, 그 복음을 만난 자들은 목숨 걸고 그 자리에 뛰어들 수 있다는 말씀을 해주신 것이다. 북한 성도들의 복음에 대한 반응은 성향이 전투적이기도 하지만 그보다 그들이 믿고자 결정한 복음의 가치가 목숨을 걸 만한 가치인 것이다. 그렇다면 북한이나 남한이나 모든 자에게 미치는 큰 기쁨의 좋은 소식인 이 복음을 제대로 알고 붙든다면 우리도 동일한 태도로 설 수 있다는 말이다.

큰 위로와 함께 소망이 생겼다. 언젠가 주님 앞에 서는 날 북한 성도들에게도 보여주고 싶은 마음이 들었다. 우리 남한도 대한민국의 교회에서 하나님을 사랑함으로 세상이 주는 안정감과 세상 자랑을 버리고 목숨 걸고 주님을 따랐다고. 남한 땅에도 바알에게 무릎 꿇지 않은 7,000명 중에 하나가 여기 있다고 함께 기뻐하며 교제하고 싶다. 남한에도 동일하게 복음을 붙들고 목숨 걸고 싸우는 성도가 있다는 것을 증명해야 한다. 분명히 어딘가에 있을 것이다. 드러나지 않아도 맡겨진 자리에서 숨죽여 믿음을 지켜나가는 성도들이 있다. 무모하다는 손가락질과 극단적이라는 비난을 받아도 우리의 인생과 목숨을 걸 만한 가치가 있는 복음이기 때문이다.

그 복음을 붙들고 절대 지지 않을 싸움에 목숨 걸고 서 있는 성도가 여기 있다고 이제 외칠 때가 되었다. 우리가 증명하자. 바알에게 무릎 꿇지 않은 7,000명이 있다는 것을! 무식하고 무지해서 잘못 분별하고 실수투성이여도 우리가 하나님께서 주신 이 복음을 이렇게 소중히 여기는 태도로 말씀 앞에, 복음 앞에 선다면 반드시 성령 하나님께서 우리를 일깨우셔서 실수를 교정하시고 잘못을 수정해주실 거라고 믿는다. 그 신실하신 하나님이 계시기에 두려워도 갈 수 있다.

나는 내가 너무 연약하고 형편없다는 것을 너무나 잘 알고 있다. 하지만 우리에게 승리를 약속하신 약속의 말씀을 믿고, 주님을 만날 때 부끄럽지 않기 위해서 오늘도 치열하게 몸부림 칠뿐이다. 하나님을 믿는 믿음으로 우리 다윗의 열쇠 이하 고생길 지체들이 고백한다. 우리의 대장 되신 예수 그리스도를 목숨 걸고 따르겠다! 승리가 보장된 전쟁에 함께 뛰어들 믿음의 동지들 지금 어디 있는가!

고민하고 생각하고 질문하자

초판 1쇄 발행   2020년 4월 2일
초판 2쇄 발행   2020년 4월 16일

지은이   김선교

펴낸이   여진구
책임편집   안수경 최은정
편집   이영주 김윤향 최현수 김아진 정아혜
책임디자인   조아라 노지현 | 마영애 조은혜
기획 · 홍보   김영하   해외저작권   기은혜
마케팅   김상순 강성민 허병용   마케팅지원   최영배 정나영
제작   조영석 정도봉   경영지원   김혜경 김경희

이슬비전도학교   최정식   303비전성경암송학교   박정숙
303비전장학회 & 303비전꿈나무장학회   여운학

펴낸곳   규장

주소 06770 서울시 서초구 매헌로 16길 20(양재2동) 규장선교센터
전화 02)578-0003   팩스 02)578-7332
이메일 kyujang0691@gmail.com   홈페이지 www.kyujang.com
페이스북 facebook.com/kyujangbook   인스타그램 instagram.com/kyujang_com
카카오스토리 story.kakao.com/kyujangbook
등록일 1978.8.14. 제1-22

책값 뒤표지에 있습니다.
ISBN 979-11-6504-069-7 03230

규 | 장 | 수 | 칙

1. 기도로 기획하고 기도로 제작한다.
2. 오직 그리스도의 성품을 사모하는 독자가 원하고 필요로 하는 책만을 출판한다.
3. 한 활자 한 문장에 온 정성을 쏟는다.
4. 성실과 정확을 생명으로 삼고 일한다.
5. 긍정적이며 적극적인 신앙과 신행일치에의 안내자의 사명을 다한다.
6. 충고와 조언을 항상 감사로 경청한다.
7. 지상목표는 문서선교에 있다.

하나님을 사랑하는 자 곧 그의 뜻대로 부르심을 입은 자들에게는 모든 것이 合力하여 善을 이루느니라(롬 8:28)

규장은 문서를 통해 복음전파와 신앙교육에 주력하는 국제적 출판사들의
협의체인 복음주의출판협회(E.C.P.A:Evangelical Christian Publishers
Association)의 출판정신에 동참하는 회원(Associate Member)입니다.